Urban Governance in China

中国城市治理

翟宝辉　沈体雁　王　健
杨雪锋　陈松川　原　珂

著

中国城市出版社

图书在版编目（CIP）数据

中国城市治理 = Urban governance in China / 翟宝辉等著. —北京：中国城市出版社，2022.8
ISBN 978-7-5074-3500-9

Ⅰ.①中… Ⅱ.①翟… Ⅲ.①城市管理—研究—中国 Ⅳ.①F299.22

中国版本图书馆 CIP 数据核字（2022）第 139814 号

策　　划：沈元勤
责任编辑：宋　凯　张智芊
责任校对：李美娜

中国城市治理
Urban governance in China

翟宝辉　沈体雁　王　健　杨雪锋　陈松川　原　珂　著

*

中国城市出版社出版、发行（北京海淀三里河路 9 号）
各地新华书店、建筑书店经销
华之逸品书装设计制版
天津图文方嘉印刷有限公司印刷

*

开本：787 毫米×1092 毫米　1/16　印张：17¼　字数：310 千字
2022 年 8 月第一版　　2022 年 8 月第一次印刷
定价：**98.00 元**
ISBN 978-7-5074-3500-9
（904450）

版权所有　翻印必究
如有印装质量问题，可寄本社图书出版中心退换
（邮政编码 100037）

前言
FOREWORD

策划出版本书的出发点是聚焦城市管理，帮助市长和城市管理者们管理好城市。回顾改革开放40年来我国城市发展历程，市长们对城市规划情有独钟，对建设项目非常倚重，成效是显著的，我们用几十年的时间完成了发达国家几百年走过的城市化过程。这一阶段，城市规划是建管的中心，市长们最大的目标是把城市做大，有足够多的为产业发展服务的储备用地。城市管理也融入或表现为城市规划管理，即所谓用建设促管理，建成一片，管好一域。在这个过程中，老城区和部分城中村就成为了管理的薄弱环节，甚至制造和遗留了一些管理难题。

当前我国进入新的发展阶段，传统的依赖规模扩张的城市发展方式难以为继，城市迎来从增量扩张型发展向内涵集约型发展的转型，老城小区改造和部分城中村改造将成为市长们工作的中心和重心，城市管理走上规划建设管理的前台。这一阶段，涉及城市规划建设管理的因素复杂多元，城市管理开始转向城市治理，《中共中央国务院关于深入推进城市执法体制改革改进城市管理工作的指导意见》（中发〔2015〕37号）首次提出，推动城市管理走向城市治理，促进城市运行高效有序，实现城市让生活更美好。

我们对城市治理从两个角度理解，一是城市治理是国家治理体系的重要组成部分，在空间上城市是国家版图的重要组分，城市治理能力体现为全方位的全域治理；二是城市治理现代化是国家治理体系现代化的火车头，城市治理重在形成政府、个人和社会共同参与，效率、秩序、安全并重的城市运行结构。我国市长的换岗比较快，急需在短时间内提高对城市的认识，对城市运行规律的把握，提高市长们的城市治理能力。这也是我们把书名称为《中国城市治理》的原因。

城市包罗万象，市长日理万机。为了让市长和城市管理者们系统了解城市全貌，我们发挥各位作者在城市管理某一领域独特积累的优势，构建一个从概念到理论再到方法的逻辑体系。我们从城市的基本概念入手，分析城市各组成要素的特点，研究各要素形成的空间和网络结构特征、发挥的各种功能及其动态，理解城市是一个由地下地上基础设施和公共服务设施支撑的、建（构）筑物围合形成的人工自然结构，通过对人和物的动态管理与城市基础设施和公共服务设施的运营管理相结合，实现城市运行的效率秩序和安全，达到城市生活的便捷舒适和愉悦。

我们以城市治理现代化为目标，将技术进步和理念更新不断融入城市治理，特别是把新一代信息技术运用到城市治理体系，从单一主体到多元共治，从人工管理到智慧运转，从粗放管理到精细治理，促进城市的多层次多目标实现，兼顾生产生活与生态，统筹发展与安全让城市真正成为人类最佳聚居形态。

根据大家的研究背景和专长，作者分章节贡献了自己的力量。第一章和第八章由翟宝辉、张婧琳、孙雪梅完成，第二章和第三章由陈松川完成，第四章由原珂完成，第五章由杨雪锋完成，第六章由王健完成，第七章和第九章由沈体雁、姚心宜、李志华完成。

写作中我们尽量标注了既有文献的贡献者，但百密一疏，若有疏漏，敬请谅解。我们诚望读者们批评指正，更望提出建设性修改意见，便于后续修订或组织编写该类书籍。

目 录
CONTENTS

第一章　关于城市的概念及其认识 ……………………… **001**
第一节　城市的概念与结构 ……………………………… 002
第二节　城市的功能与动态 ……………………………… 007
第三节　城市的基本运行规律 …………………………… 008

第二章　现代城市治理体系 ……………………………… **017**
第一节　现代城市治理的基本概念 ……………………… 018
第二节　现代城市治理体系的构成要素 ………………… 024
第三节　当前城市治理面临的突出问题 ………………… 032

第三章　现代城市治理发展简史 ………………………… **043**
第一节　西方现代城市治理发展简史 …………………… 044
第二节　中国现代城市治理发展简史 …………………… 052
第三节　中国城市治理的现代化逻辑 …………………… 060

第四章　中国城市治理相关政策法规解读 ……………… **067**
第一节　新时代中国特色社会主义思想的城市治理理念
　　　　——社会化、法治化、智慧化、精细化 ……… 068
第二节　城市治理现代化政策体系与新思维 …………… 082
第三节　高质量背景下的城市规划建设管理 …………… 093

第五章　城市综合治理 …………………………………… **103**
第一节　城市综合管理 …………………………………… 104

第二节	城市基础设施管理	117
第三节	城市环境治理	126
第四节	城市交通治理	140
第五节	城市治理体制机制创新	151

第六章 城市社区治理 161
第一节	城市社区治理内涵	162
第二节	城市社区治理体制机制	174
第三节	社区治理创新与服务创新	187

第七章 新一代技术与城市治理 207
第一节	新一代信息技术与城市数字治理	209
第二节	新一代绿色技术与城市绿色治理	215
第三节	新一代生命科学技术与城市健康治理	222

第八章 城市综合防灾和应急管理 229
第一节	科学认识城市综合防灾和应急管理	230
第二节	城市防灾与应急管理概念	231
第三节	建设综合防灾和应急管理体系的指导思想	234
第四节	城市综合防灾和应急管理工作现状	235
第五节	进一步完善科学高效的综合防灾与应急管理体系	244
第六节	我国综合防灾和应急管理典型案例	246

第九章 城市治理体系和治理能力现代化 251
第一节	城市治理现代化理论	252
第二节	城市治理体系现代化	256
第三节	城市治理能力现代化	263

第一章　关于城市的概念及其认识

有别于城市规划角度正在谋划、尚未建成的城市，亦有别于城市建设角度正在建设、功能尚未形成的城市，城市管理角度的城市是一个精心设计之所，有一个完备的设施平台，各类主体从事各种各样的政治、经济、社会和文化体育活动，形成一个物质、精神的总和。从城市治理的角度，我们更关注城市如何安全运行，城市中的各类主体如何相互协同，实现城市生产的效率提升、生活的丰富多彩、环境的优美宜居。

第一节　城市的概念与结构

一、城市的概念

城市的定义多种多样。在最经典的城市规划教科书《城市规划原理》一书中，定义："城"是以武器守卫土地的意思，是一种防御性的构筑物；"市"是一种交易的场所，即"日中为市""五十里有市"的市。城市是有着商业交换职能的居民点[1]。

最具实操意义的《城市规划原理》（执业资格用书）一书中，评价城市最早是政治统治、军事防御和商品交换的产物。"城"是由军事防御产生的，"市"是由商品交换（市场）产生的。[2]

对于城市的定义，不同学科的关注点也各有不同。社会学家认为，城市是在地理上有一定范围，并具有某些特征的社会组织形式；经济学家认为，城市是经济发展到一定阶段时生产、交换和消费的集中地，是生产力的空间存在形式；生态学家认为，城市是以人类活动为中心的复合生态系统；建筑学

---

[1] 吴志强，李德华.城市规划原理[M].北京：中国建筑工业出版社，2010.
[2] 全国城市规划执业制度管理委员会.城市规划原理[M].北京：中国计划出版社，2011.

家认为，城市是多种建筑形态的空间组合，主要为居民提供良好的生活和工作环境[①]。

对城市的认识众说纷纭。城市可以说是一个"点"，也可以说是一条"线"、一张"网"，甚至是一个"面"。

城市是一个"点"。城市是人类活动的中心，同周围广大区域保持着密切的联系，并占有主动地位，具有控制、调整和服务等功能。城市以其自身为中心点，一方面表现为不断从周围区域获取能源、原材料、劳动力、粮食和蔬菜等生产要素和生活要素；另一方面，城市为了生存和发展，又不断向周围地区销售产品或提供服务。几乎每个城市都是一个地区的经济、政治或文化中心，有自己的影响区域（腹地或集散区），并在其影响区域内起着焦点或核心作用[②]。

城市是一条"线"。城市把每一个部分、每一个系统、每一项活动都串在一起。将道路交通、通信、信息、供电、供水、供气等基础设施串起来，并让串联起来的所有节点发挥功能，保障城市正常运行。将人们政治、经济、社会和文化体育活动串在一起，保障城市活力。又将基础设施和人们生产生活串起来，构成丰富多彩的城市整体。

城市是一张"网"。从城市综合管理的角度来看，城市是指一定数量的人口在设施平台上进行政治、经济、社会和文化体育活动的聚合体。随着城市人口高度集中，城市活动高速运行，城市对基础设施提出了更高的要求。道路交通、通信、信息、供电、供水、供气等基础设施各自良好运转并相互交织在一起，编织起一个巨大的城市网，共同为城市的正常运行保驾护航。这张城市网是一个复杂的系统，任何节点受到破坏都会影响整个城市网的运转，导致所有的政治、经济、社会和文化体育活动无法进行。

城市是一个"面"。城市内部各要素的演变和组合构成一个不断演进的动态系统，城市中的环境一般都是按照人的意志改造过，以人为主体的社会活动改变了原有城市所在地的生态本底，形成了一个具有强烈人工色彩的生态系统。该系统由诸多子系统构成，如建筑物、商业网、交通网、电信网、供排水网、煤气管网、教育系统、文化网等，这些都是靠人工系统维系的。

[①] 武进.中国城市形态：结构、特征及其演变[M].南京：江苏科学技术出版社，1990.
[②] 翟宝辉，袁利平，等.城市综合防灾与应急管理[M].北京：中国建筑工业出版社，2020.

二、城市的结构

(一) 城市的鱼骨体系

城市不同于乡村的重要标志是有一个完善的设施平台和对空间的有序利用。以道路为骨架,串起基础设施和公共服务设施,构建一个时间和空间的鱼骨形城市管理框架结构,并服务于生产生活,形成了六大支撑系统托举的城市平台,维持和保障城市的正常运行。

以道路为骨架的鱼骨体系,具体来说,道路是主骨,每一根刺连起一件事或者一个空间,把电线杆、信号灯、树木、停车场、绿化、公园等串起来,包括房屋,甚至地上地下都可以串联起来,把各条道路再串联或并联起来就是一个区域,这个区域有活力就必须让串联起来的所有节点都发挥功能。这些节点功能的发挥离不开六大支撑系统的有效运转,六大支撑系统是城市存在、运行和发展所必需的,一旦得不到保障,城市将立刻陷入瘫痪(图1)。

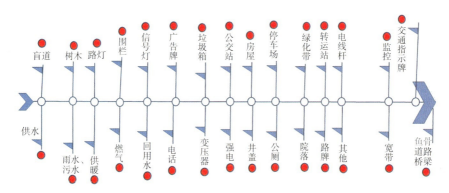

图1 城市鱼骨体系结构

1. 城市道路交通运输系统

主要是由城市道路、货运、客运三方面组成。首先满足城市生产的原料、半成品、成品的转运和劳动力的运送等,直接为生产服务。其次,满足生产以外的客货运需求,包括商品贸易、日常生活、交流交往、休闲游憩等产生的出行和运输服务。

2. 城市供水、排水、污水处理系统

主要由供水、排水和污水处理三部分组成。城市生产生活和游憩都离不开相应的供水供应,而这些环节产生的废水和自然产生的雨水都通过排水系统进行收集处理,经过污水处理厂处理后再排回到自然河流与湖泊。这三部分的正常运行都依赖管道网络,涉及大量的投入和日常维护工作。

3.城市垃圾收运处置系统

主要由垃圾收集、转运和处置三个环节组成。人类生产生活和游憩会产生大量的废弃物,城市政府通过对废弃物的收集、分类、转运和处置,为城市提供整洁良好的城市环境。

4.城市能源供应系统

主要由电力、燃气、供热三部分组成。电力既是生产资料,也是生活资料,无论生产产品还是服务都离不开电力供应,无论是日常生活或休闲活动都离不开电力的保障。燃气正成为取代部分燃煤的洁净能源之一而受到城市的喜爱。供热虽然不是每个城市的必备系统,但对北方城市而言是城市各项生产、生活必不可少的支撑系统,是生活、工作的基本条件。

5.城市邮电通信系统

主要包括邮政、电信两部分。邮政是通过传统的信件联系方式提供沟通服务,但是城市生产生活所必需的,并不会因为越来越多的人通过电话网络进行联络而消失。电信是随着信息技术的进步而出现的快捷沟通方式,涵盖电话、移动通信、网络服务等。

6.城市园林绿化系统

主要包括公园、植物园、湿地、水面、行道树、专有绿地、生态农业用地等。该系统为密集居住的人们提供了新鲜的空气、游憩的开敞空间和宜人的绿色景观。

(二)城市的空间结构

城市是立体的,表现为各类活动都必须在一定的空间内进行,包括地表、地上和地下空间。城市空间可以从使用自由度的角度划分为专属空间和公共空间。专属空间是自然人和法人经行政许可取得部分使用权的空间,其他城市空间属于公共空间。城市居民的住宅空间、单位组织的办公空间即为专属空间,国家法律保护其空间使用权不受侵犯,道路广场、公园绿地等即为公共空间。

1.城市专属空间

城市专属空间是法人和自然人通过向政府有关部门申请并经行政许可而得

到的附带条件的独立使用和管理的空间，享有相对独立的使用权，受到国家法律的保护，不易受到他人违法行为的侵犯。它往往表现为城市中建筑物或构筑物实体内部或围合的封闭或相对封闭的空间，有实体边界范围。包括城市居民的住宅空间、单位的办公空间、社区单位内部的室外空间、其他特定空间（如候车室、商场、博物馆、体育馆等），主要承载人们居住、办公、生产、商业等活动需要。

城市专属空间包括个人专属空间和集体专属空间两大类。城市居民的住宅空间属于由居民独自享有的个人专属空间，国家法律保护居民住宅私有空间独立的使用权不受侵犯；单位的办公空间属于城市集体专属空间，该空间受国家的法律保护，不受他人违法行为的侵犯。将小区个人住宅围合起来、单位办公空间围合起来的室外空间属于"特定群体集体专属空间"，但其使用会附加很多条件。现状之外的任何建设活动都必须专门申请行政许可，没有行政许可不得动土建设或通过建设改变空间形态。

有些专属空间，市民可以共享，但有特定单位专属管理，例如候车室、商场、博物馆、体育馆等，我们称之为"可共享集体专属空间"。市民享用"可共享专属空间"，要遵循特定管理单位的特别规定。

部分城市空间专属化后，拥有相对独立的使用权，受法律保护，不容易受到侵犯。专属空间应该由专属空间的使用者管理维护，不能受到其他个人和组织的干涉。但是由于集体专属空间属于集体的公共空间，覆盖面积大，同时也容易受到集体内的个人侵占，进而影响到城市空间的有序性。因此，城市综合管理部门虽然不能对集体专属空间进行直接管理，但应当对特定群体集体专属空间的管理者给予监督与建议，保证其范围内空间的有序性。

2. 城市公共空间

城市公共空间是公众可以共享的地表和低空空间，是为城市的生产、生活和休憩提供非排他服务，供城市居民日常生活和社会生活公共使用的室外共享空间。它具体表现为城市中建筑物或构筑物实体围合的开敞空间，包括街道、广场、公园绿地、体育场、居住区户外场地、建筑景观立面和屋顶等。根据居民的生活需要和设定功能、使用办法，城市公共空间可以承载交通、商业贸易、表演、展览、体育竞赛、运动健身、休闲、观光游览、节日集会、发布广告以及人际交往等各类活动。公共空间的使用在理论上看似非排他的，但实际使用中必须尊重其设定的功能，维护公共利益，任何人对公共空间的使用都不应该造成他人的利益受损。

城市公共空间涉及城市公众利益，事关重大，应当由一个政府部门统筹管理、合理使用，方可保障城市良好的秩序。公共空间的使用从理论上看似非排他，人人可以共享，但实际使用中往往更多被社会强势阶层使用，社会弱势阶层很少能够享用，甚至无法享用，应当在城市空间布局安排时予以考虑。[1]

第二节　城市的功能与动态

从功能角度看，城市功能可以分为基础功能和衍生功能。基础功能是城市提供的每个人正常生产生活都必需的服务，由前文提到的六大基础支撑系统组成。城市唯有满足基本的生产生活条件，城市居民才有可能积极地创造更多物质财富，从而带动城市政治、经济、社会、文化的全面发展。对城市基础功能的维护，既要求城市政府直接运营的系统提高效率、维持稳定性和改善服务质量，又要保障城市的健康和安全运行。城市衍生功能则是在基础功能支撑上的各类其他活动，包括政治、经济、社会、文化、体育、卫生、教育等。随着技术进步，城市的衍生功能逐步丰富和复杂，呈现出立体化、国际化、信息化的特点。

城市基础功能和衍生功能是从基础支撑系统平台角度划分的，并不意味着衍生功能从属于基础功能。而从城市发展整体分析，衍生功能是主体，基础功能是支撑。应该说，如果没有衍生功能城市就没有存在的必要，城市就会失去活力甚至衰败，最后导致城市基础功能的丧失或无效。反过来，城市的基础功能虽然不一定直接参与城市各项政治、经济、文化、社会活动，但其稳定运行直接关系到人类能否健康地生存及城市各项活动能否正常地进行，是各项活动的基础服务提供者。城市基础功能若不能正常运转，承载的各种政治、经济、社会和文化活动等城市衍生功能就不能正常进行。城市各项活动只有在良好的基础功能服务下，才能产生更高的经济效益和社会效益；城市衍生功能逐步丰富和复杂，反过来又要求不断提升城市基础功能设施水平。

---

[1] 翟宝辉，张有坤.城市综合管理[M].北京：中国建筑工业出版社，中国城市出版社，2021.

城市的基础功能关系到城市生产生活的正常运行和居民生命财产安全，属于公共利益，其功能维护是城市政府的职责；衍生功能既可以由政府完成，也可以由市场承担，按照社会主义市场经济的要求，衍生功能应该主要由市场完成，发挥市场配置资源的决定性作用。城市公共空间的有序管理、专属空间的特殊要求涉及城市公共利益，按照公共产品理论，其管理也必须由政府承担[1]。

第三节　城市的基本运行规律[2]

一、城市形成和发展的主要动因

城市是技术进步、社会分工和商品经济发展的结果，是社会经济发展到一定阶段的产物。城市形成和发展的主要动因会随着社会发展阶段的不同而发生变化，经济社会进入新阶段，城市的发展开始呈现出不同于以往的动力机制。

1. 因环境变化而变化

工业化时期依赖高投入、高能耗、高排放、低效率的粗放型增长方式，先污染后治理、边污染边治理，城市取得了快速发展。然而，随着资源的消耗乃至枯竭，以及自然生态环境遭受破坏日益严重，资源环境约束逐渐成为城市发展的重要制约因素，传统的城市发展方式受到了挑战，城市发展面临转型。尤其是经济社会发展到新阶段，人们对美好生活环境的需求愈来愈烈，节约资源和保护环境逐渐成为经济社会发展的重要考量内容，城市发展模式发生重大转变，由粗放式、摊大饼、高能耗的城市发展模式，向节约紧凑、高效绿色发展转型，走上资源节约型、环境保护型的可持续发展之路。

2. 因技术变化而变化

21世纪以来，中国城市得益于土地和资本投资发展势头迅猛，土地和资本在相当长的一段时期内是城市发展的基本动力和物质基础，土地和资本利

---

[1] 翟宝辉，张有坤. 城市综合管理[M]. 北京：中国建筑工业出版社，中国城市出版社，2021.
[2] 全国城市规划执业制度管理委员会. 城市规划原理[M]. 北京：中国计划出版社，2011.

用率低，城市发展粗放低效。在城市发展模式从粗放式规模扩张向紧凑集约、高效绿色发展要求下，城市发展动力也悄然发生了转变。

城市发展的脚步总是与科技进步紧密相连[1]。科技创新在提升城市资源利用率发挥的作用越来越重要，极大地促进了生产力的提高和经济的增长，成为推动城市持续发展的重要驱动力。随着知识经济时代的到来，科学技术迅猛发展，尤其是互联网、人工智能、数字化技术的快速发展，极大地改变了人们的生产和生活方式，促使人类社会活动发生深刻变化，科技创新已经成为推动社会进步和城市发展的"核动力"。

3.因活动方式变化而变化

我国计划经济时期，社会资源以单位为"中介"进行分配，这一时期城市呈现出空间封闭、成员构成同质、生产和生活空间重合、社会分化与社会流动低的特点。人们生产上相互合作，生活上相互帮助，人与人之间紧密相连，社会互动频繁。随着社会转型的加速，生产和生活方式从原有的单位或社区的互惠互助转向市场的公平交易，社会结构单一、均质、封闭的状态被打破，分化与分工成为现代化城市生活体系的特征，导致现代城市功能结构的空间分化，资源跨区重组、"职住分离"成为常态，城市呈现出复杂、分化、流动的特点。

4.因软实力变化而变化

城市是人类文化进步的产物，城市发展过程也是城市特有的文化与城市精神发育成长的过程[2]。城市文化作为城市发展的软实力，有助于增强城市居民归属感和认同感，提升城市凝聚力和吸引力，构筑人才高地，推动城市创新能力和竞争能力的提高，实现城市可持续发展。中央城市工作会议首次明确提出，我们未来的"城市发展需要依靠改革、科技、文化三轮驱动，增强城市持续发展能力"。文化已成为影响城市发展的重要软实力之一，被提升到一个重要的位置。

城市的发展要有灵魂和精神。灵魂和精神的提升和培育，离不开文化的支撑。中央城市工作会议鲜明提出，中国城市发展一定要"保护弘扬中华优秀传统文化，延续城市历史文脉，保护好前人留下的文化遗产。要结合自己的历

---

[1] 李军.科技进步对城市发展的影响[J].甘肃科技纵横，2006（1）：111.
[2] 张孝德.专家解读：六大创新推动城市发展方式转型[EB/OL]. http://politics.people.com.cn/n1/2015/1225/c1001-27977482.html.

史传承、区域文化、时代要求，打造自己的城市精神，对外树立形象，对内凝聚人心"。文化发展成为现代城市不可缺少的持久动力。

二、城市发展的阶段及其差异

农业化时期，我国历史上出现过少数发展繁荣的城市，但由于社会生产力低下，社会发展对农业高度依赖，城市在数量、规模和作用上都非常有限。新中国成立以后，尤其是改革开放以来，城市开始逐渐成为我国经济中心。按照我国经济社会发展阶段，可以将城市发展阶段划分为工业化时期的城市、市场经济时期的城市和高质量发展时期的城市。

1. 工业化时期的城市

工业化时期我国物资短缺，新中国的建设任务是集中力量发展重工业，通过数量追赶弥补短缺。在这一目标导向下，人口和经济活动由农村向城市集中，城市主要体现其生产功能，生产被充分调动起来，成为经济资产和社会资本的主要来源。这一时期，城市空间功能在设计和规划上都以工业生产为目标，城市土地无偿供应且统一规划，城市生产和分配按照单位制来进行组织，城市按照工业优先的发展战略有了不同分工，并按照分工确定由中央计划分配的资源比例，资源高度集中、生产生活资料和人力资源统一分配。

工业化时期，工业生产得到了最大限度地推进，但城市付出了巨大代价。这一时期，生产资料的配置是通过自上而下的指令性计划来实现，生产以顺利完成计划为目标，而不是以生产效率和利润最大化为目标，违背了价格规律，虽然实现了高增长，但这种增长是低效的，生产率对于经济增长的贡献为负，资源错配严重。对工业产出越来越高的投入和对生产剩余积累的过度追求，导致城市建设长期投入不足与基础设施、公共服务严重不足，进一步压低了城市居民的生活水平。另外，为实现城市快速工业化，农业成为工业部门扩张所需资金和劳动力的重要来源，城市发展挤占了农村发展机会，农村发展迟缓，城乡二元结构特征越来越明显，城乡发展不平衡问题越来越突出。

2. 市场经济时期的城市

改革开放以后，经济建设成为城市发展的主要内容，经济体制发生变革，市场经济地位被初步确立。为实现经济发展目标，国家出台了一系列举措，推进生产要素向城市集聚。一是转变生产经营方式，推动国企改革，促进国企由执行国家生产计划的接受者转为自负盈亏的市场参与者。二是地方政府统一规划城市空间，利用所控制的土地资源，招商引资实现资金和企业的集聚，通过土地交易增加地方财政收入。三是鼓励农村剩余劳动力进城务工，推进劳动力向城市集聚，支撑城市经济增长。这一时期，城市基础设施和工业园区大规模建设，人口向城市大规模集聚，城市空间不断向外扩张，城市社会呈现多元化特点。

市场经济转型推动了住房商品化和城市化进程，房地产行业兴起并逐渐成为城市经济的支柱型产业。土地开发为城市发展开拓了新的空间，但住房和教育、医疗、交通等公共服务的捆绑推升住房变成高价商品，大量资本流入住房市场，房价高涨成为城市面临的突出问题。随着人口向城市的集聚，城市人口呈现出异质性、流动性和分散性特征，城市社会从熟人社会向陌生人社会转变，[①] 社会治理难度加大。随着城市人口规模越来越大，土地资源越来越少，环境污染、交通拥堵问题越来越严重，城市之间、城乡之间差距越来越大，经济发展不平衡问题突出，城市社会分化加剧。

3. 高质量发展时期的城市

党的十九大报告指出，我国经济已经由高速增长阶段转向高质量发展阶段，首次提出"高质量发展"的理念。高质量发展的城市要求，城市发展的方式由主要依靠增加物质资源消耗实现，转为依靠技术进步和提高劳动者素质实现，城市发展不再片面重视工业化时期看重的生产功能，也不只看重生活功能，而是更为注重生产功能、生活功能和生态功能的有机结合体。这一时期的城市，轨道交通和信息技术的快速发展，加速了人口、资金、技术在城际间的流动，城市空间被打破，城市格局紧凑，城市人口规模适度，产业有关键核心技术、布局合理、发展平衡、职业结构合理、科技应用广泛，城市发展智能化和生态化特点鲜明，市民有明显的获得感，不同人群差别不断缩小乃至消灭，市民享有均等享受民生和公共服务的权利。物质文明和精神文明同步，市民体现出高素质、高修养，市民形成强烈的城市生态安全意识，实现人与自然的和谐共生。

在这一阶段，城市发展逐渐由增量扩张向存量提升转变，城市更新改造成

---

① 何艳玲，赵俊源.国家城市：转型城市风险的制度性起源[J].开放时代，2020（4）：178-200.

为城市发展的新增长点,成为城市发展的主战场。从全球实践成果来看,城市更新是推动城市高质量发展的必然选择,为城市发展开拓了新空间。伴随城市更新的过程,也出现了原居民不断迁出,基于原有邻里关系形成的街区文化、街区记忆逐渐消逝现象①,城市更新也可能会对历史文化和传统风貌造成一定影响,甚至是破坏。

三、城市发展的基本规律

1. 城市是经济社会发展的结果

经济社会发展对城市发展具有推动作用。农业时期,随着农村生产力的提高,粮食生产出现了剩余,部分劳动力开始从农业中转移出来从事手工业和商业,并且规模不断扩大,在空间上集聚,从而产生了城市。工业化时期,工业生产对交通、能源、给水排水服务,以及技术工人、科研力量、商业服务、销售市场等依赖不断增强,具备这些条件的城市成为工业生产的理想选择。随着工业化水平的不断提高,城市发展也不断加速,城市规模日益扩大,新城市也不断涌现。后工业化时期,商品经济高度发展,推动金融、保险、通信、科技、咨询、运输等为代表的第三产业不断发展;同时,随着城市居民经济收入的提高和闲暇时间的增多,零售、饮食、房地产、文化、体育、娱乐等消费性服务业得以快速发展,刺激人口、资源不断向城市集聚,城市得以快速发展②。

2. 城市发展的本质是为人类创造美好生活

亚里士多德曾说:"人们来到城市,是为了生活;人们居住在城市,是为了生活得更美好"③。城市能够提供乡村所不具备的公共服务和就业机会,正是对美好生活的追求,促使人们集聚到了城市。城市的发展与经济社会的进步密切相关,但城市发展的根本目标是为人们创造便捷、舒心、美好的生活。让城市生活更加美好,是城市建设、发展和治理的价值所在。城市工作要始

---

① 何艳玲,赵俊源.国家城市:转型城市风险的制度性起源[J].开放时代,2020(4):178-200.
② 谢守红.城市化与经济发展的互动关系探析[C].黑龙江省生产力学会年会论文集.2007:241-244.
③ 邱衍庆,罗勇,郑泽爽.尊重城市发展规律 倡导"城市思维"[J].城市发展研究.2017,24(12):1-7.

终坚持以人民为中心的发展思想，提升城市精细化、智能化治理水平，推动城市高质量发展，解决好衣食住行、生老病死、安居乐业等人民群众关心关切的重要问题，不断满足人民群众对美好生活的新期待，让人民群众享受到城市发展的成果。

3.城市发展要与城市综合承载力相匹配

城市综合承载能力体现为一定时期内区域资源能源、生态环境、基础设施、公共服务等对经济社会发展的承载和支撑能力。[1]城市综合承载力决定了城市人口规模、城市功能和产业结构，是可持续城市发展的重要晴雨表和准绳[2]。城市发展过程中要重视对城市承载力的正确认识，科学规划调控城市规模，实现城市发展与城市承载力的匹配。随着改革开放的深入，我国城市发展迅猛，也出现了对城市承载力的不正确认识，导致很多城市水资源紧张、能源短缺、环境恶化、住房紧张、交通拥堵等大城市病相伴而来，严重影响了城市居民的正常生产和生活，制约了城市的正常运转和可持续发展。

四、城市发展新特点对城市治理提出新要求

随着技术进步、社会分工和环境的变化，城市发展呈现出新特点，对城市治理也提出了新的要求。

1.单中心城市"集聚"和区域一体化发展并存要求城市治理方式相匹配

城市发展在很长时期呈现出朝着大城市、特大城市规模发展的特点。城市空间限制被不断打破，呈现出"集聚性"和"流动性"特征，越来越多的人和资源开始向城市中心聚集，城市发展呈现出摊大饼似的单中心结构。单中心城市的迅速扩张聚集了更多的人、更多的资源，创造了更诱人的GDP，也要求有更高更强的城市治理能力与之相匹配。

随着区域经济一体化发展的演进，人口、资金、信息、技术等跨区域流动互动愈来愈频繁，传统以封闭的城市地理空间为基础的城市科层治理结构面临重要挑战，它要求突破传统治理模式，打破地域空间的局限，建立适

---

[1] 陆小成.提高中心城市和城市群综合承载能力[EB/OL].[2020-01-13]. http://theory.people.com.cn/n1/2020/0113/c40531-31544862.html.

[2] 干靓，WEI Y，HUANG C，等.可持续城市发展：对城市承载力评估的综述[J].城市规划学刊，2015（1）：125-126.

应于流动空间的弹性治理模式，在经济一体化、市场一体化的同时，也要重视服务保障一体化、城市治理一体化，形成基于流动空间的横向治理与合作机制[①]。

2.信息技术的发展推进城市治理数字化转型

数字时代互联网、人工智能、大数据等信息技术的发展有力推进了智慧城市建设，为城市发展和治理提供了新的手段和技术支撑。随着信息技术的广泛应用，城市各领域数字化程度不断深入，万物互联、线上线下融合，现实与虚拟交织，人类社会呈现网状复杂化、动态化、不可预知的特点，极大地提升了治理难度。传统线下治理模式已经跟不上城市治理的需要。2019年，党的十九届四中全会提出"推进数字政府建设"，要求利用信息化手段，提高政府机构履职能力。数字技术的发展和应用倒逼城市不得不紧随时代发展，充分运用现代信息技术手段，将治理边界拓展到数字治理范畴，不断提升自身数字化治理能力，实现治理能力现代化[②]。

3.环境变化促使城市治理以生态城市建设为导向

工业化和城市化的推进，带来了城市经济社会的迅速发展，极大地提高了人们的生活水平。不容忽视的是，工业化和城市化也带来了日益凸显的城市环境问题。随着城市的快速发展和扩张，城市人口急剧增长，城市生产和生活活动不断增加，给城市环境承载力带来显著压力。城市空气污染、水污染、城市垃圾堆积等城市环境问题严重影响了城市居民的生命健康和生活质量，对城市环境治理能力提出了挑战[③]。

党的十八大提出了"美丽中国"的战略理念，党的十九大报告提出"要着力解决突出环境问题""提供更多优质生态产品以满足人民日益增长的优美生态环境需要"。城市环境问题已经成为国家重大战略问题，社会公众对环境质量的要求日益提升。"碳达峰""碳中和"目标的提出，对我国城市绿色发展、城市环境治理提出了新的时代要求，建设"生态城市"成为城市发展的目标，传统"先污染后治理"、重外延轻内涵、重结果轻过程的粗放环境治理方式已

---

① 段进军."后疫情"时代城市发展与治理应实现四个突破[J].国家治理，2020(Z4).
② 苏晓.提升数字治理能力推动国家治理体系和治理能力现代化.[EB/OL].[2021-03-09].http://www.cnii.com.cn/rmydb/202103/t20210309_260163.html.
③ 易承志，郭佳宁.城市环境精细化治理的现实逻辑与优化路径——基于需求——回应的分析框架[J].理论与改革，2021(1).

经成为过去式，城市发展新阶段要求城市治理要向精细化治理转型。要处理好城市发展与城市环境保护之间的关系，推进绿色、节能、低碳、环保理念在城市发展中的贯彻落实。在政府的引导下，调动起企业、社会组织和城市公众参与城市环境治理的积极性和主动性，打造城市环境多元主体治理模式。要强调治理全过程，注重治理过程中的细节和微观治理效果，实现城市发展与城市环境保护并重同行。

第二章 现代城市治理体系

党的十八届三中全会提出全面深化改革的总目标是完善和发展中国特色社会主义制度，推进国家治理体系和治理能力现代化。城市治理是国家治理的重要组成部分，其治理变革成为理解国家治理的重要窗口。

第一节　现代城市治理的基本概念

一、治理

"治理"（Governance）一词早在14世纪就出现于法文之中，本义指"控制、引导和操纵"，基本与"统治"同义。它最初起源于城市环境，是一种解决城市问题的地地道道的"城市治理"，后来慢慢被引入其他领域，衍生出了企业层次上的"公司治理"、国家层次上的"国家治理"和超国家层次的"全球治理"。从20世纪90年代开始，"治理"一词十分活跃，在政治学、经济学、社会学、法学等很多领域广受关注。"治理"概念之所以广受欢迎的一个关键原因在于它的涵盖能力，它涵盖了与统治（Governing）过程相关的所有制度与关系的内容。也就是说，"治理"在政治领域是一种处理与统治相关的制度与关系的理论，它体现的是"政府调控引导社会的能力"，治理最本质的问题在于协调利益，这是"治理"最根本的内涵。从政治领域，尤其是国家治理领域分析，当前国内外的治理研究大多强调国家和社会之间的界限越来越模糊且不断相互渗透，将"治理"的重心放在其与单方面统治不同的政府分权、主体多元和社会自治等具体的表现层次上，对其更深层次的理论内涵强调得还不够。

当前"治理"用得较多的是全球治理委员会的定义，治理是各种公共的或私人的个人和机构管理其共同事务的诸多方式的总和。① 有学者将目前流行的

---

① 盛广耀.城市治理研究述评[J].城市问题，2012（10）：81.

治理概念梳理为如下五个要点：①治理意味着一系列来自政府，但又不限于政府的社会公共机构和行为者，对传统的政府权威提出挑战，它认为政府并不是唯一权力中心。②在现代社会，国家正在把原先由它独自承担的责任转移给公民社会，即各种私人部门和公民自愿性团体，它们正在承担着原先由国家承担的责任。③治理明确肯定了在涉及集体行为的各个社会公共机构之间存在着权力依赖。所谓权力依赖，是指致力于集体行动的组织必须依靠其他组织，为达到目的，各个组织必须交换资源、谈判共同的目标。④治理意味着参与者最终形成一个自主的网络。这一自主的网络在某个特定的领域中拥有发号施令的权威，它与政府在特定的领域中进行合作，分担政府的行政责任。⑤治理意味着办好事情的能力并不仅限于政府的权力，不限于政府的发号施令或运用权威。在公共事务的管理中，还存在着其他的管理方法和技术，政府有责任使用这些新的方法和技术来更好地对公共事务进行控制和引导[①]。

当然，由于治理产生的文化环境和时代背景不同，其具体的侧重点和层面也会有所差异。因此，从"治理"自身所体现出来的特征来看，"治理"并非一个严谨的概念，它的内涵在不同的语境下含义不一，更多的属于一个理论框架。在西方政治的语境中，治理是与善治紧密联系在一起的，它含有"更好地治理"的价值取向。欧洲的"治理"强调治理过程中的社会参与；美国的"治理"则更倾向于"引导调控"含义；中国的"治理"更偏向于传统上的"治国安邦"，在对象上着眼于"（邦）国"的政府，在价值取向上偏好于与"乱"相对应的"治"与"安"，在手段途径上强调以"理"达"治"，通过理顺各种关系实现秩序化，"凡事治则条理秩然"[②]，"化解冲突的全部可能性都蕴含在'关系'和关系方法论之中，真正的理性表现为优先建构普遍有效的相互关系而不是利益最大化的计算"[③]。总体来看，不同于西方治理理论强调多主体协商，中国语境下的"治理"则更多强调政治权力主体（党和政府）对社会的规制、管理（图1）。

---

① 威格里·斯托克.作为理论的治理：五个论点[J].国际社会科学（中文版），1999（2）.
② （东汉）刘熙.释名疏证补卷4之释言语[M].北京：中华书局，2008.
③ 赵汀阳.天下体系——世界制度哲学导论[M].北京：中国人民大学出版社，2011.

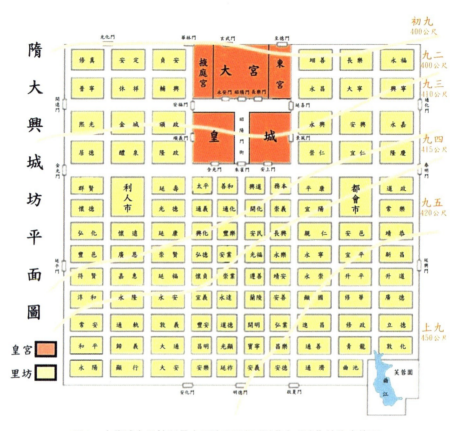

图1 古代城市里坊制是中国治理重视"治"与"安"的集中体现

二、城市治理

城市治理是治理理论在城市公共事务管理方面的应用。治理最初就是源于城市的治理,因此,治理与城市治理有着天然的血缘联系,可以说城市治理是各个层次的治理中历史最为悠久的成分(图2)。但是由于城市治理根植于复杂的经济结构和制度层级中,这意味着与国家层面的治理相比,城市治理更具挑战性。自20世纪80年代以来,面对传统城市管理模式的挑战,城市治理开始被引入城市管理实践之中。与"治理"的境况一样,在城市问题研究领域中,"城市治理"话语正在取代"城市管理"。城市治理旨在解决欧美国家在城市发展中所遇到的问题。城市是生产要素集聚、资本流动和劳动再生产场所,集聚、生产与消费、再生产的互动形成了两个城市治理的核心概念:规模红利与公共服务。城市的集聚和生产形成了规模红利,城市的消费和再生产指向公共服务。由于人口集聚造成城市公共服务不足，特别是公共服务的拥挤问题，如交通拥挤、教育学位不足、住房紧缺等。这两种要素交织在一起形成了城市治理的内在矛盾，推动城市治理不断变革。社会复杂性、公共资源减少、税收疲软和全球化一直是推动"治理新模式"发展的主要力量。在21世纪，治理不再仅仅是政府的责任，而是通过伙伴关系、决策网络或其他混合型结构，让不同社会主体共同进行管理。

图2　柏拉图的"理想国"可以说是最早的城市治理思想源头

在国内外的城市治理发展进程中，对"城市治理"内涵的认知也体现出较大的差异性。西方在长期的发展过程中，城市治理主要沿着"地理单元指向"和"公共权力指向"两个维度形成了一系列的理论模式（图3）。总体来看，城市治理更准确地说是一种城市管理范式，它标志着城市治理比城市管理的形式"更好"的发展方向性，而不是一种严格的城市管理理论。城市治理强调的是发展城市政府与利益相关者之间的合作关系，包括政府与市场、社会、市民的合作，以及政府内部的府际合作、部门间合作。它的一个关键特征是整个社会将不同的行为体和利益相关方纳入治理和公共服务提供的过程中，提高公众的实际参与度，特别是确保相对弱势的群体获得准入机会。城市治理面临的一个主要挑战就是在现实过程中政府与非政府组织之间权力和影响力的分配。伴随着改革开放以来史无前例的城市化进程，从20世纪80年代起，国内出现了第一批以"城市治理"为标题的研究，但主要以城市"污水治理"或"交通治理"为主。一直到1990年，关于"城市治理"的主题，大部分聚焦在"对具体物质环境进行管理"上，内容包含环境治理、城市建设与规划、交通治理等。2000年之前，城市治理这个概念，更多强调治理是一种"针对特殊问题或困难的特殊性管理",要么特指"对难以解决的问题整治",要么特指"对重要问题的攻坚"。

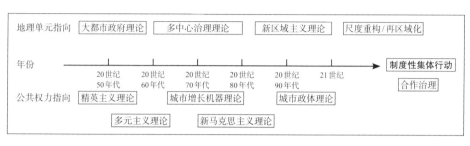

图3 城市治理理论的发展

资料来源：吴晓林，侯雨佳.城市治理理论的"双重流变"与融合趋向[J].天津社会科学，2017（1）：74.

当前，对于城市治理内涵的理解主要有两种思路，第一种思路关注的是城市治理的一般属性。在多数情况下是把城市作为治理的应用场景，城市治理被看作是国家治理逻辑在城市这一具体空间的延伸，也就是说城市治理是"在城市的治理"，而城市治理主体与城市本身所具有的特性关系没有得到应有重视。另一种思路则相反，关注的是城市治理的特殊属性。在现实中，城市治理的社会政治环境更加复杂化和碎片化，决策模式也更加开放和灵活，这种城市的特质构成了城市治理的限定性条件，城市治理是整个城市和应该管理的全部事务，使城市治理呈现出"属于城市的治理"这一特征。因此，从中国国情来看，城市治理体现出上述两种思路的综合，体现在三个层面：宏观层次上的中央政府—城市政府关系，作为国家治理体系的构成部分——"城市就是地方层次的"[①]，城市治理不是在国家行政体系之外的"无上级"的治理。中观层次上的城市政府形式。微观层次上的政府与非政府主体的关系。

三、城市治理与城市管理的区别

从广义上讲，城市管理和城市治理可以相互替换，传统的城市治理就是城市管理，现代的城市管理就是城市治理，二者都是人类社会对城市化过程中出现的城市问题的干预，只不过根据城市发展不同阶段的需要，发挥作用的

---

① 乔纳斯·S.戴维斯，戴维·L.英布罗肖. 城市政治学理论前沿（第二版）[M]. 上海：格致出版社，2013.

主体和形式在发生着变化。城市管理（或者称为传统上的城市管理）本质上是权力对城市公共事务的外部干预，是以城市为对象，对城市的运转和发展的全部活动所进行的协调控制行为。其内容较为广泛，包括经济管理、社会管理、城市基础设施管理及公共服务设施管理等，发挥作用的具体途径是提供服务和管理政治冲突。在传统城市管理中以政府为唯一主体，在管理的方法和手段上表现为以权力控制、行政命令、制度约束为主，如"以罚代管"，管理的非人性化相当突出；在管理的范围上，偏重于经济建设领域，很少顾及经济与社会、人与自然的协调发展，导致城市发展财政不足、可持续发展能力低、公共产品和公共服务质量差、公共管理成本过高、管理效率低下、不能对外界的变化和市民的需求做出及时的反应等问题。

随着20世纪70年代以来，日益多样化、动态化、复杂化的城市问题逐渐超出了传统城市管理能力范围，同时公共资源减少、税收疲软和全球化等进一步限制了传统城市管理的力量。现代城市开始从城市发展面临的公共性问题出发，通过多主体的沟通协作谋求城市公共利益的最大化过程。顺着这一思路，城市管理产生了从"城市管理"到"城市治理"的历史演变过程，由传统城市把政府作为唯一主体的"政府主治"，转变为现代城市由政府和非政府组织共同对城市各项公共事务"治理"的"公众参与"。从这个角度出发，城市治理因此也被定义为："将公共部门和私人部门协调与整合起来，解决城市居民所面临的主要问题，建设一个更富有竞争性、平等、可持续发展城市的努力过程"①，公共部门与私人部门合作成为城市治理的一个核心特征，城市治理强调城市中各利益相关体共同参与城市的公共事务管理，建立"多中心"和多元关系的治理结构。这一变化也使城市治理作为城市主体之间博弈和利益协调过程的本质进一步凸显，从积极的方面看是整合了公共部门重视公平和私人部门重视效率的优点，从产生的消极后果看则是注重结果的效率绩效偏好，冲淡了应有的过程公平偏好，偏离了城市治理应有的公共性本质。

从上面的内容可以看出，现代城市治理与传统城市管理的最大区别是，后者是城市政府为唯一主体的管理活动，而前者则是城市中包括政府在内的各类组织和全体社会成员都发挥管理主体作用的管理活动（图4）。城市管理强调城市政府决策沿用城市政府组织的等级结构执行的过程，而城市治理是说明

---

① 曼纳·彼得·范戴克. 新兴经济中的城市管理[M]. 北京：中国人民大学出版社，2006.

城市政府的决策包含着非传统政府因素在内的决策多元化的发展。需要特别注意的是，无论是传统城市管理还是现代城市治理，从本质上看都是为了回应城市化过程中出现的各种问题与挑战，虽然现代城市治理与传统城市管理有很大的不同，但二者之间不是简单的替代关系，"确切地说，传统偏向市政管理的城市管理要走向广义的城市管理，而不是让位于城市治理"①。在现代城市治理中，政府基础治理的角色不可能转移给市场或混合性组织，城市政府依然扮演着关键性的角色，发挥组织协调等战略性作用，政府在城市治理中的中心地位（Centrality）与城市治理的质量存在正相关关系。也就是说，城市治理实质上是协调公共利益和私人利益，追求协作目标。在过去几十年所发生的变化，其实始终是对政府在城市管理中所具备角色的重新评估，其最终目的是更好地实现城市社会、经济、环境的可持续发展。

图4 现代城市治理中的社会主体

第二节　现代城市治理体系的构成要素

一、现代城市治理的特征

现代城市以"现代"概念来阐释一个城市的发展程度，对于识别一个城市的内涵具有特别的意义。现代城市是工业化、城市化的产物，更多的工业与

---

① 罗文恩，等.西方城市管理思想与流变[M].北京：社会科学文献出版社，2018.

更多的城市和更大的城市基本是画等号的，也就是说，工业化和城市化引发了城市规模和人口的急剧扩张。同时，现代城市不仅是一个物理空间，也是一种社会形态；城市的现代化也不仅仅是城市空间的拓展和基础设施的更新，还是一个建立在经济转型基础上的社会形态的历史变更过程。它以大规模的市场经济为基础，汇集着来自不同地域、不同种族，有着不同价值观念、宗教信仰和传统习惯的人们，在复杂的社会分工基础上形成了一个社会功能分化和社会分层结构复杂的异质社会，构成并不断强化着现代城市的"多元性"基础，这反过来又进一步加剧了社会分化、社会隔离，使现代城市总体上变得越来越复杂、越来越碎片化，同时也越来越强调整体的系统性，这些变化使现代城市表现出城市功能日趋多样化、城市生产活动日趋智能化、城市活动日趋社会化、城市系统日趋开放化的内在特征，促使城市公共事务快速激增、日趋复杂，如何让多样性的组织间关系通过规则得以有效协调，成为城市治理面临的主要挑战。

现代城市治理，就是城市治理的现代化，所谓城市治理现代化就是立足城市发展面临的公共性问题，要用现代化的理念、制度和技术使城市治理达到所处时代的先进水平的过程和最高目标。理解现代城市治理的新属性，对于逐步形成综合、多维而又系统的现代城市治理体系提供了理念的先导。现代城市治理具有以下基本原则：

1. 人性化思想

人的全面发展，人的现代化是城市现代化的主题。城市治理既是民生工程，也是民主实践。做好现代城市治理工作，要顺应城市工作新形势、改革发展新要求、人民群众新期待，坚持以人民为中心的发展思想，坚持人民城市为人民。这是做好城市治理工作的出发点和落脚点。

2. 系统性

现代城市是一个复杂巨系统，因此现代城市治理必须是系统治理。城市治理要树立系统思维，从构成城市诸多要素、结构、功能等方面入手，对事关城市建设、运行和发展的重大问题进行深入研究和周密部署，系统推进各方面工作。一定要抓住城市管理和服务这个重点，城市发展和治理要注重连续性。

3. 科学性

城市治理是一个自然社会历史过程，有其自身特有的规律。城市治理必须充分尊重客观规律，不能任意践踏客观规律，要及时发现并纠正过去城市治理存在的问题。城市治理和经济发展两者相辅相成、相互促进。城市发展规律决定城市治理规律,现代城市必须边发展边治理,既不能光治理不发展,也不能只发展不治理。

4.依法治理

依法治理城市既是全面依法治国的客观要求,也是促进城市治理体系和治理能力现代化的要求。城市依法治理的最高境界是减少冲突、加强合作,让市民的工作、学习和生活更加美好。要加快构建适应新时代的城市法治框架体系,推动政府依法行政、企业合法经营、市民守法自律,营造城市社会遵法、信法、守法、用法的法治良序。

5.多元治理

向现代城市治理的转型,不仅在于减轻政府负担,更在于充分发挥社会各方面参与管理的积极性。要坚持协调协同,尽最大可能推动政府、社会、市民同心同向行动,尊重市民对城市发展决策的知情权、参与权、监督权,鼓励企业和市民通过各种方式参与城市建设、管理,真正实现城市共治共管、共建共享。

6.绿色可持续治理

现代城市治理必须处理好人与自然的关系。要强化尊重自然、传承历史、绿色低碳等理念,要大力开展生态修复,提升城市的通透性和微循环能力,推动形成绿色低碳的生产生活方式和城市建设运营模式,特别是城市交通、能源、给水排水、供热、污水、垃圾处理等基础设施,要按照绿色循环低碳的理念进行规划建设。

二、现代城市治理体系

"体系"是指若干有关事物或某些意识互相联系而构成的整体[①]。突出的是该整体内部的联系性。对应不同的治理领域存在不同的治理体系,在城市问题领域相对应的就是城市治理体系。所谓城市治理体系是指一个城市有效形成秩序的主体、功能、规则、制度、程序与方式方法的总和。它包括自发秩序的生

---

① 中国社会科学院语言研究所词典编辑室.现代汉语词典[M].北京:商务印书馆,2002.

成体系和组织秩序的生成体系两个基本方面。[①]当前对城市治理体系还没有一个成熟的共识，国外不太重视城市治理体系的研究，主要停留在城市治理的层次；国内的研究时间还比较短，对城市治理体系的认识逻辑较多的以国家治理体系作为参考。有学者归纳了这样的定义，"城市治理体系是指城市治理运行中必然涉及的治理主体、治理客体、治理方法（包括治理体制、机制、技术等）等因素构成的有机整体以及对此整体进行明确界定的制度因素"[②]。本书认同这一思路，但进一步强调城市治理体系对城市自身历史进程、经验演化和对策回应的一致性和延续性，从这种一致性和延续性的视角突出城市构建良性秩序过程中形成的结构、体制、制度、机制等安排及其作为一个整体的内在联系。

早期的城市没有专门的管理体系，政府对城市和乡村实行无差别的管理，直到中世纪重商主义的兴起推动市民和城市自治的出现。重商主义的实现是以能够自由移动的专业商人阶级出现为前提的，这就使以城堡为中心形成的商人聚居地的居民，逐步变成了可以成为专业商人的"市民"。并进一步在12世纪依据城市共同体自我约定的章程，或是领主赐予的各种特许状，使城市事务管理实现了"自主"。严格意义上的市民可能要求得到的全部东西是：独具特色的组织制度，主教权利同市民的权利明确分开，以及通过强有力的合作组织专心致志于保卫市民的地位。几乎在任何城市特许状中都会有这样一项条款：市民阶级只能受他们自己的地方长官审判。[③]商业的繁荣与城市的组织是否良好存在着非常直接的关系，所以商人不得不主动负责供应城市最不可少的必需品，城堡主也没有任何理由阻止他们用自己的财力供应明显急需的公共物品。从12世纪起，商人将其利润的很大一部分用来为同乡造福——建造医院，赎买通行税。中世纪的城市管理体系主要由四部分组成：市长作为城市的最高负责人；由市民选举产生的大总管掌管财政；市政会作为城市最高权力机关；城市法庭处理城内各种法律事务以及各种纠纷。中世纪商业城市为现代城市治理体系奠定了基础。

随着现代民族国家的建立和工业革命的出现，一方面城市在国家中的地位被确定，另一方面城市内部管理的内容和形式不断膨胀，现代城市管理体

---

① 徐邦友. 国家治理体系：概念、结构、方式与现代化[J]. 当代社科视野，2014（1）：33.
② 夏志强，谭毅. 城市治理体系和治理能力建设的基本逻辑[J]. 上海行政学院学报，2017（5）：12.
③ 亨利·皮雷纳. 中世纪的城市[M]. 北京：商务印书馆，2006.

系基本确定并逐步转化为现代城市治理体系。现代城市管理体系的建立和完善表现在五个方面：①城市性质的转变，以1835年英国的《城市自治机关法》为开端，在现代民族国家体系下形成了现代自治城市，履行日益扩大的社会管理职责。②建立了专业化的城市管理机构，市政府成为公用事业发展的重要载体，通过地方性立法解决大部分市政问题，增强了城市日常工作和行政决策的透明度，标志着现代城市政府体制的确立。③确立了城市管理的内容及优先顺序：首先是健康与安全，尤其是火灾、水源和垃圾处理，其次是贸易条规、公共安全与刑事犯罪，最后是服务于大多数城市人口的基础设施、社会福利和规划绿地。④城市行政区划管辖范围与城市、郊区的发展同步调整，以增加城市的财政收入，方便城市人口获得统一的城市服务。⑤城市管理主体的多元化，城市政府领导人的管理理念越来越受到重视，志愿组织、商业利益以及本地居民也会在这一体系中发挥作用。此外，20世纪初期北欧出现的政府与企业等私人部门合作的机制，逐渐发展壮大为现代城市治理中的"公私伙伴关系"（Public Private Partnerships，PPPs）。20世纪中后期，西方国家开始步入后工业社会和信息时代，开始出现由众多城市连接而成的跨区域大都市区治理机制。进入21世纪以来，现代城市政府治理体制又呈现出如下新的发展趋势：城市政府管理体制的企业化、城市政府管理体制的分权化、城市政府管理体制的虚拟化等。

三、现代城市治理体系构成要素

一般来说，"城市治理体系是指城市治理运行中必然涉及的治理主体、治理客体、治理方法（包括治理体制、机制、技术等）等因素构成的有机整体以及对此整体进行明确界定的制度因素"[①]。这一定义从主体、客体、内容三个方面给出了城市治理体系构成要素的主要内涵，即谁来治理、治理什么、怎样治理。从世界各国情况来看，城市化的发展深刻地影响着城市治理方式的变革。现代社会的城市化以更强的流动性体现出扩散型特征，知识和资源的分散性、行为体的多样性，以及行为体多样化的相互作用，这些都使得现代城

---

① 夏志强，谭毅. 城市治理体系和治理能力建设的基本逻辑[J]. 上海行政学院学报，2017（5）：12.

市治理体系的构成要素变得更加复杂。

在21世纪,治理不再仅仅是政府的责任,而是通过伙伴关系、决策网络或其他混合型结构,让不同社会主体共同进行管理。因此,从主体上看,现代城市治理体系中发挥主要作用的行为体主要有城市政府、企业以及社会组织和市民个体。在现代城市治理体系的发展过程中,最初从事城市管理的人员主要是兼职的商人或社区精英,他们从中世纪商业城市形成以来就自发发挥着重要作用;进入工业城市,特别是20世纪初以来,城市政府越来越发挥着主导性作用(图5)。由于城市政府机构规模扩张和专业化程度的提升,从事城市管理工作的人员开始强调以市政工程技术为主的技术人才干。第二次世界大战以后,城市管理的技术重要性相应降低,管理城市越来越要求具备管理精通大型复杂组织的能力、善于处理有争议的问题和分析大量的材料以做出关键性的决定,并谙熟人事关系的艺术。政府和企业作为城市管理体系中传统的行为主体,在长期共存的过程中发展出程度深浅不一的合作关系,并表现为现代城市治理体系中的公私合作伙伴(Public Private Partnerships,PPPs)。到了20世纪,伴随着现代城市治理在公众参与方面的拓展,以利益相关者理论为指导,引入了社会组织和市民个体作为主体。这样,形成了以多个参与者、多种决策领域为特点的现代城市治理体系。在当前的现代城市治理体系主体中,政府仍然是主导者,但企业是最有影响力的主体,而市民个体和社会组织的影响相对较弱。

图5　1901年落成的美国规模最大的市政建筑——费城市政厅。钟楼由教堂向市政厅的变化,反映了城市治理发展史上一次重要的权力主体变更

现代城市治理体系的客体就是城市治理的对象，即城市公共事务，是对以人为核心的城市公共生活的管理。国外较早的管理理论认为：城市管理的对象是人、财、物、生态四大要素，随着技术的发展后来又加上了信息。城市管理历史最长的对象是从供水这一生命线开始的（图6），由产业革命引起的城市化初期主要是一种物质集聚的变化过程，这种集中型城市化过程，要求城市管理着重于提供供水、供电、交通等市政基础公用服务，也决定了这一时期的城市管理主要是以城市基础设施管理为中心的市政管理，并进一步扩展到路灯、道路、桥涵、给水排水、市容等。围绕这些城市基础设施的需求又产生了城市公共财政的问题，因此在很长一段时间内城市管理体系的主要对象是财和物，至今这两项仍然是现代城市治理体系对象的基本构成。随着城市生活需求的日益多样，现代城市管理逐步突破了物质形态，更加注重城市居民与城市的发展，又增加了城市规划管理和城市人口管理等。这样，最终形成了由城市发展规划、基础设施建设和运营、公共财政和税收、微观经济规制、人口与社会管理、公共产品和公共服务供给、环境保护等构成的城市公共事务系统。这些公共事务各成系统，但内部又形成相互联系的整体，构成了一个纷繁复杂、动态变化的巨系统。

现代城市治理体系是对城市治理现代化的一系列制度安排和创新举措，在内容上主要是指现代城市治理的组织形式、运行机制、制度安排、资源配置

图6　古罗马高架引水桥很壮观，建于公元1世纪，是塞戈维亚的标志，也是迄今保护最完整的罗马帝国古迹之一

以及方法手段，体现的是现代城市治理的规律和方法，因此也可以将之称为现代城市治理模式。根据现代城市治理内容的主要特征，有人归纳了四种模式：企业化城市治理模式、国际化城市治理模式、顾客导向型城市治理模式、城市经营模式。从国家治理体系的角度看，现代城市治理体系的内容可以分为制度、体制、机制、政策四个层次。具体来看，制度层面的内容在现代城市治理体系中具有根本性的规定作用，它通过城市与上级政府之间的权力关系，界定了城市治理的外部范围。通过历史上的两次重大变革，西方社会形成了国家权力限定下的城市自治制度；中国则在历史发展过程中形成了中央集权下的属地管理制度。体制层面的内容规定了现代城市治理体系的权力配置框架，是城市政府内部的权力分配结构，城市治理体制根据各个城市的具体发展情况出现了不同的形式。在世界各国的城市管理体制中，以美国城市组织形态最为多样化。主要有四种类型：市长议会制、市委员会制、市经理制和市行政长制。在中国，作为一级地方行政机关，实行人民代表大会制下的首长负责制，与之相关的还有城市行政等级制等。机制层次的内容是现代城市治理体系的具体运行方式。工业革命带来的现代城市基础设施建设利益促使企业和政府之间形成越来越紧密的合作，并发展为公私伙伴合作（PPP）、公众参与等典型的治理机制（图7）。政策层次的内容是指在各个领域针对不同对象的行为规则和应对方案，包括人口政策、环境政策、基本公共服务政策

图7 美国佐治亚州桑迪斯普林斯市经理约翰·麦克唐纳说："市政外包可以在提高居民生活质量的同时，节省纳税人开支"。

资料来源："这城市，市政厅法官都是租来的"，《潇湘晨报》2012年6月27日，http://epaper.xxcb.cn/xxcba/html/2012-06/27/content_2620226.htm.

等。现代城市治理体系同样是一个制度、体制、机制、工具构成的整体，只有系统实现制度、体制、机制与工具手段的有机衔接，系统考虑各种治理方法的优劣，系统集成治理工具，才能实现治理方法的智慧选择和有机组合。

第三节 当前城市治理面临的突出问题

一、城市治理问题的发展

正如古希腊思想家亚里士多德所说："人们来到城市是为了生活，人们居住在城市是为了生活得更好"。人们向城市的聚集造就了城市，形成了城市的规模红利，但也引发了城市公共服务的紧张，人口的规模红利与公共服务相对不足之间的矛盾主宰着从古至今城市治理问题的主线。

（一）西方城市治理问题的发展

19世纪科技革命和产业革命使城市真正成为经济生产的中心，来自国内外的大量移民涌入城市寻找改善自己生活的机会，西方国家先后迎来了前所未有的城市化浪潮。但是，初期的工业城市更重视生产，而不重视生活，社会环境相对宽松，往往缺乏有效的行政力量进行干预。这种管理上的放任，一方面促进了经济活动的快速发展，有利于工业城市的兴起；另一方面根本无法对城市事务加以管理，为大量城市问题的出现埋下了伏笔。作为第一次工业革命的起源地和早期工业城市的代表，19世纪初伦敦城市人口还是100万，到了1851年就已激增到240万。但是，它的公共基础设施还停留在200多年前的水平，尤其是在工厂附近的工人住宅区几乎没有排水和供水设施。这样的状况给伦敦带来了灾难性的后果，由于水源受到病菌污染，在19世纪四五十年代接连暴发了两次大霍乱，造成了大量的人口死亡；直接将下水道中的污水排入泰晤士河，更是导致了1858年的伦敦大恶臭，异常难闻的臭味被风吹到了整个城区，不仅市民们被熏，甚至国会也暂时关门休会；同时，工厂和生活用煤产生了大量的烟尘，这就是著名的"伦敦雾"（图8），在1952年12月及其后的2个月中，先后有1万多人因相关问题丧生。这些问题在一段时间内都被当成工业城市的必然产物，甚至是"伦敦特色"，据说，法国著名画家莫奈在1870年左右还特地跑到伦敦看雾。到了19世纪后半期，面对严峻的社会矛盾和恶劣的城市环境问题，伦敦市政府开始将这些城市治理问题简化为市政工程问题和行政管理问题，开始以立法和行政手段，综合性地对城市物质环境予以控制和指导，以改善这些问题。

图8　著名的"伦敦雾"

随着城市基础设施投资和提供公共服务的不断增加，预算也越来越大，同时也形成了庞大的商业利益。在市长和市议会等城市管理体制的选举中，逐渐形成了"寡头政治"，视市政如家政，"只为城市有产者利益着想，不关心城市人众的福祉，低效无能"[①]，无力应付日渐繁杂的城市事务。这种现象在欧美等西方国家先后持续了较长时间。其中，又以美国的"城市老板"及其"政治机器"最具代表性（图9），这种体制遗留下来的传统甚至至今仍有影响。"城市老板"用政治分肥封赏随从，控制基层选区的提名和选举，从而影响和控制市议会议员和行政官员，形成"机器政治"（Machine politics）。美国的许多大工业城市曾经由机器政党管理，19世纪末期以及20世纪前半期是经典机器政治盛行的时期。1976年，芝加哥政治首领理查德·迈克尔·戴利（Richard J. Daley）的去世，标志着依靠赞助和分发物质激励来保证组织运行的经典机器政党时代的终结。同时，经过数十年的努力，商人在现代城市治理中所起到

---

① 陈恒，等. 西方城市史学[M]. 北京：商务印书馆，2017.

的直接作用特别是决定性作用逐渐减少,影响力和决策权最终转移到政府手中。西方城市先后建起了现代公务员制度,打破了寡头对城市管理的垄断,标志着城市政府逐步发展成为现代城市政府。当然这种自中世纪商业城市形成以来就一直伴随着城市管理发展,由商人和政府构成的公私合作关系不仅仍然在现代城市治理体系发挥着重要作用,还在不断适应城市治理发展的形势要求焕发着新的生命力。另外,20世纪末,西方城市治理中私人盈利利益对公共利益的侵蚀,特别是强势主体对弱势群体的不公平等问题,日益引起社会的重视,这就是现代城市治理中的公众参与问题。开始让广大群众更多地参与到城市治理活动的过程中,从而确立公众的城市主人翁意识,能够更广泛地认识自己在追求城市幸福的过程中应当发挥的作用。

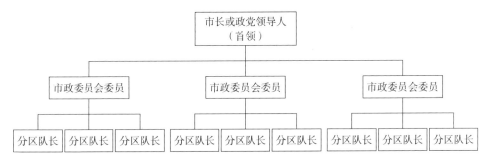

图9 美国城市"机器政治"的组织结构

资料来源:丹尼斯·R.贾德,托德·斯旺斯特罗姆.美国的城市政治[M].上海:上海社会科学院出版社,2017.

城市人口的增加,使城市治理问题越来越复杂化、多样化,层出不穷的先进技术在缓解长期困扰城市治理的同时,也在催生着新的城市治理问题。由于城市区域不断扩大,交通工具相继出现了有轨马车、蒸汽火车、高架铁路、缆车、有轨电车,20世纪初以来,出现了私家汽车。这些交通工具的普遍使用,通过适应城市居民个体的需求不断进一步释放更多数量和规模更大的新需求,一方面使人们往来城市更加便利,推动着城市在空间规模上越来越大;另一方面也使市中心的交通拥堵和大气、噪声等城市环境污染问题越来越突出,并使城市一度陷入了不断修路、不断拥堵的恶性循环(图10)。第二次世界大战以后,特别是随着现代工业城市向以服务业为主的后现代城市转变,城市更新与改造在西方国家城市问题中变得越来越重要。从目前西方城市更新的发展历程来看,很多城市更多地把城市更新看作城市空间的重新规划,通过老旧城区围绕新兴产业进行重构,实现城市发展转型的再城市化

图10　20世纪20年代美国洛杉矶市中心第七大街交叉路口汽车拥堵问题

过程。一个主要的做法是将老旧的城市中心区打造为高档商业办公区，迁走低收入群体，引入中产阶层的"再绅士化"，没有很好地兼顾城市更新中的经济发展与人的生活需求，忽视了其中应有的城市治理的公平内涵。20世纪末，信息与通信技术在西方城市的迅速传播，也影响着现代城市治理领域，并催生了智慧城市建设。2003年纽约市将各政府部门的40多个热线服务电话统一为一个市政电话服务中心——"纽约市311"（图11），从单纯的电话语音服务扩展到互联网、短信、社交网络、移动应用等多渠道的服务，服务也从被动应答走向主动提供，使市民在生活中更少出现意外。智慧城市建设提高了服

图11　311市民服务系统一年365天开通，为市民解决各种问题
（人民网美国公司记者：董晓乐/摄）

务的效率和准确性,但也加重了现代城市治理重视技术设施建设、忽视深层次的制度变革趋势。

(二)中国城市治理问题的发展

1949年到改革开放前,在集中有限资源服务国家经济"赶超"大局的大背景下,一方面,为了有效配置有限的国家资源,在计划经济体制下,中国全面运用强有力的政府干预手段,将大部分资源掌握在手中,形成了政府一家包办的"全能政府"管理体制和机制,使城市政府成为"建设、管理和维护具有公共产品性质的城市公共设施的主导力量",也使老百姓养成了一种"什么事都找政府"的思维惯性。另一方面,形成了以工业生产为中心的"先生产,后生活"的城市管理政策,要求政府资金最大程度地投入直接生产部门,向城市基础建设和生活福利事业投资的比例较低。这样,虽然城市在较短时间内取得了长足的发展,特别是与工业生产相关的城市建设得到较快发展。但是,由于投资过少,欠账太多,缺少规划,城市基础设施建设仍然比较落后,造成住宅紧张、市政公用设施不足、城市建设和管理积累了大量的问题,使我国的城市化规模和城市公共服务不足而且标准较低,城市居民生活水平相应停滞在了较低的水平。

改革开放后,在中国快速的城市化过程中,经济思维仍然占据着主导地位,关注的重点主要还是城市经济建设,通常以房地产和工业园主导,并非将公共服务的发展放于首要位置,忽视了城市的治理功能。公共资源的空间配置和发展成为明显的短板。同时,在传统计划经济模式影响下,没有让市场和非政府机构在城市发展与管理中最大程度地发挥配置组织、管理和协调职能,城市政府从"全能政府"向"有限政府"的转换成为这一时期一个关键性的问题,政府管理模式滞后于社会发展需要,增强了城市治理的"难度"。一方面造成了建设与管理相脱节。城市设施建设投入大,起点高,但建成后的管理和维护滞后,使这些设施的应有功能大打折扣,并有损城市形象。例如,城市道路两边的彩砖,经过一段时间后褪色变脏、沉陷破碎;城市雕塑出现脏污破损;公共服务设施损坏或故障,疏于维护修理形成了整个城市面貌不相和谐的现象。另一方面重硬件、轻软件。城市硬件建设得到各方重视,但对基于这些设施而存在的管理(软件)重视不够甚至疏于管理,导致一流的建设,二流的管理。例如,道路建设和交通设施日益先进,但对于通行的整体设计和调度指挥缺乏科学性，通行效率不高，对交通秩序的管理还不够严格。城市发展中的不少瓶颈和许多居民反映强烈的问题，归根结底是城市管理滞后于建设，软件硬件水平不相匹配，使现代化的硬件设施没有发挥出应有的功效。

进入21世纪以来，城市治理中存在的一些突出障碍，无不牵涉公平问题，不均衡、不充分成为中国现代城市治理的主要问题。城市治理的理念和结构亟待调整，城市治理面临着从经济本位向社会本位的转变，从增长理念主导到公平理念主导的转型，进一步形成精细化、整体化的管理理念，培养现代城市管理的新理念。从城市化指标和城市硬件设施建设情况看，大部分城市都用较短的时间完成了西方城市上百年走过的城市化道路，城市框架已经确立，城市形态比较成熟，主要的基础设施和市政工程基本完工，在建的政府投资项目大多集中于公共事业领域，以功能开发和环境建设为主，城市发展步入了后建设时期。同时，信息技术迭代发展并广泛应用于城市治理多个领域，催生出以"智慧城市"为代表的新型治理模式，但过快的扩张速度和过于前沿的技术手段，短时间内难以被传统观念主导下的政府所驾驭，也引发了技术应用与城市治理之间不可避免的摩擦和冲突。总体而言，在技术管控类事务中，智慧城市效能非常可观，但在社会治理服务类事务中就凸显出一些弊端。以网格化治理为例，网格化管理推动了政府内部资源的整合，大大提高了服务群众的质量，但同时也出现了过度治理和治理真空同时并存的窘境以及"强化行政而弱化治理"的内在缺陷。这些都需要城市治理者认真反思，积极探索现代化治理之道。

二、现代城市治理问题的表现

现代城市治理根植于复杂的经济结构和制度层级中，这意味着与国家层面的治理相比，城市治理更具挑战性。现代城市治理的关键，看似城市如何适应城市物质空间不断变更和扩张，新的人群不断涌进城市导致的资源分配紧张引发的问题，即城市现代化消极、脆弱的一面，这种脆弱性涵盖了技术、基础设施、制度及管理等方方面面，它内生于城市的系统性、复杂性的结构。从无序的工业城市自主性生长，到无法落地的规划设计，再到现代城市的集权管理制度，现代城市治理中经济权力超越政治权力，导致了理念上对人的忽视，治理功能成为一个致命性的结构性缺陷。"我们处于这样一个时代：生产和城市扩张的自动化进程日益加快，它替代了人类应有的目标而不是服务于人类的目标。我们这个时代的人，贪大求多，心目中只有生产上的数量才是迫切的目标，他们重视数量而不要质量（Quantification without qualification）"①。看上去的理想规划，背后却是市场力量的极力推动，造成了"人的关怀"服从于"工业—政治需求"，这是现代城市治理的根本症结所在。基于政治理想的城市规划、设计，把人当作模块化的、可以随意安置的"物品"，而不是从人的流动性和人的现代需求出发。至今，几乎所有发展中国家的城市规划，仍然在围绕着工业和经济项目进行，质量稍微高一点的城市规划，也是集中于狂妄的金融中心设计和基于人口集中的、被盲目扩展的"第三产业"②。

现代城市治理在理念上更加强调多元化和企业化（或市场化）。从利益相关者角度出发的城市治理主体多元化，使政府从提供服务和集体行动的主要代理人，转变为主要充当众多行为体和利益方的协调人。但是，政府的公共作用不能仅限于这种平衡角色，它还必须秉承公善和正义的公共价值去决定什么行为是适当的，更需要追求公共精神和共有精神③。即促使不同利益相关者的判断或关注需要在决策过程中得到充分的代表④。"确切地说，传统偏向市政管理的城市管理要走向广义的城市管理，而不是让位于城市治理"⑤。同时，现代城市治理在运作机制上引入企业管理采用市场化模式，城市政府必须在追求经济至上的各类主体之间寻求平衡，甚至它自身也追求经济目的，政府管理目标的转变淡化了其政治角色，强调了成本效率和客户满意度。虽然这种发展在注重公共服务和公共管理的成本效益的基础上，很有可能改善了公共服务质量，但却忽视了人们的需求、空间平衡和社会公平，难以保障城市治理的质量。例如，城市建设按照资本市场的逻辑运作，就会促使城市

---

① 刘易斯·芒福德.城市发展史——起源、演变和前景[M].宋俊岭，倪文彦，译.北京：中国建筑工业出版社，2005.
② 韩福国.重建现代城市的治理功能——搭建"建筑设计、城市规划、城市建设、城市治理"之间的桥梁[J].城乡规划，2017（1）：38.
③ 黑川纪章.城市革命——从公有到共有[M].北京：中国建筑工业出版社，2011.
④ 里昂·范登杜，等.探索城市善治（理论反思与国际实践）[M].张录法，许德娅，译.上海：上海交通大学出版社，2020.
⑤ 罗文恩，等.西方城市管理思想与流变[M].北京：社会科学文献出版社，2018.

投资偏向于周期短、利润率高、见效快的领域,而忽视关乎民生但收益率低、见效慢的领域。

自工业革命以来,以经济高速增长为核心目标,强调技术发展的工具理性主义行为长期主导着现代城市治理的发展模式。今天"功能至上""技术至上""利益至上",在一定程度上城市规划甚至被认为与城市治理相近或相混淆[1]。这种趋势,一方面把城市作为现实的问题来分析,忽略了城市的历史性,缺乏基于知识利用的历史性分析[2];另一方面,到目前为止,这些技术手段所回答的问题都是传统的问题,"我们希望看到的是这些技术手段能改变或者进一步提升我们提出的问题,这些是技术手段自身无法做到的,而只有通过改变我们思考问题的方式才能达到"[3]。因此,现代城市治理的主要工作内容需要从过去的专门性技术工作管理逐步转移到政策问题上来,"是人,而不是技术,必须成为价值的根源"[4]。城市管理者需要思考的是如何获得有价值的信息、这些信息从哪里来、意味着什么、如何流动等,进而明白决策的重心所在,并能充分依赖专门的知识做出恰当的决策。[5]因此,20世纪末至21世纪初,城市规划出现了两个非常重要的观点。首先,成功地改善城市空间未必能解决深层的社会问题。其次,城市规划者应该让广大群众更多地参与到规划过程中,尤其是那些过去可能没有参与政策制定过程的人如今参与进来。

三、中国城市治理问题的本质和建设思路

中国城市化落后于工业化,而城市治理又落后于城市的发展。究其原因有三方面:一是思想方法上缺乏历史感。长期以来,我国城市建设和管理遵守着"先生产后生活"的方针,现代化多集中在建设等物质领域,但真正的"现代化"或者说现代化的标志,更多的应当在于心理和思想层次。因此,现代化城市管理的重点必须从工业化城市经济扩张式的发展,转为强调城市发展的内涵和质量,更为注重人文与文化的建设、注重城市的经济与社会的全面协

---

[1] 梁远.近代英国城市规划与城市病治理研究[M].南京:江苏人民出版社,2016.
[2] 罗文恩,等.西方城市管理思想与流变[M].北京:社会科学文献出版社,2018.
[3] 成一农.中国城市史研究[M].北京:商务印书馆,2020.
[4] 张京祥.西方城市规划思想史纲[M].南京:东南大学出版社,2005.
[5] 罗文恩,等.西方城市管理思想与流变[M].北京:社会科学文献出版社,2018.

调发展。二是管理体制上政府的短期行为。随着大量人口的城市集聚，以及现代城市资源的日益紧张，传统政府主导的城市"管理—控制"模式已经无法适应现代城市内生性发展问题的挑战，尤其是城市治理过程中常常要面对难以解决的悬置性、累积性、疑难性问题。三是人才培养方面的欠缺。城市是一个复杂的巨系统，城市治理现代化的发展规律要求人才知识结构的复合型。重新思考专业主义，包括专业训练和发展，以及承认专业技术的局限性。因此，中国城市治理的理念、体制亟须转型，要从追求扩张和逐利全面转向为为市民，要解决"城市为谁而建""城市优先关注谁"的问题，处理好政府与市场、分散与集中、渐进与突变、建设与留白等关系。

如何在推进城市产业持续发展的基础上形成一个良好的现代城市治理体系，已成为城市发展的一个核心议题。牵引治理转型的是治理理念、内部结构变革，包括价值、制度和技术等全方位变革，系统化、科学化、智能化、法治化既是现代城市治理的特征和趋势，也是推动城市治理现代化的重要动力。现代城市治理系统化的主要体现是整体性治理。整体性治理强调政府的整合运作和信息技术的有效整合，有利于解决多元治理主体各自为政以及碎片化管理等问题。这需要一方面把管理和服务融为一体，而不能只强调管理，忽视了服务；同时，也要建管整合，在注重城市建设的同时将管理工作做好，让发展之后的城市更有利于人们生活和居住。现代城市治理的科学化要求积极探索和引进科学管理方式以适应现代化城市的发展需要。首先，要使技术治理与社会治理形成合力，借助"互联网＋物联网＋云计算"等信息技术，及时、主动回应市民的公共服务需求，通过精细化管理实现城市管理的人性化和高效率。其次，预先介入。在众多诉求中梳理出共性问题、高频问题，并事先充分考虑苗头性、倾向性问题，做到提前处置解决，实现源头预防。随着人工智能、大数据、互联网等信息技术的发展，催生出以"智慧城市"为代表的新型智慧化城市治理模式。从公共管理学上讲，智慧治理有利于实现结构优化、过程转型、流程再造，决策和执行智慧高效，但是过快的扩张速度和过于前沿的技术手段，有可能脱离城市治理的本意和实质。因此，如何将智慧城市的技术优势与政府治理的制度优势有效结合，打通城市治理的痛点和堵点，应该成为智慧城市向城市治理现代化演进的逻辑主线。现代城市治理是建构在现代民主制度基础上现代城市的法律体系，法治化要求善于运用法治思维和法治方式解决城市治理顽症难题。目前，城市管理中仍然存在法制不健全、执法不够严的问题。要完善法规，抓紧填补城市管理领域的立法空白，及时修订不符合现代城市治理要求的法规规章。要把依法治市具体落实到城市规划、建设和管理的全过程、各环节，推动城市治理科学的、正确的导向、做法、过程和成果法定化、权威化。如城市规划经过批准后要严格执行，一茬接一茬地干下去，防止出现换一届领导、改一次规划的现象，坚持一张蓝图绘到底。

第三章 现代城市治理发展简史

习近平指出:"一个国家选择什么样的国家制度和国家治理体系,是由这个国家的历史文化、社会性质、经济发展水平决定的。""具有深刻的历史逻辑、理论逻辑、实践逻辑"。[①] 实现城市治理能力和治理体系现代化,也要在创造性转化和创新性发展中国城市治理发展成果的基础上,积极主动地学习借鉴世界城市治理发展成果,来走出一条中国特色城市治理现代化之路。

第一节 西方现代城市治理发展简史

一、工业化时期的科学化城市管理

作为现代城市基础的工业城市的有效管理,亟待加强两大基础条件:专业的公务员队伍和足够的财政资金。因为在前工业化时期,城市政府仅作为"守夜人"的角色,这造成了城市政府的缺位,城市政府责任分配权威性不足,城市财力有限,城市政府无法设置更多市政管理岗位,尽可能少地雇佣城市管理与服务人员。导致城市管理效果较差,尤其是城市基础设施贫乏,城市政府无计可施。不能满足工业化的需要,因此欧美等西方国家的城市开始了转向现代城市管理的变革。

18世纪中期,西方城市的最主要特点就是工业化和城市互相促进,也就是说现代工业经济所需要的恰好是城市可以提供的,如工厂、仓库、商店和办公室、交通网络、大型劳动力市场和消费者市场等物质基础设施。但是,犯罪、卫生条件恶劣和街道堵塞这些慢性问题却降低了城市居民的生活质量,而且对当地经济发展构成威胁。公民精英和商业领导不愿意眼睁睁地看着城

[①] 习近平.坚持和完善中国特色社会主义制度推进国家治理体系和治理能力现代化[J].求是,2020(1).

市走下坡路，所以他们愿意支持公共服务的建设。此时，工业时代发展起来的给水、排水、供气、供电、电报、电话、街车和地铁系统成为现代城市治理的重要基础。同时，随着工业革命的不断深入，现代化和工业化紧密联系的现代管理逻辑被广泛应用到城市化中。也就是说，这一时期城市本身逐渐被作为一个整体且可以理性管理的复杂"机器"看待，这应该是现代城市管理史上一个重要的发展里程碑。工程师、公共健康专家和改革家凭借这样的观点积极支持改进基础设施系统，为混乱、嘈杂的大都市带来秩序、理性和公共健康。另一方面，主张城市政府应该尽可能地按照商业公司的模式来运行，市政服务模式广泛传播。欧洲城市轮廓紧凑、管理高效、注重环保、合作与竞争共存、传承与革新并行的特征，值得全世界借鉴。

1863年，伦敦地铁正式开通，当地人称之为Tube（管道），这是世界上第一个地铁系统。对于那些想避开道路交通拥堵的人来说，伦敦地铁成为他们的第一选择。如图1所示为那时的伦敦地铁车厢内部。

图1　伦敦地铁车厢内部

英国伦敦地下排水系统改造工程于1865年完工，下水道全长2000公里（图2、图3）。

工业城市末期，由于城市迅速扩张和种族多样性，城市各群体之间的利益冲突增多，这要求更多地从整体经济利益方面来定义公众利益。同时，传统城市管理体制政治与行政不分，既易生腐败，又缺乏管理效率。随着新兴的中产阶级在城市管理中的作用越来越大，城市中上阶层对仍然处于业余水平

图2　英国伦敦地下排水系统

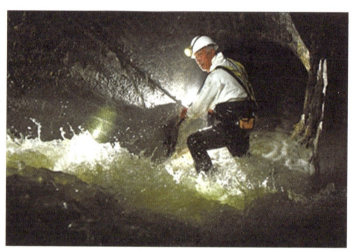

图3　工人在伦敦地下下水道中清污（伦敦下水道是工业革命以来世界七大工业奇迹之一）

的城市管理和城市政治腐败，以及社会道义的丧失非常不满，他们通过19世纪末至20世纪初的"市政改革"来减少腐败和摆脱城市寡头对城市公共事务的控制，使城市管理跟上现代城市发展的步伐。于是借鉴工厂的企业管理模式，出现了强调现代城市管理的理性原则与科学管理原则的标准化、专业化倾向，通过对政治与行政关系的分离，实现行政集权，使政府的行政职能从政治中独立出来，从而确立了政治与行政相分离的原则。这样，政府在城市公共服务中所占份额不断稳步增长，城市政府机构规模扩张和专业化程度提升，提高了城市管理的成效。

在20世纪30年代初自由放任思想作为经济和城市发展的基础从未受到过挑战，公共利益被狭窄地定义为商业和效率，水、电、煤气、道路、交通等大规模的市政服务项目与城市工商业的发展等同看待，多以特许方式由市政府交于私人公司建设。随着人口的增加和城区的扩大，对城市基础设施和公共服务的需求持续增长，而资本家仍然没有认识到这些项目的公益性特征，以追求利润最大为动机。面对日益复杂的城市问题，19世纪后期，西欧的大城市开始通过政策手段加强对燃气、水和电等公共资源的管理和控制。英国的一些城市多以提请议会"特事特办"来通过地方法案的方式，通过建立各式改善委员会、征收地方特别税等来应付必要的开支，以解决专业问题。19世纪中下叶，英国先后以市政府公营的形式解决了城市的用水和煤气问题。19世纪90年代，城市交通出现了突破性发展，特别是20世纪20年代，上百万辆汽车涌上街头（图4、图5），因此，城市需要投资建设交通信号灯、警车、垃圾车、校车、铲雪车、公路、公交车站和飞机场。但城市政府财政有限无法满足这些需求，城市资助了一系列公共改善方案后陷入了经济萧条。美国通过联邦政府与城市之间建立起直接的联系，"新政"计划赋予了地方政府直接寻求联邦政府帮助的合法性，此时城市在国家政治中的发言权增强。到20世纪30年代以凯恩斯主义的兴起为标志，政府对城市管理的干预及城市公共事业公营化达到了顶峰，这一趋势一直持续到20世纪70年代的经济危机时期。

图4　1920年一座横跨泰晤士河的大桥上出现了交通堵塞

图5 纽约中央公园

总体来说，工业化时期西方城市管理完成了向现代城市管理的转变，主要体现在两个方面：一是城市管理内容和对象逐步扩大。在城市管理的内容上包含了公共卫生健康与安全、维持公共秩序、基础设施及规划，在城市管理服务对象上从少数富人扩展到全体市民。二是城市管理的指导思想从"自由放任"的市场手段到城市政府的临时干预，再到实现公用事业市营，甚至后来的公用事业国营，并向政府的完全干预迈进。

二、后工业化时代的现代城市治理体系的确立

第二次世界大战后，经济快速发展，城市政府提供福利和服务的功能增强，政府预算增加，城市政府拥有的权力也得到空前的扩张，从市政建设领域进入城市规划领域，政府开始进行大尺度的规划和管理（图6）。20世纪五六十年代，城市管理中出现的一个重大转变就是城市规划权与城市政府相分离的局面被改变，城市规划逐渐转变为一项政府职能，政府应有的协调和综合规划功能被重视。20世纪60年代，城市管理面临了新问题，意味着之前城市管理面临的问题已经发生转变，如建设城市基础设施、发展行政科学以提升城市管理效率等已告一段落，此时"优先考虑的问题逐渐从物质取向转向为以人为本"[1]。20世纪50年代凯恩斯主义盛行，同时，由于西方国家城市政府提供的公共服务越来越多，财政负担越来越重，1970年的经济危机进一步加重了这一矛盾。因此，新自由主义思潮开始取代凯恩斯主义成为西方现代城市管理思想的主流。新自由主义对于现代城市治理的促进意义在于将企业的经营意识和市场竞争机制引入了城市管理，突出效率、效能与效益原则，强调管理的"市场化"导向，其要义就是把更多的政府管理或专营的公共事务、公益事业及公共产品的提供改由私营企业共同参与或干脆实行"私有化"。比较典型的是英国的公私合作伙伴模式和美国的企业家型城市管理模式。目前，人们所提到的公私伙伴关系原型产生于1979年英国撒切尔夫人执政时兴起的"私有化"改革，1992年英国梅杰政府正式提出"私人主动融资"（PFI），标志着公私伙伴关系（PPPs）正式成为英国政府公共政策或公共治理的工具。20世

---

[1] Thomas W. Fletcher. "What Is the Future for Our Cites and the City Manager?" [J]. Public Administration Review,（January-February 1971）：5.

图6　英国伦敦街道

纪90年代以来，公私伙伴关系（Public — Private Partnerships，PPPs）在世界范围内兴起，甚至被认为是西方城市治理的本质性体现。与此同时，美国也出现了与企业型管理相联系的"企业家型市长"。事实表明，这些改革行动，推动了减少政府财政赤字、降低社会公共投资，在提供公共基础设施和服务上的确非常灵活，提高了公共服务效率，促进了公共服务需求的多样化和政府管理方式的多样化，使社区更加容易获得公共服务，也提升了大部分人的满意度。但从新自由主义盛行的英美等国来看，中央政府和私人企业之间关系的加强，以及城市地方政府权力的削弱，无疑不利于城市的整体发展。到了20世纪末，建构起了更加多元化的城市管理体系，志愿组织、商业利益以及本地居民都会在这一体系中发挥作用[①]。

为了防止城市政府违约，纽约仅1975年在全市范围内削减了五分之一的公职人员，造成街道上垃圾随意乱丢，犯罪、火灾无人回应（图7）。

20世纪中后期，新技术变革促使产业从工业向服务业转型的"后工业化"进程，后工业社会的主要特点是弹性生产与注重消费。步入后工业社会和信息时代，西方国家城市内部日趋复杂，地域范围不断扩大，城市之间的界限逐渐模糊，相继出现以伦敦、纽约、巴黎、东京等为核心的由众多城市连接而成的大都市区。郊区的大肆蔓延，导致了大都市区普遍的空间分散化、碎片化现象，使得现代城市治理的内容更加复杂。在大都市区内部，各个城市

---

① 彼得·卡拉克. 欧洲城镇史：400-2000年[M]. 北京：商务印书馆，2015.

图7　1975年纽约市区

政府间竞争所带来的重复建设、资源浪费现象层出不穷。到21世纪前后,郊区还出现了与中心城区一样退化的"城市问题郊区化"现象。伦敦大都市区管理体制采取的是"大伦敦管理局—自治市—选区"三级管理体制,并由大伦敦管理局负责大都市区内部城市政府间在交通、治安、消防、紧急服务、环保、规划、文物保护等各方面的合作和伙伴关系。自20世纪90年代以来,新区域主义积极挖掘美国的公民社会传统,发展政府与私人企业、政府与公民社会之间的合作关系,注重调整和发挥原有的政府间协作关系的功能,在大都市地区形成了"没有政府的治理"网络和机制。

总体来看,进入21世纪以来,西方城市治理体系呈现出如下新的发展趋势:①企业化。城市政府管理体制不断从现代公司制度中借鉴有益内容,使城市政府管理体制的内在架构更加有利于政府低成本、高效益地运行。②分权化。主要表现在上级政府部门向下级政府部门的分权、政府部门向社会组织的职能转移以及城市政府管理体制的设计更加有利于城市治理中的公众参与等方面。③虚拟化。随着计算机网络技术,尤其是大数据浪潮的有力推动,信息技术迭代发展并广泛应用于城市治理多个领域,推动着现代城市治理从基于实体空间的架构向顺应虚拟化潮流的方向发展,催生出以"智慧城市"为代表的新型治理模式。由数据驱动的管理方法充当着充分利用稀有城市资源的诊断工具,成为未来城市治理的一种趋势,推动了城市管理行政文化的转变以发挥大数据及深层分析的全部潜能,极大地节省了行政成本,降低了行政费用,提高了行政效率。

第二节　中国现代城市治理发展简史

1949年以来，中国城市的发展走过了一条与西方不同的道路，与之相关的城市治理自然也形成了具有自身特色的路径。

一、计划经济时期以工业生产为中心的城市管理

中国现代城市治理的第一阶段，即城市工业化阶段，其时间可界定为从中华人民共和国成立后到改革开放之前。为了促进工业尤其是重工业发展，我国建立了以城市为载体的计划经济体系。城市被视为工业发展的有效载体，"工业化"国家战略确定了城市管理的基本方向，这从整体上促使中国城市性质实现了向现代生产型城市的转变。所谓"生产型"城市就是以工业为主要功能的城市，也就是在策略上利用城市化来促进工业化。1949年3月17日，《人民日报》刊登社论"把消费城市变成生产城市"。1951年2月18日，《中共中央政治局扩大会议决议要点》指出，要加强党委对城市工作的领导，恢复和发展生产，改善城市人民生活，在城市建设计划中要贯彻为生产服务、为工人服务。原有城市由多功能快速向以工业生产为中心转变，工业生产成为城市的主要功能，也成为城市管理工作的中心和基本立足点。中华人民共和国成立以来，以工业生产为中心的城市管理政策，基本的出发点是集中有限的资源服务国家经济"赶超"大局的要求，表现在城市管理上的指导思想是"先生产，后生活"，即城市的作用是为生产服务，要求在工业部门就业的城市人口比重要高，并降低在城市服务部门就业人口和被抚养人口所占比重；政府资金最大程度上投入直接生产部门，向城市基础建设和生活福利事业投资的比例较低，城市的住宅、学校等设施都是为经济生产配套的。这样，城市在较短时间内取得了长足的发展，特别是从1949年到1957年这段时间被称为新中国城市化的第一个"黄金时代"；虽然工业生产建设的全面发展也迫切需要加速城市建设，发挥城市综合功能。但是，城市基础设施建设仍然比较落后，由于投资过少，欠账太多，缺少规划，造成住宅紧张、市政公用设施不足，城市建设

和管理积累了大量的问题,也使我国的城市化规模和城市公共服务不足而且标准较低,城市居民生活水平相应停滞在了较低的水平(图8、图9)。

图8　1957年,718厂(华北无线电器材联合厂)包豪斯风格的锯齿形屋顶厂房(冯文冈/摄)

图9　1958年的天津滨江道

国家的建政方式使城市政府负担起前所未有的任务,形成了"大政府",并逐步建立起比较严密的具有中国特色的现代城市管理体系。以接管城市时期陈云总结的"各按系统,自上而下,原封不动,先接后分"的"沈阳经验"为基础,逐步发展系统而明确的部门化"条块"城市管理组织框架。接管任务完成后,在学习苏联高度集权的计划经济体制的基础上,1950年1月出台了《市人民政府组织通则》(以下简称《通则》)。《通则》学习了苏联高度集权的计划经济体制做法。全国各个城市政府管理按行政区划分为"块块",实施属地管理。同时,市政府、区政府按专业设立相应部门,实现与上级政府的上下贯通，管理辖区内的行政事务，上下相互对口的部门和机构形成了以专业性划分的"条条"；城市国有大中型企业的管理权限也依照对上归口的方式形成另一种"条条"关系。这样，逐步构建起一直延续至今的以行业部门归口、"条块分割"为主要特征的城市内部管理体制的格局。在基层层面，逐步形成了市一级政府管理体制的二级政府加街居制管理体制，即"由市而区、而街、而居委会"，在街道设立区级办事处，居委会则规定为群众自治组织，在管理实践中街道办事处和居委会与单位在管理地域空间上有很多的重合。这一时期城市作为工业服务的载体，处于辅助性的地位。城市管理的职能在宏观层次从属于中央和省两级政府的相关行业管理部门，当时城市政府的职能来自中央统一要求的占比相当高，如政治运动、宣传教育、处理社会组织等；微观层次归属于企业单位，在计划经济模式下，国家以"单位制"为主，"街居制"为辅的基层管理体制。这样，行业管理和单位管理取代了城市管理，在"条块分割"的总体格局下，城市管理失去了主体性，城市管理的核心主体是中央—行业部门—单位。

以1950年1月出台的《市人民政府组织通则》为标志，城市管理体系完全排斥了市场机制的作用，主要是以行政手段管理为主。一方面，形成了计划经济体制下政府一家包办、一手独大的"全能政府"的城市建设和管理体制机制。全能政府的一个典型体现就是城市单位制。单位制作为中华人民共和国成立初期的一种社会制度单位，既是城市中进行生产组织和社会管理的基本社会组织形式，也是个人基本的社会生活空间和象征；单位制度（或称单位体制）就是这种以单位组织为基本单元进行生产组织和社会管理、整个社会的运转依靠单位组织的一套结构与体系，它通过中央和地方政府的行政指令进行生产并分配公共服务。由于政府的资金最大限度地投入了直接生产部门，本来应当由社区承担，而在中国的单位社会中由单位承担起来的职能主要包括：职工住房、生活福利、养老保险、医疗保险和卫生防疫、托幼机构、子弟小学、班车服务等（图10～图12），以满足城镇居民最基本的衣食住行的生活需要，同时为维护城市秩序和发展城市生产提供最基础的保障。另一方面，通过"组织化"确立了沿袭至今的市区加街居、市区加单位的城市管理体制。根据毛泽东的指示："我们应当将全中国绝大多数的人组织在政治、军事、经济、文化及其他各种组织里，克服旧中国散漫无组织的状态，用伟大的人民群众的集体力量，拥护人民政府和人民解放军，建立独立民主和平统一富强的新

图10 曹杨新村的老照片

图11 曹杨新村工人消费合作社

（图片来源：《解放日报》）

图12 1950年上海工人新村里的浴室

（图片来源：《解放日报》）

中国。"通过实行一系列城市管理及彻底组织化的措施，由城市单位和居民委员会等横向组织、官方化的工会、共青团、妇联等人民团体及其他半官方化社会团体等纵向组织构成的组织网络，形成了一种分门别类地将城市居民全面组织到市一级条线体系之中的高度统合的管理方式，以有组织的群众带动无组织群众，在现代中国历史上实现了"城市第一次得到真正有效的治理"。

二、改革开放以来的经济建设为中心的城市管理

改革开放后，城市在社会主义现代化建设中的主导作用进一步凸显，虽

然1978年的《关于加强城市建设工作的意见》中提出了经济建设、城市建设、环境建设三者协调发展的要求，但是在城市管理实践中城市从本位主义利益出发则应该更多地强调经济效益，城市管理工作也形成了偏重于经济指标的政绩考核制度。1984年，在《中共中央关于经济体制改革的决定》中明确要求"城市政府应该集中力量搞好城市规划、建设和管理，加强各种公用设施的建设，进行环境的综合整治。市长的工作重点也应逐步转移到城市建设管理的轨道上来"。城市建设成为这一阶段城市管理的重要内容，也就是以为招商引资创造城市发展环境为导向。这无疑造成了对城市运行管理能力重视不够，埋下了各种城市问题的根源。随着市场化改革的深入，行政分权改革和分税制改革促使城市政府角色发生转变，作为增长机制，城市政府转向地方企业家主义，从经营企业转向经营城市，在经济发展中发挥更为主动的作用。城市建设按照资本市场的逻辑运作，为了促进资金、原材料、人口的集聚，投资偏向于周期短、利润率高、见效快的领域，过于重视水、电、气、道路交通、港口码头、工业园区为主的基础设施开发；而关乎城市居民民生的居住、生活等领域，尤其是流动人口的公共服务需求，则由于收益率低、见效慢，在一定程度上被忽视。与此同时，城市规模不断扩大，流动人口逐渐增多，居民对于个人消费品和集体消费品的需求日益增长，进一步增加了政府的公共服务负担，城市投资的扩张与公共服务需求之间存在矛盾，构成了城市治理的主要矛盾，长时期成为诸多城市问题的一个主要根源（图13）。

随着改革开放的推进，为了应对更为复杂、混合的城市治理环境，城市

图13　20世纪80年代，160米高的深圳国贸大厦落成，"中国第一高楼"的纪录由此刷新

的自主性逐步增强，城市政府职能也从计划经济体制的"全能政府"向市场经济体制的"有限政府"转换，这成为实现城市发展与管理现代化的关键。1982年12月，《中共中央关于地方党政机构改革若干问题的通知》提出："以经济发达的中心城市为中心，以扩大农村基础，逐步实行市领导县体制"。1984年，《中共中央关于经济体制改革的决定》指出："实行政企职责分开以后，要充分发挥城市的中心作用""城市政府应该集中力量做好城市的规划、建设和管理"，中央决定各部委和省基本上不管企业，将企业下放到所在区域的中心城市。同时，中央还对城市进一步进行行政赋予，使城市具有行政等级。1995年，中央机构编制委员会印发《关于副省级市若干问题的意见》，将原14个计划单列市[①]加上济南、杭州列入副省级市。大连、青岛、宁波、厦门、深圳这些非省会计划单列市在被确定为副省级城市之后，仍保留计划单列资格，财政收支与中央挂钩，无须上缴省级财政。20世纪90年代以来，省级政府派出地区公署制改为地级市和市管县体制的形成，城市的主体地位得到确立和强化。在2008年3月的国务院机构改革中，提出"将城市管理的具体职责交给城市人民政府"，并由城市人民政府确定各个具体领域的管理体制，城市管理重心由中央向城市下移。通过扩大城市管理权限，城市的主体性加强，城市的活力进一步恢复和显现。

改革开放后，为了加强城市管理法制建设，从中央到地方先后制定了许多有关城市规划、城市建设管理方面的法律法规和规章，城市管理法制建设较前30年取得了较大的进步，法律和规划成为政府城市管理的基本思维。在《关于加强城市建设工作的意见》中，首次将城市发展规划明确为刚性规划，规定"城市规划一经批准，必须认真执行，不得随意改变"，基本建立了此后30多年时间内城市规划的基本行为架构。1980年，全国城市规划工作会议通过的《城市规划法草案》及一些城市开始先后以条例、办法、实施细则等形式制定城市管理的具体法规，设立城市管理机构和专职人员，标志着城市管理受到重视并逐步走向正轨。这一时期通过的城市管理立法包括：国家层次全国人大的《中华人民共和国城市规划法》《中华人民共和国建筑法》《中华人民共和国城市房地产管理法》等，国务院的城市管理法规《城市私有房屋管理条

---

① 1983～1989年，中央先后批准重庆、武汉、沈阳、大连、哈尔滨、广州、西安、青岛、宁波、厦门、深圳、南京、成都、长春14个城市为计划单列市。

例》《城市供水条例》《城市绿化条例》等,住房和城乡建设部的《城市节约用水管理规定》《城市燃气安全管理规定》等。20世纪90年代,为了防止出现问题不能及时处理、相互推诿、履行职责不到位等问题,城市管理中开始采取"联合执法"的方式,并逐步通过"相对集中处罚权"形成了"城市管理综合执法"的概念,城市管理执法不仅成为城市管理内涵的新组成,甚至逐渐成为日常生活中城市管理的指代内涵。

三、新时代以来"以人为中心"的城市管理

40多年的改革开放带来了中国城市的飞速发展,2011年中国城市化率达到了51.27%,这标志着中国已经迈入了城市社会,中国的城市发展进入了一个新的时期(图14、图15)。新时代的城市发展要求扭转政府、企业和居民之间的缺位、越位现象,把城市治理作为核心,持续增强人民群众获得感、幸

图14 磁器口口袋公园园景(北京日报:蒋雨师/摄)

图15 王府井西街北侧整治后变身口袋公园亮相

福感、安全感，提高发展的共享性和可持续性。在此背景下，2013年中央城镇化会议把推进以人为核心的城镇化放在了与工业化同等重要的位置。2015年，在《中共中央关于制定国民经济和社会发展第十三个五年规划的建议》中，强调必须坚持以人民为中心的发展思想，2019年习近平总书记进一步指出："人民城市人民建，人民城市为人民。在城市建设中，一定要贯彻以人民为中心的发展思想，合理安排生产、生活、生态空间，努力扩大公共空间，让老百姓有休闲、健身、娱乐的地方，让城市成为老百姓宜业宜居的乐园"。以人民为中心的城市治理，从更深的层次上认识城市发展的规律，深刻揭示城市属于人民、城市发展为了人民、城市建设和治理依靠人民的理念，深刻阐明了中国特色社会主义城市工作的价值取向、治理主体、目标导向、战略格局和方法路径，为推动新时代中国城市的建设发展治理、提高社会主义现代化城市的治理能力指明了方向。

同时，为了应对城市治理现代化问题，2013年以来，中共中央召开了中央城镇化工作会议，特别是在2015年召开了中央城市工作会议，先后发布了《中共中央 国务院关于深入推进城市执法体制改革、改进城市管理工作的指导意见》《中共中央 国务院关于进一步加强城市规划建设管理工作的若干意见》及《国务院关于深入推进新型城镇化建设的若干意见》等重要文件，从规律性、系统性、体系性和组织性四个方面，提出了实现城市治理现代化的具体路径。一是从城市发展规律性出发的城市管理指导思想。中央多次强调：要认识、尊重、顺应城市发展规律。具体体现在，推进以人为核心的城镇化，同时处理好市场和政府的关系等方面。二是把握城市管理内涵的系统性。中央城市工作会议提出，城市工作要抓住城市管理和服务这个重点，并重点强调了提高城市工作的系统性。城市管理在国家治理体系中的主体性地位进一步强化。三是完善城市管理体制的体系性。通过确立中央城市管理主管部门、框定城市管理主要职责、理顺城市管理体制的方式，从中央层面入手搭建城市管理顶层设计，改变了城市管理中存在虚化的层面，使城市管理的体系性更加完整。四是强化城市管理的组织性。进一步突出党在城市管理中的领导地位，特别是提出：必须加强和改善党的领导，主要领导要亲自抓，建立健全党委统一领导、党政齐抓共管的城市工作格局。

随着新时代城市变得更加复杂和多元，为了满足人民对美好生活的需要，城市治理从科学化、智能化、精细化等方面不断提升城市治理效能。一方面，以人为中心不断在"温度"上下功夫。"最多跑一次"改革、"一刻钟免费停车""Z"字形斑马线等彰显了城市治理中的善意和温度。"车让人"已经成为大家的一种约定和习惯，非机动车停放有了"绿色专区"，文明交通劝导员的小红旗成为一种新"信号灯"……同时，运用数字化、网络化的手段来处理、分析城市管理中的问题，管理整个城市。城市治理涉及日常社会生活的许多方面，大到城市的规划布局，小到一个井盖，考验着城市治理的"绣花"功夫。网格化管理作为一种融技术创新与组织、制度变革于一体的城市治理模式，通过将城市社区细分为若干网格单元，并充分利用现代信息技术建立资源和信息共享平台，来实现对网格内的人、物、事、情的全天候、实时化、动态化、智能化的管理和服务，使城市接近最佳管理状态，从而提高城市发展质量和居民生活水平。随着人类迈入数据时代，大数据、云计算、区块链、人工智能等前沿技术也推动了城市治理手段、治理模式、治理理念革新，催生出以"智慧城市"为代表的新型治理模式。智慧城市促进了基础设施建设、交通系统管控和公共服务提升等政府常规职能的智能化，特别是在管理平台层引入"城市大脑"，进一步提升了管理精度、效率与实时响应速度，提高了城市治理效能，让城市更有序、更安全、更舒适、更美好。

第三节　中国城市治理的现代化逻辑

一、现代城市治理的一般逻辑

在思维逻辑上，经过古今中外的城市治理实践，当前无论是学术研究还是政策实践都已基本形成了经验学习、目标导向、问题导向三种基本思维。

1. 经验学习

人生活在自己的经验之中，经验是我们改善城市治理的基础。在人类长期的发展过程中，人们拥有细腻和敏感的感觉，提供了甚至超出科学仪器的精确观察力，通过与每日重复的生活相联系的观察与试错，揭示出城市与人的要素之间的复杂联系，形成了人类处理城市问题的直接经验和间接经验。经验导向是人类认识城市、治理城市的最传统、最直接的基本形式。比如，城市的法规颁布以及在中央、地域性、地方政府之间的公共服务责任的区分，更多依靠过去的实践经验和历史沿革，而不是依靠理论上的划分[①]。当然，使经验转化为积极效果不会自动实现，而要通过经验学习。一个非常重要的观念就是，要善于向兄弟城市、向先行国家的城市学习，借鉴其他城市试错基础上的成功经验和失败教训，以避免重蹈其他国家已经经历或犯过的错误，这也可以说是经验导向最大的益处。经验具有整体性和情境性的特点，想要通过经验学习获得有价值的知识，需要准确识别并对其进行因果推断，并把合适的经验运用到相关的环境中，也就是捕捉到经验发挥积极作用可能需要的特定情景。同时，城市治理作为地方事务，具有很强的创新要求，这需要更灵活的领导力和更适应当地需要的组织形式。但是，经验导向容易产生的一个带有普遍性的问题就是经验的整体性被切割，往往忽略时间、地点等背景，脱离人而谈物，造成经验学习的水土不服。因此，在经验学习中需要注意，城市不是抽象的空间，而是一个具体的地方，是人们的生活场所和情景，人和物之间的相互关系才是其中的核心所在，这就使城市治理的经验学习要从经验的现场出发，从背景中人和物的关系出发。

2. 目标导向

现代城市治理既是一种处理复杂突发事件的过程，也是实现城市领导人预定目标的过程。现代城市治理的目标导向来源于20世纪50年代美国管理学大师彼得·德鲁克提出的现代企业目标导向理论。该理论认为，人的任何行为通常是实现预定目标的过程，"企业的使命和任务，必须转化为目标"。管理者通过目标对下级进行管理，当组织最高层管理者确定了组织目标后，必须对其进行有效分解，转变成各个部门以及各个人的分目标，管理者根据分目标的完成情况对下级进行考核、评价和奖惩。如果工作目标模糊不清，就会造成执行者的无所适从。"目标导向"的具体实施过程可以细化为"路径—目标"，其基本出发点是要求领导者排除走向目标的障碍，使其顺利达到目标。与传统的"结果导向"相比，"目标导向"更注重将大目标分解为一个个过程目标，关注对完成目标有影响的环境因素，特别是对完成目标所必需的资源支持与情感引导；同时，"目标导向"往往会在一个目标实现后，提出新的更高目标，以便进入一个新的目标导向过程，从而使责任主体始终保持一种积极的奋进

---
① 诺南·帕迪森.城市研究手册[M].上海：格致出版社，上海人民出版社，2009.

状态，从而更富有可持续性、适应性与生命力。城市治理在现实层面上存在很多不同的发展目标，诸如城市应该如何发展、城市发展受到哪些影响、城市问题怎样才能得到妥善的治理等，目标导向的优势是能够使城市发展的方向性更加明确，其弊端是容易因为目标过于超前变成"乌托邦"。

3.问题导向

问题导向是西方实用主义的一种理念，即认为能解决问题的办法才是好办法，工业化社会世界观的核心是强调个体最优化的竞争性思维，这一思维在现代城市治理中的体现就是问题导向。问题导向运用工程学的方法，将整体性复杂问题采取单一目的的简单"专业化"解决方法，分解为若干具体分项问题，并根据其对社会经济可持续影响的重要性对这些问题进行排序，在此基础上判断其发展趋势，通过技术工具来提供解决问题的发展模式。在这些思维的引导下，过去数十年，全球各国都针对城市问题积极探索实践，形成了三种主要的城市治理发展模式：一是从战略层面提出数字城市、智慧城市、智能城市等，将产业规划、城市规划与城市发展相结合，塑造城市发展的新模式，如伦敦、新加坡、多伦多等；二是从政府管理角度应用新技术，迅速开展电子政务建设，以提升城市问题的解决效率，塑造政府服务新模式，如美国提出全面数字政府战略，多个城市采用外包建设政务平台；三是从社会治理的源头上快速回应需求，例如多个超大城市通过运行城市热线平台实现第一时间获取社会诉求，塑造公共治理的新机制。如纽约市政热线311、北京市民服务热线12345。但问题在于，这样的思维比较关注技术手段，把城市作为现实的问题来分析，忽略了城市的历史性，缺乏基于知识利用的历史性分析。同时当前的城市已经由工业城市转入后工业城市，更关注从系统化思维出发理解系统各个要素间的关系以及部分与整体之间的关系，超越分离式思维模式，形成整体性系统的解决方案。

二、当前中国城市治理的一般逻辑

1949年以来，经过数十年的城市治理实践探索与总结，中国已经初步形成了既借鉴国际成功经验又继承自身历史传统的城市治理思维，主要表现为：行政主导下的条块治理思维、组织思维下的运动治理思维、技术主导的项目治理思维。

中国的城市特性与国家结构决定了行政主导下的条块治理思维。在中国城市治理思维中，一个基本的主线就是政府主导。这是由于中国城市伴随着形成就出现明显的行政属性和自秦朝统一以来确定的以郡县制为基础的中央集权体系所决定的。中国的城市首先是国家行政体系中的一个节点，是一级地方政府，是本区域的政治中心、经济中心、文化中心、交通中心，并形成了一个行政等级明确的城市体系。行政权力进一步放大了城市资源集聚的特征，城市的发达与行政级别有着极其紧密的相关性。这个特点又进一步使中国城市治理衍生出兼具城市主体性和地方行政性的市域治理的内涵。1949年以来，由于城市长期处于以工业为主导的管理体系之中，就形成了各个城市政府管理按行业实施专业管理的"块块"，区政府按市政府机构设立上下相互对口、以专业性划分的"条条"，城市国有大中型企业也对上归口管理的"条条"。这种以工业生产体系分工为基础的"条块"思维提出的政策针对性强、富有效率，体现了工业城市管理问题中最直接、最迫切的需要，成为当时乃至现在城市管理的主要逻辑。由行政主导下的条块治理思维出发的城市治理政策效率高、专业性强，但也产生了部门利益色彩较浓的局部思维，在操作层面上表现为"各管一段，齐抓共管"，然而实质上"谁都无法管"的现象，成为当前地下管道"拉链门"、排水系统"观海"等诸多城市问题的一个重要根源。

高度组织化是当代中国城市管理体制的重要特征。为了改变近代中国一盘散沙的状态，毛泽东在20世纪50年代初提出要把城市里的各种人都组织起来，把政权的组织系统延伸到社会最基层，在城市基层社会建立以单位制为主，以街居制和各类社会团体管理为辅的基层管理体制，实现了城市新政权的有序管理。这种高度组织化的管理体系，发挥了至今其他途径都难以企及的高效"上传下达"作用，并为当前中国城市治理中的运动化治理提供了组织基础。与其他治理模式相比，作为处理突发性事件或积重难返的社会问题的治理方式，运动式治理将政府各部门、人员、资源、注意力等集中起来解决特定问题，形成一种有组织、有目的、规模较大的群众参与的治理过程，充分体现了"集中力量办大事"的制度优势，是一剂十分有效的"速效药"，它常常会同"集中整治""突击行动"等关键词一起出现。在2020年新冠肺炎疫情防控工作中就体现了高度组织化的运动式治理特点，各级政府、部门通过分工协作，引导市场和社会主体积极配合，有效地开展群众工作，取得了这场抗疫斗争重大的阶段性胜利。但是，运动式治理不能从根本上解决问题，它最明显的绩效体现在浅层问题的处理上,如果不能建立长效机制,那么每次运动后,原先被压下去的问题容易反弹。

1990年以来,伴随着国家财政制度由包干制改为分税制,中央财政转移支付采用专项支付或者项目资金的形式进行运作和管理,随着各级政府建设资金、公共服务资金等基本支出的大规模"专项化"和"项目化","'项目制'已经取代'单位制'而成为中国治理的基本方法"。在长期实践中,项目制与官僚制实现了成功的融合,并由于目标清晰、指标性强、反应更敏捷、有利于绩效管理等优势,促进了城市治理工作效率的提升。同时,因为项目制脱胎于工程领域,具有较强的技术取向,因此通过"技术嵌入"的形式,进一步推动了技术化治理思维在中国城市治理中的扩展。尤其是互联网、大数据、区块链等新技术手段的不断更新,实现了对城市治理问题的精准判断、精准锁定和精当处理,提升了城市治理的效率和效能。但需要关注的是,技术化确实可以推动城市治理体系现代化,却不能代表城市治理能力现代化。因为现代技术表现出越来越强的"非人情化特征",过分强调技术的形式,标准化、技术化治理使一些部门把工作重心放在"查"(查台账)、"审"(审报告)、"看"(看现场)等考评上,出现上级布置的工作指令过多、规则过细、要求过严,每项工作都有标准和指标,每个任务都有细则,不仅可能产生功能与目标偏离价值,耗费更多的治理资源,还会挫伤基层干部工作的热情和积极性,造成城市治理机制上物化与以人为本之间的结构性矛盾。

三、构建以国家治理体系与治理能力现代化为目标的中国现代城市治理体系

现代中国国家能力的核心,是国家通过现代城市治理品质来提升国家治理能力。在当前中国的城市治理现实中,一方面在治理理念上西方城市治理思想主导着不少城市治理方向,另一方面在治理手段上以技术工具偏好主导了城市治理实践,这些无法从更深层次满足中国城市治理现代化的需求。无论是亚当·斯密、马克斯·韦伯等西方思想家,还是国内的有识之士都深刻地指出了中国城市与西方城市在发展演进过程中形成的巨大不同,国家治理体系和治理能力现代化建设的大背景更需要从中国城市本质性特征出发,对包括价值导向、目标追求与运行逻辑等城市治理体系结构进行全方位变革,从价值、

制度和技术等角度全面厘清中国城市治理现代化的本源，构建体现中国内涵的城市治理话语体系，为中国现代城市治理体系的未来发展提供路径指引。

从宏观层面构建顶层设计框架，是当前城市治理与发展过程中迫切需要研究的问题。总体来看，需要做好以下工作：在管理理念上，由经济本位向社会本位转变，从关注城市硬件建设转向关注环境、秩序等城市软件的建设。城市治理是人的治理活动以及对现实中个人的治理，真正的市民意识才是现代城市治理的基础，要提升市民的权利意识，使他们在公共事务上主动作为，而不是把这些都交给政府，以实现城市治理能力的提升。人在城市中生存所形成的社会关系是城市治理的决定性因素。要打破传统等级制的空间分割，超越社会等级、性别、职业、教育、文化的限制，将健康理念根植于现代城市治理的各项活动中。在治理模式上，现代城市管理是一种原因导向的治理模式，强调从消除或控制城市问题赖以产生的经济、社会和体制性源头入手解决问题，并注重管理的前瞻性和发展性。城市治理涉及一国经济社会发展的诸多痛点和难点，要充分体现城市治理"像绣花一样精细"的新要求、新趋势，要预防引入数字技术所带来的技术滥用、隐私保护、故障风险等更多难以预料的城市治理技术复杂性挑战。在现代城市治理标准化不断强化的同时，需要充分体现城市本身所具有的差异性，结合当地的风俗习惯、人口结构、历史传统、经济水平等因素，探索具有城市特色的治理模式，防止产生形式主义。在管理体制上，现代城市治理是一种开放式的网格式架构，需要从制度出发，保障多主体的民主参与。现代城市公共事务治理日趋复杂，企业、社会组织、个人等行为体在城市治理体系中发挥的作用越来越大，市场机制的作用越来越大，这在一定程度上会削弱社会本身的能力。如果改革更多地依赖于市场，那么即使改革是在国家的支持下或者通过公司合作的形式进行，也无法采取任何措施来让社会联系更有助于提供服务和解决问题，这将会成为现代城市治理面临的主要挑战。这需要实现政府机制与市场机制的平衡，强调政府在治理中发挥主导作用而非包揽作用，鼓励和支持社会各方面参与治理。

城市科学化、精细化、智能化治理越来越成为推动城市高质量发展、高水平治理和高品质生活的新型治理范式，也推动着中国现代城市治理的主要工作内容，使从过去的专门性技术工作管理更多地转移到政策问题上来。当前中国城市治理实践基本形成了技术、制度和人民三大发展取向，技术取向追求城市治理的智能、精准和高效,制度取向追求规则至上、过程优化与秩序可控,人民取向追求以人民为中心、回应性和参与性。技术驱动是城市精细化治理的重要工具,制度变革是精细化治理的基础保障,人民导向是精细化治理的最终目标。现代城市是一个高度复杂的巨系统,城市治理面临多重挑战,要同时解决治理方式的分散性和治理对象的不确定性,治理需求的精准识别和治理供给的高效匹配,这就需要制度层面的变革能更灵活地适应技术变革,技术变革能够更加敏捷地推动制度变革,从而使制度变革与技术变革之间的正向循环反馈成为中国城市治理现代化转型的核心突破口。这就需要在中国未来的城市治理中探索技术应用与制度变革双轮驱动的治理机制,既要重视技术驱动,也要推动制度变革,最终回归"人性之城"与"人本生活",实现技术取向、制度取向和人民取向的融合发展与有机调适,构建"以人民为中心"的城市治理观与温暖治理新形态,增强城市治理的精准、效能、人本和宜居,创造美好城市生活。

第四章 中国城市治理相关政策法规解读

党的十八大以来，习近平总书记高度重视城市建设与发展治理，作出一系列重要论述。这为我们在新时代新征程中推进城市建设与高质量发展指明了前进方向、提供了根本遵循。特别是2015年中央城市工作会议的再次召开，标志着我国城市发展进入了一个以"转变城市发展方式，完善城市治理体系，提高城市治理能力"为特征的新发展阶段，开启了新时代我国城市治理现代化的新征程。然而，如何以治理现代化引领未来城市高质量、高品质发展，则需对我国现有城市治理方面的相关政策法规等进行科学、合理的解读。

第一节 新时代中国特色社会主义思想的城市治理理念
—— 社会化、法治化、智慧化、精细化

新时代的城市治理是一项复杂的社会性系统工程，涉及城市经济社会生活的方方面面。21世纪以来，中国城市化、工业化、信息化迅猛发展，大量农民涌入城市，城市管理工作变得复杂起来，多元主体参与的城市治理已愈发成为当前中国城市可持续发展中备受各界关注的焦点问题。相较于计划经济时代整体性社会下的传统城市管理，新时代的城市治理理念应在社会化、法治化、智慧化和精细化等方面做出转变。

一、社会化

现代社会是多元社会，多元社会意味着参与主体的多样化、异质性。新时代的城市治理社会化主要是通过采取包括市场化、专业化及公众参与等在内的多种手段，以共建共治共享为抓手，广泛动员社会力量，积极构建多元、横向的扁平化管理网络，推动城市管理从过往自上而下的政府管控（单向管制)向上下互动的多元和谐共治转变。简要来说，现代城市治理社会化主要涉及人本化、市场化和专业化三个方面。

(一) 人本化：以人民为中心

城，所以盛民也；民，乃城之本也！古希腊著名思想家亚里士多德曾经说过："人们来到城市是为了生活，人们居住在城市是为了生活得更美好"[①]。改革开放以来的中国城市化进程，乃为这一名言做了生动且有力的阐释。2019年习近平总书记在上海考察时提出"人民城市人民建，人民城市为人民"的重要理念。这有力彰显了新时代社会主义现代化国际大都市的人民属性，真正回答了新时代中国城市建设与发展"为了谁，又依靠谁"的根本问题，更深刻阐释了新时代要创建怎样的城市以及如何建设城市的重要命题。现实生活中，"人民城市"的理念应是"以人民为中心"的思想与城市规划建设管理等的有机融合，这就要求我们在城建及治理过程中，要秉持与践行"人本"思想，切实提高人民群众的幸福感和获得感，将城市打造成百姓安居乐业的园地[②]。

(二) 市场化：充分发挥市场的决定性作用，更好发挥政府作用

党的十九届五中全会公报和《中华人民共和国国民经济和社会发展第十四个五年规划和2035年远景目标纲要》中均明确要求"充分发挥市场在资源配置中的决定性作用，更好发挥政府作用，推动有效市场和有为政府更好结合"。新时代的城市治理社会化要切实用好市场"无形之手"，吸引社会资本参与城市治理，更多运用市场的力量、专业的队伍管理城市，促进城市管理发展更可持续。实践中，可以通过推行停车管理、环卫保洁、垃圾分类等多领域市场化机制，扭转过往城市管理中政府唱"独角戏"的局面。例如，在当前的城市更新和老旧小区改造过程中，诸多小区通过引进社会力量共同参与其中，取得了较好的成效，实现了通过强化多元共治，形成政府、市场、社会等多方参与并良性互动的格局，实现共享城市美好生活。

---

① 亚里士多德.政治学(英文版)[M].本杰明，乔伊特，译.北京：中国人民大学出版社，2013：6.
② 原珂.推进社区治理能力现代化的系统思路[J].理论探索，2021(3)：17.

> 【延伸阅读】
>
> ### "劲松模式":北京朝阳区劲松街道劲松北社区老旧小区综合整治项目
>
> 劲松北社区老旧小区综合整治项目位于朝阳区劲松街道,主要包括劲松一区、二区,该社区始建于1978年,共有居民楼43栋,总建筑面积19.4万 m^2。
>
> 运营模式——创新投融资机制,运用市场化方式吸引社会资本参与老旧小区综合整治。
>
> 推进模式——以人民为中心,党建引领,创新"区级统筹,街乡主导,社区协调,居民议事,企业运作"的"五方联动"推进模式。
>
> 改造内容——打造了以"一街""两园""两核心""多节点"为改造重点的示范区,围绕公共空间、智能化、服务业态、社区文化等实施改造。
>
> 引入物业——运用"双过半"和"先尝后买"方式提升老旧小区物业服务专业化水平上率先突破,让居民在感受到生活品质提升基础上逐步接受物业服务付费理念[①]。

(三)专业化:"让专业的人干专业的事情"

城市治理专业化,简言之,即"让专业的人干专业的事情"。城市管理是一项综合性的社会系统工程,涉及交通出行、医疗卫生、教育就业、医保社保、住房保障等,不仅需要多元社会力量的参与,更需要多主体、多部门间的互联互动。但是,在这一过程中,专业化是其有效参与的基础。很大程度上,未来城市管理专业化的趋势,将对城市治理的社会化主体力量提出越来越高的要求,如不论是涉及城市生命线的水、气、电、暖服务类企业,还是涉及民生的社区养老、物业服务类企业,都应当具备在本领域的专业化、职业化的能力。对此,唯有建设高素质专业化的人才队伍,才能实质性地推进专业治理的新格局。换言之,城市治理要走向专业化,必然需要专业化的队伍、专业服务

---

① 北京市规划和自然资源委员会官网,详见http://ghzrzyw.beijing.gov.cn/zhengwuxinxi/zxzt/zysj/msycc/ljxqzhzz/202006/t20200601_1912500.html。

的技术和方法。这其中不仅要满足社会福利和社会公共服务等基础性需求,甚至还要承担提升社会福利水平和推动社会内部公共价值导向的职能转型。例如,针对长期以来政府部门尤其是城管部门"单打独斗"的现况,今后要推动城市管理由政府部门一家"独唱"向部门引导、市民参与、社会协同的"大合唱"转变,以社会化推动专业化,全面提升城市管理的专业化、精细化水平。

在此,值得注意的是,社会化的城市管(治)理重在"化"而非"管"。特别是要避免社会化城市治理异化成为政府推卸管理责任的理由,也应防止其成为少数企业谋取利益的场所,导致有"管"无"化"或重"管"轻"化"。实践中,政府不仅要成为称职的城市管理者、执法者,还要善于做好城市治理领域的群众工作,在坚持依法行政的同时,创造性地宣传群众、发动群众、组织群众,使每个身处城市的居民能够知晓城市管(治)理的相关法律法规,提高居民的参与意识。这也意味着,城市管理社会化不应成为政府单纯减负过程,相反更应成为变相主动加压的过程,特别是要强化城市末端管理问题的源头追溯机制建设,以切实将大量城市管理问题解决在萌芽状态[1]。

二、法治化

现代社会是法治社会,法治社会是构建法治国家的基础。法治社会下的城市治理应具有法治思维,这则要求推进新时代的城市治理法治化建设。与此同时,城市治理作为国家治理体系和治理能力现代化的重要一环,也理应纳入法治化的轨道。

(一)积极推进立法进度,建立健全城市治理相关法律法规体系

众所周知,城市治理是一个综合性很强的工作,应有一个完备的法律体系作为后盾。换言之,实施有效的城市治理需要形成一套行之有效的城市治理章法。为此,要加快相关立法进度,不断优化和健全城市治理法律法规体系,彻底改变以往城市执法领域中"借法执法"的局面,不断提高城市治理法治化水平。实践中,依法治理城市,关键在于着力解决好下列突出问题:一是应在保障立法质量的前提下尽可能地加快立法进度,建立健全城市治理相关法

---

[1] 宋洁尘.进一步创新社会化城市管理的着力点[J].城市管理与科技,2012(3):15.

律法规体系；二是应进一步明确规定主管部门，防止行政机关职权交叉和互相扯皮的现象发生；三是应当赋予城市管理相关部门多种行政处罚权力以及一定的强制措施。对此，应查缺补漏，尽快建立健全城市治理方面的相关法律法规，特别是对目前一直空缺的部分专项法规更应提上日程，努力为新时代的城市治理工作编织一个完善、严密的"法网"。

（二）不断完善城市管理综合执法制度，确保严格规范公正文明执法

城市治理法治化是新时代我国实现依法治国、建设法治国家的重要组成部分，同时也是新时代提升城市精细化治理水平的关键支撑和重要保障。为此，要深入推进城市管理和执法体制改革，确保严格规范公正文明执法。追根究底，执法的有效性是基于执法的合法性。一方面，城市管理综合执法法律地位的确立以及综合执法工作的顺利开展，需要加快调整并优化授权方式，以确立综合执法机构的法律地位为核心，以创新综合执法管理方式为抓手，以清理修订相关的法律、法规、规章为配套，建立一套较为科学可行的综合执法法制保障机制。另一方面，加快制定综合执法方面的法律法规，进一步确立综合执法队伍的法律地位、执法方法和执法程序等。对现有的涉及城市管理综合执法的有关专业执法依据进行全面清理，并按照权责利的统一要求进行完善，为构建专业管理相对集中、综合管理重心下移的工作机制整合综合执法资源，为实现高效综合执法提供有效的法制保障。[①] 此外，城市治理作为一项综合化的社会性工作，涉及诸多城市管理部门及相关利益者。实际工作中，只有各执法部门动力要素凝聚合力、优势互补、整合资源，才能够有效协调与化解法律矛盾、纠纷与冲突，才能够切实提升城市治理法治化水平，实现法治城市的目标。

（三）持续加强全民普法教育工作，提升民众法治意识

"法"是工作方法和解决难题的办法，好的方法通常来自于成熟的制度。这种意义上，城市治理法治化的核心要义在于常态化和规范化的运行。因为只有当法律深植于民心时，法律才能显示出其重要性。为此，新时代城市有效治理要彻底摒弃传统的"人治"观念，持续加强全民普法教育工作，不断培

---

① 宋云.探讨新型智慧城市管理法制化路径[J].中国信息界，2017（5）：88-91.

育和营造崇法敬法畏法的法文化环境与氛围，以逐步提高广大市民的现代化意识和法治意识。日常工作中，各级党委和政府要高度重视宣传和舆论引导工作，加强中央与地方的宣传联动，将法治实施与宣传工作协同推进，正确引导社会预期。例如，城市管理综合执法活动与人民群众打交道多，涉及人民群众的切身利益。对此，一方面，围绕新《民法典》精神，将其核心要义纳入"十四五"时期普法工作重点和国民教育体系，引导各级领导干部把掌握运用《民法典》作为必备能力和必需本领，带头深入群众开展《民法典》普法工作，让《民法典》走到群众身边、走进群众心里；另一方面，要加强对城市管理执法先进典型的正面宣传，营造理性、积极的舆论氛围，及时回应社会关切，凝聚社会法治共识。

三、智慧化

2020年3月31日，习近平总书记考察浙江杭州城市大脑运营指挥中心时指出："运用大数据、云计算、区块链、人工智能等前沿技术推动城市管理手段、管理模式、管理理念创新，从数字化到智能化再到智慧化，让城市更聪明一些、更智慧一些，是推动城市治理体系和治理能力现代化的必由之路，前景广阔"。实践中，城市智慧化发展理念从2008年提出的智慧城市到当前的新型智慧城市，十多年来，在城市治理特别是城市公共服务领域进行了大量的实践，如"最多跑一次""一次不用跑""不见面审批""秒批秒办"等先进模式日渐在全国范围内从探索应用到普及推广。但从根本上来说，目前我国的城市治理智慧化仍处于起步与发展阶段，智慧城市及智慧社会建设更多的停留在概念构建和实践探索阶段，同时作为城市治理核心主体的政府部门，因"条块关系"制约及部门间的利益藩篱等，导致其在数字政务建设方面还有较长的路要走。

（一）数字政务

2015年12月，中共中央 国务院发布的《关于深入推进城市执法体制改革改进城市管理工作的指导意见》中率先提出"积极推进城市管理数字化、精细化、智慧化，截止2017年年底，所有市、县都要整合形成数字化城市管理平台"以及"整合城市管理相关电话服务平台，形成全国统一的12319城市管理服务热线，并实现与110报警电话等的对接"的要求。时至今日，我们已经从信息社会迈入了数字化社会。这意味着在数字化时代，提升城市的数字治理能力无疑是城市治理走向现代化的关键举措。而数字政务作为现代城市管理智慧化的最直观体现方式，简单来说，数字政务是城市行政管理的"中枢系统"，在日常运行和危机处置中具有核心地位。截至2019年7月，数字政务已覆盖我国422个城市，涵盖1000多项服务，累计服务民众达9亿人次[①]。但是，相较于上海"一网通办、一网统管"[②]的数字政务流程再造，当前我国绝大多数城市政府在数字政务建设方面还有较长的路要走。

【延伸阅读】

重大疫情考验下的"数字政务"

毋庸讳言，仅能满足日常管理而无力应对重大公共安全事件，是一些城市数字政务在2020年年初暴发的新冠肺炎疫情中暴露的突出问题。一是反应不够及时，与智慧医疗、智慧社区、智慧交通等的联动性弱；二是基础设施服务能级不高、相关人员培训严重不足；三是缺乏跨部门协同、大数据共享的全流程一体化在线服务平台。这些问题的解决有助于提升我国城市治理的整体水平。为了有效应对未来可能发生的公共安全事件，应把数字政务置于更加重要的地位，在机制最复杂、反应最敏捷、协调协作最全面上狠下功夫，不断提高城市治理现代化水平[③]。

（二）智慧城市

智慧城市是新时代城市管理智慧化的集中体现。从根本上来说，智慧城市是利用智能移动终端和大数据等技术推动社会建设以及在民生领域提高优质

---

① 刘士林.推进城市治理现代化应做到三个结合[N].学习时报，2020-9-30（7）.
② 上海城运中心常务副主任徐惠丽表示，"'两张网'互为支撑：'一网通办'带动政务服务改进，推动营商环境优化；'一网统管'促进城市管理精细化，保障城市安全有序运行"，未来上海还将继续着眼"高效处置""高效办成"，再造业务部门的流程，以进一步提升企业、群众的获得感和满意度。上海：一网通办 一网统管[N].文汇报，2020-5-17。
③ 刘士林.推进城市治理现代化，应做到三个结合[N].贵阳日报，2020-10-12（7）.

服务，通过科技支撑的方式实现社会综合治理、综合执法、市场监管等内容的协同治理，并且合理地进行资源调配。实际工作中，智慧城市建设需要强大的科技支撑和科技赋能。当然，随着近年来我国科技创新的不断涌现与深化发展，为解决城市问题带来了一系列新的视角和技术基础。一方面，以信息通信技术为代表的科技创新所引领的产业集群发展可以形成新一轮的城市发展动力，促进城市经济社会发展；另一方面，这些技术本身也能够为诊断分析城市问题提供更好的技术可能，通过挖掘、处理和分析海量城市大数据信息，可以为每个城市探寻差异化、个性化的最优智慧发展路径，形成"一城一策"的最佳智慧建设方向。

其实，近年来，以智慧城市建设为统揽，全国诸多城市积极推进"城市大脑"建设的步伐，深化现代科技在城市建设、发展与治理中的应用。城市大脑，顾名思义，相当于城市的中枢神经系统，是指利用人工智能、大数据、区块链、空天地一体化、5G和物联网等新一代信息技术，构建的一个城市信息模型和平台型人工智能中枢，也是为城市生活打造的一个数字化界面，市民通过它触摸城市脉搏、感受城市温度、享受城市服务，城市管理者通过它配置公共资源、作出科学决策、提高治理效能。很大程度上，城市大脑能够运用大数据、云计算、人工智能、区块链等手段有效推进城市治理现代化，使城市变得更"聪明"，并进而加快服务型政府建设的实践探索。

【延伸阅读】

城市大脑

当前，在5G、大数据、人工智能、区块链和新基建等新一轮科技浪潮的推动下，"城市大脑"成为城市建设和前沿科技领域的新热点。2015年城市大脑基于互联网大脑模型的定义被首次提出，2016年杭州首次在世界上开始了城市大脑的建设计划。截至2020年6月，全国已经有数百个城市宣布建设城市大脑。阿里、华为、百度、腾讯、科大讯飞、中科大脑、360、滴滴和京东等数百家科技企业宣布进军城市大脑领域，相继提出了自己的"泛城市大脑"技术规划。

根据《城市大脑全球标准研究报告（2020摘要）》定义，城市大脑是互联网大脑架构（图1）与智慧城市建设结合的产物（图2），是城市级的"类脑复杂智能巨系统"。在人类智慧和机器智能的共同参与下，在物联网、大数据、人工智能、边缘计算、5G、云机器人和数字孪生等前沿技术的支撑下，城市神经元网络和城市云反射弧将是城市大脑建设的重点。城市大脑的作用是提高城市的运行效率，解决城市运行中面临的复杂问题，更好地满足城市各成员的不同需求。城市大脑的发展目标不仅局限在一个城市或一个地区，当世界范围的城市大脑连接在一起，城市大脑最终将形成世界神经系统，为人类协同发展提供一个类脑的智能支撑平台（图3）[①]。

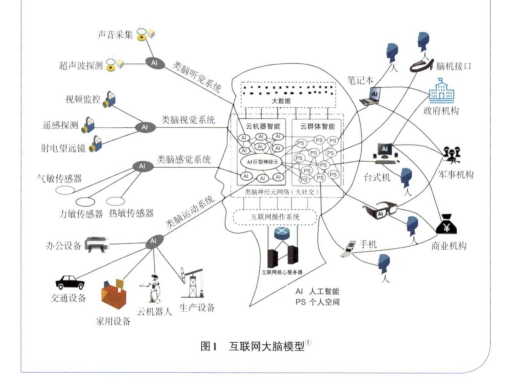

图1 互联网大脑模型[①]

① 《城市大脑全球标准研究报告（2020摘要）》，http：//citybrain.mikecrm.com/qr4ADJU。

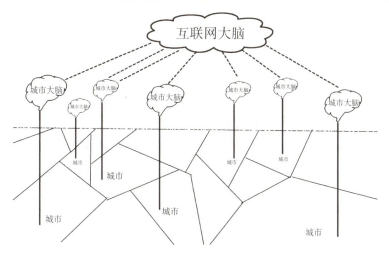

图 2　城市大脑与互联网大脑关系图

资料来源:《城市大脑全球标准研究报告（2020 摘要）》，http://citybrain.mikecrm.com/qr4ADJU。

图 3　智慧大脑示意图

资料来源:《城市大脑全球标准研究报告（2020 摘要）》，详见 http://citybrain.mikecrm.com/qr4ADJU。

【延伸阅读】

《城市大脑全球标准研究报告》

《城市大脑全球标准研究报告》全文下载申请地址：http://citybrain.mikecrm.com/qr4ADJU。

(三)智慧社会

"智能+"社会是人类继农业社会、工业社会、信息社会后的一种更为高级的社会形态,是信息流通方式、生产关系、生产力全面革新的新型社会形态,万物互联、数据驱动、跨界融合、最优决策的时代特征正逐步彰显。习近平总书记曾深刻指出:"智慧社会将是人类社会最全面、最深层次的一次变革,其规模之大、影响之深,大大超过了信息化社会"。特别是随着5G、人工智能、云计算、区块链等新技术的逐步成熟,人类发展将迎来第四次科技革命,城市的服务对象市民和企业对服务体验的要求不断提升。围绕政府治理、市民服务和企业创新,建设主动、精确、智能的数字政府,发展数据要素资源依法流动的蓬勃数字经济,提供安全可信、平等互惠的数字市民服务,解决城市可持续发展、市民关切、企业高质量发展等多个维度存在的问题,成为面向未来智慧社会的城市发展目标。

很大程度上,智慧社会的到来促使每一位参与者重新定位再出发,城市社会中的每个主体未来都需要具备技术、行业知识协同的综合性技能。城市中的治理者也需要转变职能,帮助生态系统中的要素加强协同,推动科技创新向多主体发展,使每个主体都能够共享到更多的市场机会、技术能力、创新服务、人力资源等,形成完整的生态链条,为智慧社会的建设创造更大价值,满足人们日益增长的美好生活需要。

更进一步说,城市中的每个主体需加强协同,共筑智慧社会新生态。未来智慧社会中的城市所提供的公共服务能力是政府、市民、企业使用和感受智慧化效果的"窗口",涉及城市规划、建设、管理、服务的各项业务,加速推进民生应用智能化,以新型基础设施建设为核心基础,促进智慧交通、智慧医疗、智慧教育、智慧社区、智慧建筑、智慧停车等智能化公共服务体系的共建共享以及智慧经济、政治、文化等生态链的形成(图4),让城市居民拥有"获得感""参与感"和"幸福感"。另外,值得关注的是,未来城市若要实现全场景智慧愿景,则需加速数字经济的发展,引领整个社会的数字化进程,推动智慧社会建设步伐。

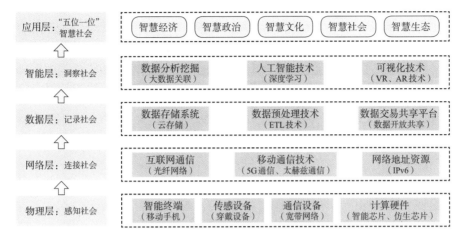

图 4　智慧社会建设的技术体系示意图

资料来源：张龙鹏，冯小东，汤志伟.中国建设智慧社会的现实基础与路径选择——基于技术与制度的分析维度[J].电子政务，2019（4）：19.

四、精细化

"精细化"是近年来我国城市发展和更新治理领域中的一个新兴词汇，与传统的"粗放型"管控相比较，指的是在社会治理的过程中，以科学和理性为基础，在治理体系和治理能力上能够适应现代社会的发展趋势，通过多元协同、技术应用和制度保障等手段，解决自治、管理和服务等领域的问题，达到有效治理的目标[①]。

21世纪以来，中国城市化进程的快速推进对城市治理的精细化水平提出了更高的要求。时隔37年后，于2015年在京召开的中央城市工作会议上明确提出，政府要创新城市治理方式，特别是要注意加强城市精细化管理。从世界城市发展经验来看，城市管理水平特别是中心城区的精细化管理水平是衡量城市现代化程度的重要标志。如何进一步提升城市精细化管理水平，从而转变城市发展方式、完善城市治理体系、提高城市治理能力、解决大城市病等突出问题，打造更加和谐宜居的城市环境，是"十四五"时期城市政府迫切需要研究和解决的重要课题。

---

① 黄俊尧."精细化"导向的城市基层治理创新——国家"趋近"社会的实践与逻辑[J].浙江学刊，2019（1）：166-170.

（一）制度保障：把准城市精细化治理的着力点

针对城市治理中的每一种行为，如何做、谁来做、做到什么程度，都应紧密围绕建立事前、事中、事后环环相扣的共治制度体系来规范，确保以"制度化"的"刚性"规定，提升城市治理精细化水平。例如，可以探索通过运用大数据、区块链等新技术来建设城管阳光执法精准监管系统，将城市管理所有执法事项全部上网办理，力争实现执法全过程监督，并形成可查询、可回溯、可反馈但不可篡改的新机制。

（二）标准引领：找准城市精细化治理的突破点

衣食住行、教育就业、医疗养老、文化体育、生活环境、社会秩序等方面都体现着一个城市精细化管理水平和服务质量。实践中，要持续优化与完善城市精细化治理的标准体系，将标准化要求渗透至城市治理全过程。这则要求对城市治理的每一个细节和细微之处都要制定标准规范，做到每项治理或管理都有据可循。例如，2021年2月住房和城乡建设部等六部门印发了《关于加强窨井盖安全管理的指导意见》，其中明确要求"完善标准体系"，建立涵盖国家标准、行业标准、地方标准和团体标准、企业标准的窨井盖标准体系，并逐步实现各类窨井盖产品规格和材质的统一，完善窨井盖安装、养护、维修、管理要求，提升维护效率，保证窨井盖安全，保障群众出行安全，不断提升群众获得感、幸福感、安全感。

（三）科技赋能：助力新型智慧城市精细化管理

随着现代化科技手段的不断更新与迭代，城市治理特别是城市运营迎来了诸多新的机遇与挑战，其集中体现在现代城市治理愈发"由人力密集型向人机交互型转变、由经验判断型向数据分析型转变、由被动处置型向主动发现型转变"等。《中共中央国务院关于进一步加强城市规划建设管理工作的若干意见》中提出，要"加强市政设施运行管理、交通管理、环境管理、应急管理等城市管理数字化平台建设和功能整合"。这则要求科技赋能，助力新型智慧城市精细化建设。但一个客观现实是，现代城市是一个开放式复杂巨系统，对此，只有充分利用大数据、互联网等新技术才能够实现城市服务智能化、城市应急快速化和城市监测实时化，进而提高城市治理水平。例如，以上文中作为城市基础设施重要组成部分的窨井盖管理为例，实际工作中，可以运用物联网技术，安装智能井盖传感器，为每个井盖增加唯一识别码，实现发现井盖移动、缺失、地下水位溢出、有毒有害气体超标等问题时，可精准、快捷、高效处置，切实保障人民群众"脚下安全"。

（四）"绣花"功夫：做实做细做好每一件"大事小情"

新时代要用"绣花"功夫抓好城市精细化治理工作。2018年11月，习近平总书记在上海考察时指出："既要善于运用现代科技手段实现智能化，又要通过绣花般的细心、耐心、巧心提高精细化水平，绣出城市的品质品牌"。伴随着新时代以来社会分工的越来越细和专业化程度的越来越高，城市全周期管理也要求实现精细化治理。这种意义上，只有下足"绣花"功夫，在细节上追求尽善尽美，才能让城市生活更有温度、更加美好。

实践中，要推动城市治理重心和配套资源向街道社区下沉，聚焦基层党建、城市管理、社区治理和公共服务等主责主业，整合审批、服务、执法等方面力量，统筹相关部门的数据资源，面向区域内群众开展服务，抓住居民群众最关心最直接最现实的"牛鼻子"工作，守住突出民生问题，做实做细做好每一件"大事小情"，让老百姓的"幸福感""获得感"更多一些。与此同时，在城市精细化治理过程中，要注意防止以下几个问题：一是要把管理和服务融为一体，而不是只强调管理，忽视了服务；二是精细化治理要面对所有城镇居民，而不能仅限于城镇户籍居民；三是精细化治理的提出就是要防止"一刀切"政策的泛滥；四是精细化治理要符合政策发展演变以及改革的大趋势①。

总之，一流城市要有一流治理，通过一流治理让一流城市再度升华。科学的城市治理，应彻底摒弃"头痛医头、脚痛医脚"的机械化管理方式，运用发展、全面、系统的思维进行全过程、全要素、全场景的精细治理。

---

① 李铁.城市精细化治理不能忽视的关键点[N].北京日报，2020-12-9.

第二节 城市治理现代化政策体系与新思维

党的十八届三中全会提出,把"推进国家治理体系和治理能力现代化"作为全面深化改革的总目标,作为其中的重要构成,以城市治理体系和治理能力现代化为核心的城市治理现代化问题也随之提上日程。习近平总书记多次在不同场合强调,"推进国家治理体系和治理能力现代化,必须抓好城市治理体系和治理能力现代化"。由此可知,城市治理现代化是推进国家治理体系和治理能力现代化的重要内容。那么,何谓城市治理,其现代化的内涵要义是什么,以及如何在新时代进一步推进城市治理现代化,这是本节重点探讨的问题。

一、城市治理现代化政策体系

推进治理现代化是城市适应变革迈向高质量发展的应有之义。而城市治理现代化政策体系建设则是深化推进城市治理现代化的目标导航与制度保障。

(一)城市治理现代化及内涵

城市治理,简言之,是指通过多元主体的有效参与实现对城市公共生活的规范化管理,其主要目的是维护正常的城市生活秩序,增进市民的公共利益,提高城市生活品质。城市治理强调发展城市政府与利益相关者之间的合作关系,包括政府与市场、社会、市民的合作,以及政府内部的府际合作、部门间合作等[①]。现实生活中,城市治理作为政府治理、市场治理和社会治理的交叉点,在国家治理体系中有着特殊的重要性,推进城市治理创新,就是推进国家治理的现代化。

相较于传统的城市管理,城市治理现代化的内涵应从以下方面来把握:

(1)治理理念上,强调以人为本,变管理为服务。现代城市治理要将善

---

① 陈松川.西方城市管理:历史、理论与政策[M].北京:中国建筑工业出版社,2018.

治的理念、原则和要素导入城市治理的制度政策，融入城市治理的各个环节，超越管治，重塑城市管理，注重对人的关怀，如关注市民参与、文化氛围营造等。

（2）治理形式上，注重多元主体的深度参与。重视多元主体（如除了代表国家力量的政府之外，还有代表市场力量的企业和代表社会力量的社会组织、志愿性团体及居民群众等）的不同作用，充分发挥政府、市民、企业及社会组织等的作用与功能，努力促成其积极而有成效的合作共治关系，以社会福祉最大化为目标，达至公共利益的最大化。

（3）治理目标上，突出政府、市场和社会力量之合力的形成。多元化的治理主体之间是合作共治的关系。换言之，政府是有限的，要弥补其缺陷，就应实行合作共治，即把政府"不该管，管不了，也管不好"的事项尽可能地转移给市场主体和社会主体去实现，以形成合力的最大化。

（4）治理机制上，持续创新城市扁平化的网络治理结构及其体制机制建设。城市治理机制的创新在于城市权力运作方式的扁平化、网络化，应建立政府、企业、社会组织及居民群众等主体之间多元互动的网络化运作模式，使城市管理组织体系由垂直科层结构转变为纵横交错的扁平化网络治理结构，充分发挥多元主体自主性的治理机制。

（二）城市治理现代化政策演变及其脉络传承

政策分析是个人、团体、研究机构对现行或计划实行的组织政策、决策程序和活动中的情况、问题，以及公众对它们的反映信息进行系统的调研、观察，并作出定量和定性分析的过程。其目的在于协助政策制定者继续坚持或改进政策目标，实现社会发展和大多数人的利益。鉴于城市管理的产生是因城市发展过程中产生的各种问题所决定的，城市管理天生就具有强烈的问题导向性。因此，城市政策"即使是学术文献也日渐被一种'实践的'或'以实践为导向'的方式所主导"[1]。具体到城市管理政策，其更多的是"在不同时期依赖于不同元素"，而城市治理政策的产生也同其他公共政策一样，最初是针对连续不断的城市问题与回应的相互作用过程。中国的城市化就是被一系列紧密联系的变化过程所推动，进而引发了土地、建筑、生态、生活等方面恶

---

[1] 加里·布里奇，索菲·沃森.城市概论[M].桂林：漓江出版社，2015.

化的城市问题，促使政府采取各种政策进行回应，而这些政策回应又反过来影响到城市化的发展进程[①]（图5）。

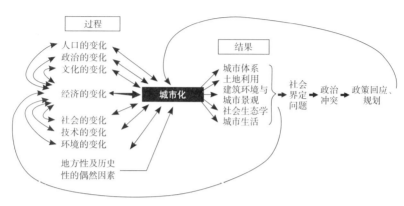

图5 城市化对城市管理政策作用的过程示意图

资料来源：保罗·诺克斯，琳达·麦克卡西.城市化[M].北京：科学出版社，2009.

本部分通过对21世纪以来中国城市管理（治理）方面相关政策的简要梳理，重点探讨2015年中央城市工作会议后中国城市治理现代化的发展进程（表1）。

近20年中国城市治（管）理相关政策法规统计表　　　　表1

编码	制发时间	制发部门	政策法规名称
1	2003-05-26	建设部	关于转发江西省建设厅《关于进一步加强城市管理有关工作的意见》的通知
2	2005-07-14	建设部	关于推广北京市东城区数字化城市管理模式的意见
3	2007-01-29	建设部	关于加快推进数字化城市管理试点工作的通知
4	2008-05-06	住房和城乡建设部	关于加快推进数字化城市管理试点工作的通知
5	2009-07-07	住房和城乡建设部	数字化城市管理模式建设导则（试行）
6	2015-12-24	中共中央 国务院	关于深入推进城市执法体制改革 改进城市管理工作的指导意见
7	2016-02-06	中共中央 国务院	关于进一步加强城市规划建设管理工作的若干意见
8	2017-01-24	住房和城乡建设部	城市管理执法办法
9	2017-11-02	司法部、住房和城乡建设部	关于开展律师参与城市管理执法工作的意见
10	2017-12-14	住房和城乡建设部	城市管理监督局关于建立城市管理工作台账的通知
11	2017-12-21	住房和城乡建设部	关于进一步加强违法建设治理工作的通知

[①] 陈松川.西方城市管理：历史、理论与政策[M].北京：中国建筑工业出版社，2018.

续表

编码	制发时间	制发部门	政策法规名称
12	2018-02-11	住房和城乡建设部	关于严格规范城市管理执法行为严肃执法纪律的通知
13	2018-04-16	住房和城乡建设部	关于印发全国城市管理执法队伍"强基础、转作风、树形象"三年行动方案的通知
14	2018-09-05	住房和城乡建设部	城市管理执法行为规范的通知
15	2019-05-13	住房和城乡建设部	城市管理监督局关于迎接新中国成立70周年加强城市管理执法工作的通知
16	2020-06-16	住房和城乡建设部	关于支持开展2020年城市体检工作的函
17	2020-12-18	住房和城乡建设部	城市市容市貌干净整洁有序安全标准（试行）
18	2020-12-25	住房和城乡建设部、中央政法委、中央文明办、发展改革委、公安部、财政部、人力资源和社会保障部、应急部、市场监管总局、银保监会	关于加强和改进住宅物业管理工作的通知
19	2020-12-30	住房和城乡建设部	关于加强城市地下市政基础设施建设的指导意见
20	2021-01-18	住房和城乡建设部	关于进一步加强历史文化街区和历史建筑保护工作的通知
21	2021-02-09	住房和城乡建设部等6部委	关于加强窨井盖安全管理的指导意见
22	2021-04-13	住房和城乡建设部	关于开展市容环境整治专项活动的通知
23	2021-04-28	住房和城乡建设部	关于巩固深化全国城市管理执法队伍"强基础、转作风、树形象"专项行动的通知
24	2021-04-28	中共中央 国务院	关于加强基层治理体系和治理能力现代化建设的意见

资料来源：根据相关政府官方网站搜集与整理（截止日期：2021年6月30日）。

在计划经济时期以及改革开放后的一段时间内，我国城市政策主要以"管理"为主。21世纪以来，随着社会主义市场经济的深化发展、服务型政府的深入推进以及中国城镇化的进程逐渐走向纵深，城市发展逐步开始由"管理"转向"治理"阶段。特别是党的十八大以来，我国城市治理（管理）工作更是取得了诸多实质性的进展。

2015年12月20日，中央城市工作会议在北京召开，这是自1978年中央城市工作会议之后时隔37年再次重开的一次中央城市工作会议。会议指出，我国城市发展已经进入新的发展时期。城市是我国经济、政治、文化、社会等方面活动的中心，在党和国家工作全局中具有举足轻重的地位。我们要深刻认识城市在我国经济社会发展、民生改善中的重要作用。这标志着我国城市发展进入了一个以"转变城市发展方式，完善城市治理体系，提高城市治理能力"为特征的新发展阶段，开启了新时代我国城市治理现代化的新征程。

【延伸阅读】

中央城市工作会议

早在1949年3月西柏坡的中共七届二中全会上，党的工作重心就开始由农村转向城市，学会规划、建设和管理好城市的任务就摆在了党和国家的工作日程中。20世纪60年代，为了解决城市经济发展的突出矛盾，加强对城市的集中统一管理，1962年9月、1963年10月，中共中央、国务院先后召开全国第一次和第二次城市工作会议，会议明确了城市定位、强调了城市工业对农业的支持。

1978年3月，国务院在北京召开第三次中央城市工作会议，提出关于加强城市建设工作的意见。特别强调了党的十一届三中全会以来，我国城市进入了一个新的发展阶段。随着改革开放和城市经济的迅速发展，城镇数量大幅度增加，开始进入依照城市规划进行建设的科学轨道，城市建设出现了自中华人民共和国成立以来从未有过的大好形势。经过30多年的发展，中国的城镇化取得了翻天覆地的成就，我国由一个农业社会转变为工业城市，2014年我国城市化率达到了54.77%，从此跨越了城市化的门槛，驶入了快速城镇化的道路。当然，这一巨变对城市规划建设管理、城市经济社会发展、社会治理等方方面面都提出了新的挑战[1]。

随后，2015年12月24日，中共中央 国务院印发了《关于深入推进城市执法体制改革改进城市管理工作的指导意见》(中发〔2015〕37号文)简称"37号文"，"37号文"指出，目前我国有一半以上人口生活在城市，城市管理工作的地位和作用日益突出。城市环境好不好、城市竞争力高不高，既要靠建设，更要靠管理。当前我国城市发展已开始转向质量提升的内涵发展阶

---

[1] 曹海军.国外城市治理理论研究[M].天津：天津出版传媒集团，天津人民出版社，2017.

段,既要加强对城市空间资源、公共秩序、运行环境等的管理,也要为城市居民宜居宜业提供服务保障。故当时国内一批城市及时抓住党中央、国务院给予的体制改革历史机遇[①],紧密结合城市管理实际需要,通过地方立法、大部制改革及建设数字城管平台等多种渠道,努力向"37号文"指引的城市管理从末端处罚向依法治理、源头治理转移的战略目标挺进,并取得了一系列显著成效。

不久之后,2016年2月,中共中央 国务院又专门出台了《关于进一步加强城市规划建设管理工作的若干意见》,其中明确提出"实现城市有序建设、适度开发、高效运行,努力打造和谐宜居、富有活力、各具特色的现代化城市",并要求"进一步加强和改进城市规划建设管理工作,解决制约城市科学发展的突出矛盾和深层次问题,开创城市现代化建设新局面"。某种意义上,这标志着我国城市治理现代化进入了实质性发展阶段。

总之,科学合理的城市政策是现代城市治理与可持续发展的重要前提和基础。更进一步说,建立完善的城市治理现代化政策体系更是新时代各地政府推动城市高质量发展的关键抓手与有效举措。但不论如何,新时代的中国城市相关政策制定应树立大格局意识,践行世界城市先进治理理念。在制定城市发展战略上高站位、大视野、全时空,紧跟世界发展大势,对接国家发展战略,如借鉴吸纳联合国城市可持续发展计划、健康城市计划、友善城市计划、韧性城市计划、新城市主义和精致成长思想等国际化都市治理理念,并结合本土实际在"以人为本"的导向下增强城市精细化管理意识以及都市圈、城市群理念等,统筹谋划,统筹布局,统筹施策。

[①] 2015年3月,全国人大十二届三次会议通过了《全国人民代表大会关于修改〈中华人民共和国立法法〉的决定》,这一修改使得当时全国的289个设区城市、30个自治州和4个不设区城市享有了地方立法权,对城市管理行业来说是获得了对城市管理事项制定地方性法规的立法权。实践中,在"37号文"改革精神指引下,武汉、合肥、德阳、上饶等地通过地方立法,以法律形式固化大城管体制改革的成果,为城市管理步入法制化轨道树立了典范。例如,在立法中这些地方突出解决了当时城管体制改革的两个共性的核心内涵,对推进全国城管体改具有普遍意义,即以法律固化大城管管理体制和以法律固化源头治理的保障措施。中国城市科学研究会.中国数字化城市管理发展报告2018[M].北京:中国城市出版社,2019。

二、新时代城市治理现代化的新思维

理念是行动的先导,一定的发展实践都是由一定的发展理念来引领的。发展理念是否正确,从根本上决定着发展成效乃至成败。党的十八大以来,我们党对经济形势进行科学判断,对经济社会发展提出了许多重大理论和理念,其中城市治理现代化即是重要的新理念之一,而新理念则要求我们应用新的思维来应对。

(一)以党的建设统领城市治理现代化

党政军民学,东西南北中,党是领导一切的。城市治理是一个复杂的社会系统工程,涉及多行业多层级的诸多主体,需要各个条块权责部门高效协同。加强党的领导,注入组织动力,有助于引领全局,突破难点、堵点和顽固障碍。现代社会是多元社会,现代城市治理则必然具有多元主体性,必须发挥各个主体的能动性,方能有效协调多方利益、处理复杂事务和化解矛盾。在多元主体之中,党组织居于核心地位,发挥着引导与调节的枢纽性作用。城市品质提升、城市治理现代化,必须加强党的建设,组织和吸纳各个主体有序有效参与城市治理,统领各个层级特别是街道、社区的基层治理,畅通民意管道,及时获得社会反馈,高效组织落实,协力共建高品质城市。①

(二)以全周期管理推进城市治理现代化

习近平总书记赴湖北省武汉市考察疫情防控工作时,就完善城市治理体系和城乡基层治理体系,首次提出要树立"全周期管理"意识,努力探索城市现代化治理新路子。2020年11月12日,习近平总书记在浦东开发开放30周年庆祝大会上的讲话中进一步强调"把全生命周期健康管理理念贯穿城市规划、建设、管理全过程各环节"。所谓全周期管理,是指借用管理学概念,把城市视为生命体,在过去突出规划、建设、管理等功能的基础上,重视运行与服务、维护与优化、升级与更新等不同层级系统间的有效联动和系统协同。从根本上来说,"全周期管理"理念蕴含着整体性、系统性、协同性,这要求我们坚

---

① 王欣.以治理现代化引领城市高品质发展[N].青岛日报,2020-8-23(6).

持系统思维，抓住前期科学规划、中期系统推进、后期精细治理三个环节，建立科学化、系统化、精细化的全周期管理体系，切实提升我国城市治理体系和治理能力现代化水平[①]。实践中，对于城市治理而言，全周期管理要求城市治理中包含前期规划、中期建设、后期维护等环节的全周期管理过程，并实现全民性、全时段、全要素、全流程的城市治理。

对此，一方面，应建立城市风险评估机制，逐步开展城市体检评估工作，实现定期对城市整体和运行子系统的"健康诊断"。全球化时代，外部涌入风险增多，传导性和内生性风险发生概率高，城市治理面对严峻挑战，迫切需要加强有关城市风险的多维度研判，前瞻性创设城市风险治理的基础性和结构性议题，增强风险治理的前瞻性、超越性和引导力。与此同时，还应积极关注城市环境变量，多维度识别风险，推演城市隐患治理，防范风险突发和风险共振，在有条件的地方探索全面开展城市体检评估试点工作。另一方面，应逐步增强和塑造城市韧性。作为应对长期不确定性外部环境的现代城市治理理念，韧性城市正在取代传统思路成为城市可持续发展的重要方案，对于城市的高质量发展具有积极的理论和实践意义。强化关于城市软硬件韧性建设的分析，提升城市系统面对危机风险冲击的耐受力、吸收力和复原能力，培育城市治理体系的学习和调适能力，使城市发展策略有效应对开放环境和大尺度的社会、环境、经济扰动，培养城市抵御风险的免疫力。

【延伸阅读】

建立"城市体检"评估机制

为贯彻落实习近平总书记关于建立"城市体检"评估机制的重要指示精神，推动建设没有"城市病"的城市，促进城市人居环境高质量发展，由清华大学中国城市研究院、中国科学院地理科学与资源研究所、中国城市规划设计研究院、中国城市规划协会等单位组成的第三方城市体检工作团队根据《2020年城市体检工作方案》对部分城市开展城市体检工作。

---

① 李海龙.以全周期管理推进城市治理现代化[N].学习时报，2020-9-21（3）.

（三）以科技支撑助力城市治理现代化

大数据、人工智能、物联网、云计算等信息技术，可将城市中的既有物理基础设施、信息基础设施、社会基础设施和商业基础设施有效联动，实现高度智能化治理。未来，还需持续学习先进经验，加大科技支撑的力度，加强智慧交通、智慧医疗、智慧教育等场景的前沿应用，对城市实施智能化管理，进一步提升城市治理水平、提高城市治理能力。但追根究底，应以新一代信息技术为支撑，打造政府管理、城市治理、社区治理、公共服务为一体的城市治理智慧平台，为市民提供精细化、便捷化、智能化的服务，在提升居民获得感、幸福感和安全感的同时，促进城市治理体系创新。

【延伸阅读】

加快建设城市运行管理服务平台

2020年12月召开的全国住房和城乡建设工作会议上明确提出，要加快建设城市运行管理服务平台，推进城市治理"一网通办"和"一网统管"。① 本质上，"一网通办"和"一网统管"是一系列创新的组合，旨在从技术应用、流程再造、部门合作角度破解城市治理的难题，以促进政府形态的转变。这意味着新技术正重塑政府和治理的形态，实现以人民为中心的数字化转型。

（四）以公众参与共建城市治理现代化

现代城市治理是城市利益相关者的关系构成。所谓城市利益相关者是能够影响城市发展或受城市发展影响的人、群体或组织，它既包括正式的组织又包括非正式的组织，既有城市内部的参与者又有城市外部的参与者。根据城市发展的逻辑，可以将城市利益相关者分成城市内部利益相关者城市政府、城市市民、城市私人营利组织、城市非营利组织等，而相应的城市外部利益相关者则为跨国公司、国际组织、具有利益相关的城市及其内利益相关者、

---

① 全国住房和城乡建设工作会议[N].中国建设报，2020-12-21.

相关利益的其他政府。由此可知，新时代的城市治理应是上述多元主体共同参与下的一种共建共治。这也应是新时代城市治理现代化的重要特征之一。

实践中，一方面，要持续推动治理重心下移，多渠道推进市民治理参与。一是在城市规划制定、重大城市事务和市政决策前，加强对市民以及相关利益主体的意见征询，完善参与程序和细节。二是在制度设计上，将"城市的核心是人"作为价值取向，将人本原则作为城市治理体系构建的逻辑起点，建立健全市民有序参与的平台和机制，及时把握市民意愿，增强政策的认同和回应，发挥监督纠错效用，达成科学治理。三是大力推进城市治理的社会参与。通过制度设计，激发市民关心城市和参与城市治理的热情和动力，加强市民治理参与的组织动员，壮大治理力量，发挥社会主体的自主性能动性，塑造公共利益最大化的社会治理，推动城市善治。

另一方面，要持续深化"放管服"改革，进一步激发城市多元主体内生动力的最大限度释放。2020年11月国务院办公厅专门印发了《全国深化"放管服"改革优化营商环境电视电话会议重点任务分工方案》，要求进一步深化"放管服"改革，加快打造市场化法治化国际化营商环境，不断激发市场主体活力和发展内生动力。本质上，"放管服"改革的目的在于营造宽松高效营商环境，激发社会活力，但不意味着减弱所有审批管控，而是治理重心和治理结构的调整优化，宽严并举，分类施策。一是对于涉及城市资源环境、秩序安全、公共利益等方面的事项严格审批，抓好源头管控，强化规制。二是对于涉及激发市场主体活力、促进居民就业创业和完善社会服务事项，简化程序，打通堵点，服务上门，便利群众。三是理顺城市治理权力主体条块关系，建立扁平化高效体制，形成高效组织体系，借助云计算、大数据、区块链等新一代信息化技术支持，并联式重塑层级制城市管理体制，提速增效。

（五）以市域社会治理现代化助力城市治理现代化

《中华人民共和国国民经济和社会发展第十四个五年规划和2035年远景目标纲要》中提出"提高城市治理水平"，并明确要求"推进市域社会治理现代化"[①]。市域社会治理是国家治理战略在市域层面的落实。市域社会治理的实

---

① 《中华人民共和国国民经济和社会发展第十四个五年规划和2035年远景目标纲要》中曾提出"加强和创新市域社会治理，推进市域社会治理现代化"。

施,不仅关系到党和政府政策的具体落实,而且更关系到城市治理现代化和国家治理能力现代化的实现步伐。

现实生活中,市域是重大矛盾风险的产生地和集聚地,市域风险隐患防控处置不及时,潜在的问题就会变成现实的风险,区域性风险就会酿成全局性风险。市域因具有较为完备的社会治理体系,具有解决重大矛盾问题的资源能力和统筹能力,故是将风险隐患化解在萌芽、解决在基层的最直接、最有效地治理层级,是推进国家基层治理特别是城市治理现代化的前线指挥部。

实践中,一方面,我们应把加强市域社会治理体系和治理能力现代化作为撬动国家治理和城市治理现代化的一大战略支点来抓,即要充分发挥市域前线指挥部功能,积极推进市域社会治理现代化试点,并不断完善试点方案和工作指引,细化分类指导和评价考核,推出一批分别适合东中西部实际的社会治理模式,以因地制宜、分阶段、分步骤地助力城市治理现代化。另一方面,要全面提升"智治"支撑效能。推进市域社会治理体系架构、运行机制、工作流程的智能化再造,加快市域社会治理方式现代化。结合信息化,特别是5G网络、大数据,以及智慧社区、智慧城市等建设,积极探讨"互联网+应用"在为政府决策部署提供数据支持、在服务居民群众美好生活需求等方面的效能,并在持续优化系统平台模块、软件易用性、互动性、准确性方面进一步改进提升,以不断提高智能感知、精准处置能力,实现"智防风险、智辅决策、智助治理、智利服务",推动"马上办""一次办""网上办",用"小程序""小服务"解决"大事情"。

【延伸阅读】

"全国市域社会治理创新优秀案例(2020)"名单

名单下载网址:http://www.shzl.org.cn/index.php?id=344。

第三节　高质量背景下的城市规划建设管理

党的十九大报告指出，当前我国社会的主要矛盾已经转化为人民日益增长的美好生活需要和不平衡不充分的发展之间的矛盾。从城市来看，这一矛盾凸显为城市规划建设质量和治理服务水平滞后于市民对高品质城市生活的需要。满足市民对美好生活的期盼，从根本上解决现代"城市病"、实现高质量发展，是当前各个城市的紧迫任务。

实践中，城市规划建设管理和经济发展相辅相成、相互促进。尤其是随着现阶段我国经济进入高质量发展阶段，城市建设亟须改变粗放发展方式，推动产业转型升级，培育新的经济增长动力，提升城市功能品质，努力实现高质量发展，更好满足人民日益增长的美好生活需要[1]。

一、高质量发展及其内涵

在党的十九大报告中，习近平总书记根据国际国内环境变化，特别是我国发展条件和发展阶段的新变化，做出"我国经济已由高速增长阶段转向高质量发展阶段"的重大判断。在2018年政府工作报告中，中央再次强调要大力推动高质量发展，将高质量发展作为解决我国一切问题的基础和关键。时至今日，高质量发展已成为我国当前和今后一个时期确定发展思路、制定经济政策、实施宏观调控的根本要求。因此，在国家经济战略转向的背景下，把握高质量发展的内涵则是落实国家战略要求、有效推动经济转型升级、加快城市可持续发展的基本前提。

所谓高质量发展，就是能够更好满足人民日益增长的美好生活需要的发展，是体现新发展理念的发展，是创新成为第一动力、协调成为内生特点、绿色成为普遍形态、开放成为必由之路、共享成为根本目的的发展[2]。实践中，

---

[1] 谢坚钢，李琪.以人民为中心推进城市建设：深入学习贯彻习近平新时代中国特色社会主义思想[N].人民日报，2020-6-16（9）.

[2] 习近平.习近平谈治国理政（第三卷）[M].北京：外文出版社，2020.

新时代中国的高质量发展，是能够更好满足人民日益增长的美好生活需要的经济发展，是体现创新、协调、绿色、开放、共享发展理念的先进发展，也是追求更高水平、更有效率、更加公平、更可持续的全面发展。

当前，我国城镇化率已经超过60%，且未来一段时期内这一比率或将持续缓慢上升，那么，新阶段、新形势无疑对城市建设发展管理提出了新的时代要求。结合当前中国城市建设发展实际，很大程度上，在新发展阶段、新发展格局、新发展理念的大背景下，我们要更加重视新时代城市规划建设与管理的协同、融合与创新发展，以高质量、内涵式发展来更好满足新时代的人民需要。

二、城市规划、建设与管理

坚持发展为了人民，发展成果由人民共享，是城市规划建设管理等各项工作的根本出发点和最终落脚点。习近平总书记曾明确指出："人民对美好生活的向往，就是我们的奋斗目标"。城市归根结底是人民的城市，人民对美好生活的向往，就是城市建设与治理的方向。通俗来说，衣食住行、教育就业、医疗养老、文化体育、生活环境、社会秩序等方面，关乎人民群众切身利益，体现城市管理水平和服务质量。

（一）城市规划

2017年2月24日，习近平总书记在人民大会堂北京厅主持召开北京城市规划建设和北京冬奥会筹办工作座谈会上指出"城市规划在城市发展中起着重要引领作用"。事实上，考察一个城市首先要看规划，规划科学是最大的效益，"规划失误是最大的浪费，规划折腾是最大的忌讳"。[①] 这则要求实践中规划先行的理念要始终贯穿于新时代高质量城市规划建设管理的思路中。

一是规划先行，做好"技术引领"。城市规划是具有引领作用的。随着社会的不断发展，城市规划理念、方法和技术服务也在与时俱进，其重心也已转为关注城市品质、强调以人民为中心和以人民满意为标准，规划如何能以

---

① 习近平把脉北京城市建设 规划先行引领中国城市发展[DB/OL]. http://news.cyol.com/content/2017-02-26/content_15664788.htm.

更先进的理念和更高的目标为技术引领，指导城市高质量发展、高品质建设、高水平管理是关键。

二是确保"一张蓝图干到底"。在北京城市规划建设和北京冬奥会筹办工作座谈会上，习近平总书记多次强调，要全面贯彻依法治国方针，依法规划、建设、治理城市，总体规划经法定程序批准后就具有法定效力，要坚决维护规划的严肃性和权威性，确保"一张蓝图干到底"。实际工作中，城市规划只有真正统筹"规—建—管"的各环节，融入"规—建—管"的全过程，加强规划技术服务的伴行随行，才能将规划意图真正落到实处，见到成效，实现"一张蓝图干到底"。

三是践行"参与式规划"。从根本上来说，城市规划建设做得好不好，最终要用人民群众满意度来衡量。高质量城市规划建设管理涉及城市社会、经济和物质空间环境等诸多方面，牵一发而动全身，不可能一蹴而就，需要一个长期、艰巨和复杂的实现过程。实践中，要把公众参与、专家论证、风险评估等确定为规划设计的重要环节，充分调动政府、市场、社会与群众等多元主体的积极性，倡导"自上而下"和"自下而上"相结合的"参与式规划"，充分发挥社区规划师的引导作用，加强多方的沟通、参与和合作，积极推动新时代城市规划的健康与可持续发展。

（二）城市建设

2015年，中央城市工作会议提出建设和谐宜居、富有活力、各具特色的现代化城市，统筹生产、生活、生态三大布局，提高城市发展的宜居性。2019年11月2～3日，习近平总书记在上海杨浦滨江考察时强调"人民城市人民建，人民城市为人民……让城市成为老百姓宜业宜居的乐园"的重要理念。2020年11月12日，习近平总书记在浦东开发开放30周年庆祝大会上发表重要讲话时明确指出"必须把让人民宜居安居放在首位，把最好的资源留给人民"。为此，在新时期的城市建设工作中，应积极践行绿色循环低碳的规划建设理念，助力城市绿色宜居高质量发展。总体来说，一要以建设国际一流的和谐宜居城市为目标，以创造优良人居环境为核心，增强城市内部布局的合理性，提升城市的通透性和微循环能力；二要大力开展生态修复，让城市再现绿水青山；三要控制城市开发强度，推动形成绿色低碳的生产生活方式和城市建设运营模式；四要坚持集约发展，科学划定城市开发边界，践行有序、可持

续的开发理念。在此基础上,要着力从以下两方面努力:

一是持续提升城市建设特别是基础设施建设质量。形成适度超前、相互衔接、满足未来需求的功能体系,坚决遏制城市"摊大饼"式发展,以创造历史、追求艺术的高度负责精神,打造新时代城市建设的精品力作。例如,针对(特大)城市交通、能源、供水、排水、供热、污水、垃圾处理等基础设施,要严格按照绿色循环低碳的理念进行规划建设。实践中,要特别注重在规划建设管理中根治各种"城市病"。习近平总书记深刻指出:"城镇建设水平,不仅关系居民生活质量,而且也是城市生命力所在"。在提升城市建设水平的同时,必须注重防治各类"城市病",给百姓创造一个宜居的空间。

二是注重对城市地下空间的开发利用。在城市建设"高度""广度"不断拓展的今天,地下空间所标注的"深度",为新时代城市打开了更加立体的发展格局。利用好城市地下空间资源,是一座城市现代化水平的集中体现。既善于运用现代科技手段实现智能化,又能通过绣花般的细心、耐心、巧心提高精细化水平,我国城市的治理水平就能不断向一流迈进,城市生活水平也能"水涨船高",为百姓带去更多便利。有研究将21世纪称为"地下空间开发利用发展的世纪",也有国家将地下空间归为"新型国土资源"。可以说,地下空间是一座"富矿",特别是在改善基础设施、提升空间容量、缓解交通压力等方面,更发挥着不可替代的作用。近年来,我国对地下空间的开发利用愈加重视。比如,地下综合管廊与海绵城市建设已经列入"十三五"新型城镇化建设重大工程;不少城市充分利用人民防空工程和建筑地下室,为老百姓开辟许多具有文化、休闲性质的公共空间;还有的城市全面更新地下管网,为即将到来的智慧城市铺设"路基"……做足城市"向下"的文章,正逐渐成为潮流和趋势[①]。

(三)城市管理

城市高质量发展,不仅需要空间与设施等"硬件"支撑,更需要统筹"硬件"和"软件"的城市治理体系的高效运行[②]。这则要求新时代的城市规划在做好物质空间等传统领域工作的同时,也应重视城市管理与城市治理理念的更新及其体系有效运行的相关系统,如城市道路交通运输系统、城市供水排水

---

① 评论员观察.让城市建设有"里"有"面"[N].人民日报,2019-4-10(5).
② 城市规划学刊编辑部."城市精细化治理与高质量发展"学术笔谈[J].城市规划学刊,2020(2):1.

污水处理系统、城市垃圾收运处置系统、电力能源供应系统、城市邮电通信系统、城市园林绿化系统等。

一般来说，城市管理的主要职责是市政管理、环境管理、交通管理、应急管理和城市规划实施管理等。具体实施范围包括：市政公用设施运行管理、市容环境卫生管理、园林绿化管理等方面的全部工作；市、县政府依法确定的，与城市管理密切相关、需要纳入统一管理的公共空间秩序管理、违法建设治理、环境保护管理、交通管理、应急管理等方面的部分工作。① 而城市治理则涉及多元主体的参与，这则要求首先应转变观念，重塑理念，实现新发展阶段高质量发展格局下的"城市管理"向"城市治理"转变。理念是实践的先导。戴维·奥斯本等在《改革政府：企业家精神如何改革着公共部门》一书中提出"重塑政府"的概念，即以企业家精神改革政府的运行模式②。企业作为市场经济的重要主体，是社会主义市场经济的重要参与者，也是现代城市治理的重要参与者。同时，作为社会力量代表的社会组织、居民群众等，更是现代城市治理的核心参与主体。很大程度上，新时期的城市高质量发展是"要更好提供精准化、精细化服务"，把为人民服务放在首位，塑造美好的生活家园。这种意义上，城市精细化治理是高质量发展的前提，但城市精细化治理并非是把工作再做细就能解决的，而是要改变我们的思维与方法。譬如，观念不转变，仍然是土地财政，把城市当作一个公司来经营，工作做得再细也是没有用的。因此，精细化治理是要把管理和服务结合起来，把工作深入到城市的所有空间、人群中，去解决生活、生产等方方面面的问题，而非站在一个管理者的角度，主观盲目地按照所谓高标准、高要求，再加上高技术、大数据，"一刀切"等所谓"行之有效"的工作方式，制定一些复杂的规则和约束条件，使得企业、居民受到更多的限制，造成生产和生活的更多不便，反而使城市活力减弱甚至衰退。

其次，要彻底摒弃"重规划建设、轻管理"的错误观念。长期以来，城市治理游离在基于工程和建筑学科的城市规划框架之外。至少在中国的城市规划框架中，"治理"与"设计"相比，处于不是那么重要的核心位置。一个明

---

① 城市管理执法即是在上述领域根据国家法律法规规定履行行政执法权力的行为。参见：《中共中央国务院关于深入推进城市执法体制改革改进城市管理工作的指导意见》。
② 戴维·奥斯本，特德·盖布勒.改革政府：企业家精神如何改革着公共部门[M].周敦仁，等译.上海：上海译文出版社，2006.

显的例子就是城市规划管理的基石"两证一书"几乎完全是围绕着"建设"而非管理来设计的。一旦工程建设完成规划验收,城市规划相关的行政许可随之终结[①]。

三、高质量背景下的城市规划建设与管理

毋庸置疑,高质量发展是以人民为中心、让人民认同的发展。城市的高质量发展始终是每一座城市所要努力追求并且实现的目标。

(一)坚持品质规划与城市品质发展,持续提升城市规划和城市设计水平

通常来说,城市治理的核心要素是城市的公共政策和市政规划。其中,城市规划主要是指"为了实现一定时期内城市的经济和社会发展目标,确定城市性质、规模和发展方向,合理利用城市土地,协调城市空间布局和各项建设所做的综合部署和具体安排"[②]。城市规划是建设城市和管理城市的基本依据,在确保城市空间资源的有效配置和土地合理利用的基础上,其是实现城市经济和社会发展目标的重要手段之一。而品质规划则意味着要持续汲取世界城市先进的治理理念,如借鉴吸纳联合国城市可持续发展计划、健康城市计划、友善城市计划、韧性城市计划、新城市主义和精致成长思想等国际化都市治理理念,并将这些先进理念因地制宜与所规划设计的城市特质、品位等融合起来

实践中,一是要加强城市品质要素的规划导入和保障。在总体规划、控制性详细规划等法定规划编制中,注重人本,关注韧性、健康等要素,将城市空间、公共交通、市政设施、生态资源、人居环境等作为规划的城市品质管控要素,发挥总领、管控和保障作用。二是不断增强专项规划紧密对接城市品质的要求。加强上下位规划联动,保障城市发展品质提升。一方面,在土地、资源、生态环境等专项规划,以及国民经济和社会发展规划中,落实城市品质规划的要求;另一方面,在规划、建设、管理、运营、维护等多环节中加入专业的技术服务支撑,进行综合统筹,推进城市空间的高效高品质实施。

---

① 城市规划学刊编辑部."城市精细化治理与高质量发展"学术笔谈[J].城市规划学刊,2020(2):3.
② 华俊荣.试论房地产开发与城市规划的关系[J].经济师,2018(1):280.

（二）强化对接基层管理，融合规划服务与建设管理的系统性和协调性

"制度设计"引领高质量城市治理。随着大规模高速城市化阶段的结束，城市的存量和增量的比重发生逆转，针对存量的"精细化治理"需求，城市治理在城市规划学科中占有越来越重要的地位。规划的重心开始从"规划院"转向"规划局"，这就需要城市规划学科要从批前的"建设"向批后的"管理"大幅延伸。恰在此时，包含土地利用管理的国土空间规划应运而生，自然资源管理的新架构，使城市规划顺理成章地进入存量管理领域。从根本上来说，城市规划向国土空间规划切换意味着城市规划的底层知识必须随之改变。存量规划和增量规划的最大区别，就是前者的主要工具是"制度"，后者的主要工具是"设计"；前者的主动轮是规划局，后者的主动轮是规划院。精细化治理不能通过加深规划设计的深度获得，只能通过更加精细的制度设计获得。规划要想在"精细治理"中发挥作用，就必须学会"制度设计"。通过制度设计，将规划投射到整个城市[①]，这则要求加强基层调研，切实对接基层需求。

实践中，一要加强对接基层管理，强化规划服务的综合性和协调性。加强社区街道和民众自下而上的力量，与民众、设计方、施工方和政府等多方主体进行有效衔接和协调，开展全面公众参与和共同缔造，实现城市环境品质多维度的提升和更高水平的精细化城市治理。例如，当前多个城市都成功开展了责任规划师、社区规划师等不同形式的相关工作，为基层配备规划专业人员和团队，推动规划专业下基层开展服务，成为当前实现城市精细化治理的一大抓手[②]。

二是坚持把全周期管理理念贯穿城市规划建设管理全过程、各方面。人民城市人民建，人民城市为人民。新时代高质量的城市可持续发展，不仅需将以人民为中心的发展思想贯穿到城市规划建设管理的全过程中，而且更需要把全周期管理理念贯穿城市规划建设管理全过程、各方面，综合考虑城市规模扩张和人口增长、人才发展所需，合理划定城市空间结构、功能分布以及土地、交通、医院、学校、公园等资源配置，让城市这个"火车头"动力十

---

① 城市规划学刊编辑部."城市精细化治理与高质量发展"学术笔谈[J].城市规划学刊，2020（2）：3.
② 城市规划学刊编辑部."城市精细化治理与高质量发展"学术笔谈[J].城市规划学刊，2020（2）：5.

足、平稳快跑，以不断推进一流和谐宜居城市建设。在此，需注意的是，全周期管理意味着要坚持源头治理。在上述强化对接基层管理，增强城市规划、建设、管理的科学性、系统性和协调性的基础上，综合考虑公共秩序管理和群众生产生活需要，合理安排各类公共设施和空间布局，加强对城市规划、建设实施情况的评估和反馈，以变被动管理为主动服务，变末端执法为源头治理，从源头上预防和减少违法违规行为的发生。

（三）统筹规划建设管理与城市生产生活生态协同发展，更好发挥政府市场社会力量

在新时代推进城市建设中，必须深入贯彻落实习近平总书记提出的"城市是人民的城市，人民城市为人民"的重要论断，坚持以人民为中心，聚焦人民群众的需求，合理安排生产、生活、生态空间，走内涵式、集约型、绿色化的高质量发展路子，努力创造宜业、宜居、宜乐、宜游的良好环境，让人民有更多获得感，为人民创造更加幸福的美好生活。

实践中，要统筹规划、建设、管理和生产、生活、生态等各方面，发挥好政府、社会、市场及市民等各方力量。具体来说，就政府部门而言，要抓一些"牛鼻子"工作，如抓好"政务服务一网通办""城市运行一网统管"，坚持从群众需求和城市治理突出问题出发，把分散式信息系统整合起来，做到实战中管用、基层干部爱用、群众感到受用；要抓住人民最关心最直接最现实的利益问题，扭住突出民生难题，一件事情接着一件事情办，一年接着一年干，争取早见成效，让人民群众有更多获得感、幸福感、安全感；要鼓励和支持企业、群团组织、社会组织积极参与城市规划建设与管理，发挥群众主体作用，调动群众积极性、主动性、创造性，探索建立可持续的运作机制。

就市场而言，要充分发挥市场在资源配置中的决定性作用，尊重市场规律及运行机制，并更好发挥"有为政府"的监管作用。企业作为现代市场经济的主体，是城市建设、发展与治理的重要参与者。如何引导其参与城市可持续发展，对社会负责，既是新时代企业践行社会责任的职责与使命所在，也是助力高品质宜居城市及住区（特别是商品房住宅小区）多元共建共治共享、和谐共生的关键支撑[①]。"现代管理学之父"彼得·德鲁克曾指出，社会企业家是为

[①] 许亚敏，原珂."三社"联动建设与协同治理[M].北京：社会科学文献出版社，2019.

了创造更高的产出率而改变社会部门流程的人，但在这里，"产品"既不是商品也不是服务，更不是规章制度，而是被改变的人。他们关注的不是问题本身，而是解决问题的可能性，是给人类生活和环境带来实际变化的方法，注重的不是慈善，而是改变。对此，实践中，作为市场经济主体的各类企业特别是房地产企业应与时俱进，深入践行人民城市建设理念，坚持创新驱动，绿色发展，充分发挥专业优势，探索重塑宜居城市新标杆，打造新时代品质住区，助力宜业宜居的文明城市创建与城市可持续发展。

对社会部门（主要是指第三部门）来说，要加强多元社会主体的参与，以不断提升决策质量与效率。在实际工作中，市长、专家智商再高，对偌大一个城市的某一角一隅的认知肯定不及"生于斯长于斯"的居民及相关社会组织。为此，建立有效的公众参与机制，能够保障公众在城市治理方面的各项权力能够以平等真实的方式实现，因而可充分发挥公众对城市治理的主动性、创造性和积极性，将大家的智慧和力量集中，成为城市不断向着更美、更优、更宜居、更宜业方向发展的强大推动力。另外，一个客观事实是，很多年来，为解决诸多城市顽疾，各城市政府做了大量的部门协同探索，但联动效果依然乏善可陈。特别是涉及多部门协调的问题经常要反映到地方党委或政府主要领导层面才可能会有所解决，可想这时间周期得有多长。与此同时，在问题待解决的漫长过程中，还可能引起大量的社会矛盾、纠纷或冲突。针对这些问题，倘若实践中能够借助大数据技术，甚至只需简单的舆情监测，公众参与或许能够直接将诉求反馈给市委书记或市长，这则将大大提高决策效率。例如，美国波士顿的市长曼尼诺（Thomas Menino）曾探索成立了一个"新城市机制"（New Urban Mechanics）部门，针对社会大众如何以数字化与自动化的方式汇报问题开发了多项服务，成效显著，且其影响力目前已经逐步扩散到了美国的其他城市。其中一个经典应用是坑洼街道（Street Bump）项目[①]。某种程度上，这与当前首都北京正在探索实施的"吹哨报到，接诉即办"、浙江杭州探索推行的"城市大脑"及"最多跑一次"等皆有着异曲同工之妙。

---

① 王忠，王晓华.城市治理之大数据应用[M].北京：海洋出版社，2017.

第五章 城市综合治理

城市是个复杂的巨系统，功能的多样性决定了职能的综合性。城市管理的综合性主要体现为管理对象具有公共性、基础性、通用性。因此，城市管理通常被定义为城市综合管理，主要管理范围涵盖市政、公用、交通、市容、环境等全领域，城市管理的决策、执行、监督等全方位和城市规划、建设、运行全过程。因此在管理理念上，实现城市管理向城市治理转变，在技术手段上更加依靠数字化、信息化技术，特别是城市大脑的普及应用，在管理方式上需要定期开展城市体检，在体制机制上推进管理重心下移。

第一节　城市综合管理

一、城市综合管理的内涵、外延及其必要性

（一）城市综合管理的内涵及外延

城市综合管理不同于传统的城市管理，它是基于对城市整体认识所提出的。城市是一定数量的人口在一个相对集聚的地域空间上进行政治、经济、社会和文化体育等活动的动态聚合体。基于对城市基本属性的再认识，城市综合管理是指以城市这个开放的复杂巨系统为对象，以城市基本信息流为基础，运用决策、计划、组织、指挥、协调、控制等一系列机制，采用法律、经济、行政、技术等手段，通过政府、市场与社会的互动，围绕城市运行和发展进行的决策引导、规范协调、服务和经营行为，就是将城市这个开放的复杂巨系统中的众多子系统及功能要素整合在一起，综合运用多种手段，从整体的角度，不断提高城市的社会效益、经济效益和生态环境效益。

城市综合管理的范围包括市政公用设施运行管理、市容景观和环境卫生管理、园林绿化管理以及城市政府确定的与城市管理相关的公共空间秩序管理、违法建设治理、生态环境保护管理、交通管理、应急管理等。实现城市综合

管理是一个复杂的系统工程，遵循全生命周期管理理念，采取政府主导、公众参与的管理模式，坚持以人为本、依法治理、源头治理、权责一致、协调创新的原则。对城市综合管理的理解必须考虑几点重要核心：明确城市综合管理的责任主体；建立决策、执行和监督统一的管理体系；完善城市综合管理功能；强化网格化城市管理体系；落实街道属地管理权限责任。

（二）城市综合管理的必要性

2020年国民经济和社会发展统计公报显示，2020年年末，我国常住人口城镇化率超过60%。一方面城市的建设与管理取得了举世瞩目的成就，但从当前城市管理的现状来看，确实存在着一些亟待解决的问题。如城市管理的机构设置、力量配置还沿用原有的管理模式，公安、工商、城管、食品药品监督等在内的各类行政执法力量主要是按"条线"垂直管理，"条"与"条"之间存在壁垒，"条"与"块"之间缺乏有效联动，很多管理和执法事项边界不明、责任不清，影响了城市管理的效果。这些突出问题对传统城市管理体制提出了新挑战，亟须构建一种新的综合治理机制以适应城市化进程快速发展的需要。

城市管理主体是包括政府在内的各种利益相关者。在现代城市，政府在城市管理中发挥着主导作用，城市的发展不仅与政府相关，而且与企业、社团组织、居民甚至流动人口利益主体相关。这些利益相关者通过各种正式或非正式的渠道影响城市的发展决策和执行。城市管理过程是各种利益相关者在一定的制度下互动参与的过程。现代城市是利益多元化的社会，城市管理就要在多元利益需求中整合城市的各种资源，协调城市发展，减少和化解各种矛盾冲突。此外，城市管理的方法和技术具有综合性。城市管理的有效参与和城市资源的有效整合，需要综合运用法律手段、经济手段、教育手段，发挥法律规范调节作用，教育引导作用，经济杠杆作用，从而实现管理目标。

二、城市综合管理的特征、功能与体系

（一）城市综合管理的特征

1. 管理理念的科学性与进步性

城市综合管理理念促使城市管理部门既要像绣花一样管理城市，又要解放思想，大胆创新，结合区情、市情和地方特色，积极研究和探索城市综合管

理的规律、特点和实现路径。通过城市各个方面管理的综合协同，发挥城市综合管理整体优势和集成效应，实现城市综合管理的目标，促进城市总体协调发展，适应中国城市发展的实际需求和管理要求。

2.管理体系的系统性与综合性

城市是一个巨大、复杂、开放的动态系统，随着经济发展、社会进步和科技创新，城市管理的事物不断增加、内容日益丰富，任务也将更为艰巨。理清城市综合管理的系统属性，包括横纵多个层次。纵向看，城市管理的最高层次是城市政府首脑直接管理的职责，也就是说城市事务无所不包，具有政治性和广延性；城市管理的中间层次由政府职能部门负责，包含城市综合管理和专门管理两类，具有专业性和边界性；基层城市管理则主要围绕企业和市民的城市基础性公共服务需求而实施，是小而全的综合管理。横向的城市综合管理广义上来讲包括所有城市管理的内容，狭义的城市综合管理仅限于基础性公共服务和基础设施运行管理。

3.管理手段的现代化与智慧化

城市的现代化衍生出的管理任务日益繁重、管理职能渐趋多样、管理对象愈加庞杂，随着信息化社会的到来，信息技术、数字技术在城市管理领域广泛运用。特别是人工智能、大数据、云计算、物联网、区块链、3S等技术对提高城市管理的科学化、精细化、智能化水平均有显著效果。城市综合管理融入数字化技术，充分利用各种手段不断提高城市管理服务水平，以更好地推动城市管理融入城市治理现代化。

4.管理内容的公益性与社会性

城市综合管理旨在为经济社会全面进步和人的全面发展提供基本公共服务和基础性承载功能，保障城市公共基础设施正常运行、公共空间秩序整洁有序、城市公用服务优质高效。城市管理是典型的公益性活动，是政府公共服务的重要组成部分，也是基础性、保障性内容。与其他专门性公共服务不同的是，城市综合管理在公共服务的提供方式和治理形式上不排除政府以外的主体，特别是涉及基层公共事务的治理、公共空间的治理，需要引入多个相关主体，故其强调的是众人共治属性，包括自治和共治两个方面，应切实增强人民群众的获得感、幸福感、安全感。

5.管理实践的协同性与精细性

城市综合管理强调多元协同。外部包括社会、政府、企业、群众等多方的共同参与。内部鼓励各部门、各机构之间的联动互通。管理强调精细化，各项工作要做到目标定量化、责任明细化、标准精确化、流程规范化、举措常态化、手段智能化、绩效最大化，实现从粗放向精细、从被动向主动、从低效向高效、从突击向常态的转变。

（二）城市综合管理的功能

城市管理的功能包含着城市基础功能和衍生功能。在产业发展和城市生活提供基础条件的城市建设中，除了个别行业，绝大部分提供的是基本公共服务，即城市基础功能。其次有专门经济运行部门负责的政治、经济、社会和文化体育等活动，是依托城市基础功能完成的，称为城市衍生功能。维护城市基础功能运转的管理工作是城市综合管理，组织衍生功能实现的是专门管理。综合管理涉及庞大的支撑体系，需要协调多个部门，既要横向协调，还要纵向综合，实现基础功能的正常发挥。譬如，仅道路交通运输系统就涉及交通运输部门、公安交警部门、建设部门、市政部门等。公共空间秩序组织和管理会涉及城管（城市管理、行政执法）、公安、工商、规划等部门。城市生活固废管理则需要城管、生态环境、商务、规划等部门的协同治理。

总之，综合管理的基础功能主要表现在两个层面：一是行政管理的一般功能，即规划与计划功能、组织与指挥功能、统计与监督功能、控制与协调功能；二是城市管理的特有功能，即基础设施的支撑保障功能、公用产品的组织调配功能、公共空间的序化优化功能、城市环境的洁化美化功能。

（三）城市综合管理体系

1. 标准化支撑体系

城市政府在实践中通过职能部门的设置和职责划分，科学制定城市管理各个领域的标准指引，落实规范化管理。业务主管部门内部需要建立规范的运作机制、作业制度、管理制度等。城市管理标准化是一套科学完整的系统，应该包括部件管理标准化、事件管理标准、管理模式标准化、反馈处理标准化、考评奖惩标准化五个部分。

2. 管理运行体系

按照"一体化运行"标准，以全面覆盖的管理体系、高效实用的运行机制、严格的操作要求，最大限度地发挥运行体系的积极作用。按照"全覆盖、无盲区"的要求,通过城市运行综合管理中心及分中心两级平台建设,构建"区+分中心+工作站"的城市运行综合管理体系。在此基础上,进一步强化职能部门的城市运行综合管理职责,积极构建"区+街镇和专业部门+工作站"的运行模式。按照"职责明确,事权清晰"的原则,在城运平台全面整合城市管理、应急管理等各领域的管理职能和资源力量,明确相应的职责分工。按照"快速发现、快速处置"的要求,在完善日常管理机制的基础上,建立并完善全领域协同的指挥联动机制,实行高效指挥、实施联动共管、实现快速处置、体现综合治理。

3. 服务平台体系

城市综合管理服务平台(Urban comprehensive management and services platform)是指运用现代信息技术,集成城市管理相关基础数据、日常运行数据、相关行业数据等资源,实现国家、省、市联网互通、信息共享、数据交换和业务协同,对城市管理工作进行统筹协调、指挥调度、监督考核和综合评价的信息平台。搭建国家、省、市三级架构的城市综合管理服务平台,平台建设任务包括应用体系建设、数据体系建设、基础环境建设和管理体系建设等内容。

4. 服务评价体系

城市综合管理服务评价工作重在发现城市管理服务工作中的突出问题,促进城市政府抓重点、补短板、强弱项,提高城市精细化管理服务水平。城市综合管理服务评价坚持全国统一指标体系和区域差异化相结合、客观评价和群众感受相结合的原则,重在纵向对比,包括城市自评价和第三方评价。住房和城乡建设部依托国家城市综合管理服务台,建立评价指标数据采集系统,从国家数据共享交换平台、省市城市综合管理服务平台获取相关数据,逐步实现指标数据自动化、智能化采集。

案例:上海市城市综合管理创新

上海城市管理现代化走的是一条以信息化支撑的城市综合管理之路,主要模式有"城市网格化管理"和"城市综合管理大联动"。城市网格化管理偏重于城市管理,是一种"科技+制度"的城市综合管理新模式;"大联动"是一种城市管理和社会管理融合发展且符合现代城市多元共治发展方向的"科技+制度+协同"的城市综合管理新模式。

城市综合管理"大联动"建设机制试图在不改变现有行政管理组织体制和部门行政管理职责的前提下,"通过队伍整合、管理联动、信息互通、资源共享等举措,实现信息准确采集、指挥调度统一、力量动员高效和处置快速及时"的现代化城市管理目标,有效解决当前城市管理中普遍存在的疑难杂症。主要有六个方面的探索:一是组织架构设计由条线管理为主向街镇管理为主转变;二是管理力量整合由力量分散向协同作战转变;三是管理内涵拓展由市容环境管理向城市综合管理延伸;四是管理流程设计从事后执法处置向事前发现预防延伸;五是管理模式运行实现常态管理与应急管理相结合;六是管理技术应用由信息孤立的封闭式管理向集约高效的数字化管理方向转变。上海城市综合管理"大联动"机制的创新实现了从科层治理向整体性治理的转变,它以满足公民需求为目标,以信息技术为依托,以整合、协调和责任为要求,实现各种力量在城市社会综合管理中的联动,体现了整体性治理的内在要求。

三、城市体检与城市综合管理

城市是个有机体生命体。"城市病"是大城市发展过程中的常见病,但是由于我国城市化发展速度较快,不少问题叠加累积,病灶复杂。要让城市生命体健康,消除城市病,首先需要对城市运行状况进行把脉、诊断,城市体检环节必不可少。城市体检是指对城市发展状况、城市规划及相关政策的实施效果进行监测、分析、评价、反馈和校正,保障各项城市发展目标有效实现。城市体检是对城市运行状况的一次全面检查,也是对城市综合管理绩效的综合评价,其本身也成为城市综合管理的重要前置手段。因此,城市体检有助于增强城市工作的整体性和系统性,是统筹城市规划建设管理、促进城市高质量发展的重要抓手。

城市体检几乎涵盖城市综合管理的所有方面,同时比综合管理内涵更丰富,涉及交通、居住、生态环境、公共空间、公共服务、城市风貌、城市文化等。内容包括生态宜居、健康舒适、安全韧性、交通便捷、风貌特色、整洁有序、多元包容、创新活力八个方面,并按照突出重点、群众关切、数据可得的原则,分类细化提出具体指标内容。八个方面具体含义分别是:

(1)生态宜居。反映城市的大气、水、绿地等各类生态环境要素保护情况,城市资源集约节约利用情况。

(2)健康舒适。反映城市社区服务设施、社区管理、社区建设的基本情况,城市居民健身场地设施建设情况。

(3)安全韧性。反映城市应对公共卫生事件、自然灾害、安全事故的风险防御水平和灾后快速恢复能力。

(4)交通便捷。反映城市交通系统整体水平,公共交通的通达性和便利性。

(5)风貌特色。反映城市风貌塑造、城市历史文化传承与创新情况。

(6)整洁有序。反映城市市容环境和综合管理水平等情况。

(7)多元包容。反映城市对老年人、残疾人、低收入人群、外来务工人员等不同人群的包容度。

(8)创新活力。反映城市创新能力和人口、产业活力等情况。

具体指标体系如表1所示,城市体检的结果将为城市综合管理提供更清晰的问题指向,直观地反映出城市运行中存在的短板、瓶颈和弱项,为下一步开具"药方"提供现实依据,也为城市病的病理分析提供证据支持。

2020年城市体检指标体系 表1

目标	序号	指标	解释	备注
一、生态宜居	1	区域开发强度(%)	市辖区建成区面积占市辖区总面积的比例	
	2	城市人口密度(万人/平方公里)	市辖区建成区单位用地面积上的常住人口数量	
	3	城市开发强度(万平方米/平方公里)	市辖区建成区单位用地面积上的建筑面积	
	4	城市蓝绿空间占比(%)	市辖区建成区水域和绿地面积占市辖区建成区总面积的比例(查找城市蓝绿空间占比是否合理;是否存在超出资源环境承载力的超大人工湖、人工湿地等景观工程)	
	5	空气质量优良天数(天)	市域全年空气质量指数(AQI指数)≤100的天数	
	6	城市水环境质量优于五类比例(%)	城市水环境质量评价指标,1-黑臭水体数/水体数量,市域水体水环境质量优于五类数量/市域水体总数	
	7	公园绿地服务半径覆盖率(%)	市辖区建成区公园绿地服务半径覆盖的居住用地面积占市辖区建成区总居住用地面积的比例。(5000平方米及以上公园绿地按照500米服务半径测算;2000~5000平方米的公园绿地按照300米服务半径测算)	

续表

目标	序号	指标	解释	备注
一、生态宜居	8	城市绿道密度（公里/平方公里）	市辖区建成区范围内绿道长度与市辖区建成区面积的比值。绿道的定义参考《住房城乡建设部关于印发绿道规划设计导则的通知》（建城函〔2016〕211号）中的规定	
	9	新建建筑中绿色建筑占比（%）	市辖区建成区在本年度竣工的民用建筑（包括居住建筑和公共建筑）中按照绿色建筑相关标准设计、施工并通过竣工验收的建筑面积的比例	
二、健康舒适	10	社区便民服务设施覆盖率（%）	市辖区建成区建有便民超市、快递点、综合服务等公共服务的社区数占社区总量的比例	
	11	社区养老服务设施覆盖率（%）	市辖区建成区建有社区养老服务设施的社区占社区总量数量的比例	
	12	普惠性幼儿园覆盖率（%）	市辖区公办幼儿园和普惠性民办幼儿园提供学位数占市辖区在园幼儿数的比例	
	13	社区卫生服务中心门诊分担率（%）	市辖区建成区社区卫生服务机构门诊量占市辖区建成区总门诊量的比例	
	14	人均体育场地面积（平方米/人）	全民体育健身场地包括健身步道、市民球场、市民游泳池、市民健身房、社区健身场地等，市辖区健身场地总面积/市辖区常住人口	
	15	人均社区体育场地面积（平方米/人）	市辖区社区体育场地总面积/市辖区社区常住人口	
	16	老旧小区用地面积占比（%）	市辖区建成区未改造的老旧小区用地面积占市辖区建成区居住用地面积比例	
	17	高层高密度住宅用地占比（%）	市辖区建成区高层高密度居住区用地面积占市辖区建成区居住用地面积的比例。（"高层住宅"指18层或60米及以上住宅，"高密度住宅"指容积率大于等于3.5的居住小区）	主题性指标
	18	高密度医院占比（%）	市辖区建成区二级及以上综合医院建筑密度超过35%的比例	主题性指标
三、安全韧性	19	城市建成区积水内涝点密度（个/平方公里）	城市应对自然灾害能力评价指标。市辖区建成区内常年出现积水内涝现象的地点数量/市辖区建成区面积	
	20	城市万车死亡率（人/万车）	城市应对交通事故能力评价指标。市辖区每年因道路交通事故死亡的人数/市辖区机动车保有量	
	21	城市每万人年度较大建设事故发生数（个/万人）	城市应对市政设施事故能力评价指标。市辖区年度断水、断电、断气、大雨内涝、管线泄漏爆炸、路面塌陷等基础设施较大事故发生数/城市市辖区常住人口数	
	22	人均避难场所面积（平方米/人）	市辖区建成区常住人口人均所占有的应急避难场所面积	

续表

目标	序号	指标	解释	备注
三、安全韧性	23	城市二级及以上医院覆盖率（%）	城市二级及以上医院4公里（公交15分钟可达）服务半径覆盖的建设用地占建成区总建设用地面积的比例	主题性指标
	24	城市医疗废物处理能力（%）	市辖区建成区内平常日均集中处置医疗废物总量占设施日集中处置能力的百分比	主题性指标
	25	人均城市大型公共设施具备应急改造条件的面积（万平方米/人）	市辖区的会展中心、体育馆等大型公共建筑中具备应急改造条件的建筑总面积与市辖区常住人口数	主题性指标
	26	城市传统商贸批发市场聚集程度（%）	城市中心城区内传统商贸批发市场数量占市辖区传统商贸批发市场总数的比例	主题性指标
四、交通便捷	27	建成区高峰时间平均机动车速度（公里/小时）	城市机动车交通评价指标。市辖区建成区高峰时段各类道路、各类机动车的平均行驶速度	
	28	城市道路网密度（公里/平方公里）	市辖区建成区内平均每平方公里城市建设用地上拥有的道路长度	
	29	城市常住人口平均单程通勤时间（小时）	城市整体交通服务水平评价指标。城市常住人口单程通勤所花费的平均时间	
	30	居住区停车泊位与小汽车拥有量的比例（%）	市辖区内居住区停车泊位总量与市辖区小汽车拥有量的比例	
	31	公共交通出行分担率（%）	市辖区建成区居民选择公共交通的出行量占机动化出行总量的比例	
五、风貌特色	32	城市历史文化街区保存完整率（%）	市辖区建成区保存完好的历史文化街区面积/特定历史时期的城市建成区面积	
	33	工业遗产利用率（%）	市辖区建成区范围内仍在延续使用或已经活化利用的工业遗产数量占工业遗产总数量的比例	
	34	城市历史建筑平均密度（个/平方公里）	市辖区城市挂牌历史建筑数量/市辖区建成区面积	
	35	城市国内外游客吸引力	市域主要节假日城市国内外游客量/城市常住人口	
六、整洁有序	36	城市生活垃圾回收利用率（%）（干净）	市辖区建成区回收利用的生活垃圾总量/市辖区建成区生活垃圾产生总量	
	37	城市生活污水集中收集率（%）	市辖区建成区向污水处理厂排水的城区人口占城区用水人口的比例，通过集中式和分散式处理设施收集的生活污染物总量与生活污染物排放量之比计算	
	38	建成区公厕设置密度（座/平方公里）（干净）	市辖区建成区公厕数量/市辖区建成区面积	
	39	城市各类管网普查建档率（%）	市辖区建成区中已开展管网普查建档的区域面积占市辖区建成区总面积的比例	

续表

目标	序号	指标	解释	备注
六、整洁有序	40	实施专业化物业管理的住宅小区占比（%）	市辖区建成区实施专业化物业管理的住宅小区占市辖区建成区住宅小区的比例	主题性指标
七、多元包容	41	常住人口基本公共服务覆盖率（%）（社保、医疗、教育、住房）	城市基本公共服务已覆盖的常住人口数占城市常住人口总数的比例。基本公共服务包括社会保险、基本医疗保障、义务教育、基本住房保障等	
	42	公共空间无障碍设施覆盖率（%）	市辖区建成区无障碍设施公共建筑覆盖比例+无障碍城市道路覆盖比例	
	43	城市居民最低生活保障标准占上年度城市居民人均消费支出比例（%）	城市最低生活保障标准（月×12）/上年度城市居民人均消费支出	
	44	房租收入比	城市平均房租水平单位面积年租金/城市居民人均可支配收入	
	45	房价收入比	城市住房平均总价/城市居民人均可支配收入	
八、创新活力	46	城市常住人口户籍人口比例（%）	市辖区常住人口与市辖区户籍人口的比例	
	47	城镇新增就业人口中大学（大专及以上）文化程度人口比例（%）	市辖区城镇新增就业人口中大学（大专及以上）文化程度人口数/市辖区城镇新增就业人口数	
	48	全社会R&D支出占GDP比重（%）	城市创新活力评价指标。年度内全社会实际用于基础研究、应用研究和试验发展的经费支出占国内生产总值（GDP）的比例	
	49	非公经济增长率（%）	市辖区当年非公经济增加值/上一年增加值增长（%）+新增民营企业数量/现有民营企业数量增长（%）	
	50	万人高新技术企业数（个/万人）	市辖区内高新技术企业数/市辖区常住人口数	

资料来源：《住房和城乡建设部关于支持开展2020年城市体检工作的函》（建科函〔2020〕92号），http://www.gov.cn/zhengce/zhengceku/2020-06/22/content_5520991.htm。

开展城市体检工作，既是我国城市治理体系和治理能力建设的迫切需要，又是推动人居环境高质量发展的重要举措。在推动城市高质量发展与综合治理的背景下，城市体检评估是城市创新型治理手段，也是支撑未来城市高质量发展和精细化管理的有效手段。一方面，通过开展城市体检，将城市作为"有机生命体"，查找和解决城市建设中的短板弱项，提高城市风险防范能力、决策科学化水平和资源投放的精准度，推动持续治理"城市病"问题，推动城市建设由外延粗放式向内涵集约式转变。另一方面，城市体检的成果体系、城市体检信息平台、共建共享共治工作机制、宜居指数评价发布机制等内容层面体现了城市综合治理的细则要求。

城市体检采取城市自体检、第三方体检和社会满意度调查相结合的工作方法。

案例：各具特色的城市体检

成都市结合实际建立市区两级指标体系。2020年该市按照市区两级同步体检、整治与体检同步开展的"双同步"工作模式开展城市体检工作，将相关工作由市级层面扩大至中心城区，市区两级同步建立工作机制并开展体检。与此同时，成都市结合美丽宜居公园城市建设的要求，建立了"50+13"的市级城市体检指标体系，编制了《成都市2020年城市体检自检报告》。市级指标体系设置了体现成都市人城境业、和谐统一城市形态建设情况的特色指标，主要包括人均生态绿地面积、每万人拥有城市绿道长度、街道一体化建设占比、轨道交通出行占公交出行的比例等13项。区级以市级指标为基础，通过"必检指标＋自选指标＋特色指标"的形式建立了"10+20+N"的城市体检指标体系。

长沙城市综合管理中的城市体检建立了特色的城市体检指标：一是在城市生态宜居方面，有城市建成区噪声平均值这样的指标；二是在交通便捷方面，有平均通勤时间和公交站点覆盖率；此外还有儿童友好指数、老年关爱指数以及青年向往指数，这个在体现城市活力方面非常重要。长沙特有的城市健康指数，在进行综合性评价时，包括三个方面：第一个是统计数据下的健康指数；第二个是问卷数据下的健康指数；第三个是综合城市健康指数。通过将三者赋予不同的权重计算，得出城市健康指数。

南京的自检确定了体检指标定量评价和社会调查满意度定量评价两个一级指标层，两个一级指标层下保留了住房和城乡建设部要求的生态宜居、城市特色、交通便捷、生活舒适、多元包容、安全韧性、城市活力7个方面为二级指标层，并将住房和城乡建设部列出的36项指标体系调整为符合南京实际的43项指标体系，其中1项为社会满意度调查。

厦门增加5项特色指标：城市建设强度、近岸海域水质达标率、综合管廊长度、平均通勤出行时间、城市人均绿道长度。

沈阳增加供水、供电、供热、停车等指标，构建出具有沈阳特色的"36+N"城市体检指标体系。

四、城市大脑与城市综合管理

（一）城市大脑的演化

城市大脑是智慧城市演进的结果，是城市管理智能化的表现形式。人类对城市的认知经历了一个发展过程，从早期的机械主义的增长机器，到理性主义的四大功能组合体，再到系统论的城市有机体、巨系统，乃至今天整体论的城市生命体。当信息技术、数字技术不断塑造城市形态时，城市又从简单生命体升级到智慧生命体。城市大脑就是城市智慧生命体的重要构件。

2009年，《智慧的城市在中国》一书中定义"智慧城市"是能够感测、分析、整合城市运行的各项关键信息，对于包括公共安全、城市服务等在内的各种需求做出智能的响应，为人类创造更美好的城市生活。2014年，八部委发文定义智慧城市是运用物联网、云计算、大数据等新一代信息技术，促进城市规划、建设、管理和服务智慧化的新理念和新模式。快速推进的城市化迫使城市政府将智慧城市建设提上重要日程，智慧城市概念进入中国后，很快在全国各地开展广泛实践。2016年全国95%的副省级以上城市、76%的地级城市，均明确提出要建设或正在建设智慧城市，占全球智慧城市创建总数的一半以上。我国迅速成为智慧城市最大的"试验场"。

在各地如火如荼地进行智慧城市建设探索过程中，产生了新的问题和困境，如缺乏整体规划、重复建设严重；缺乏有效运营管理模式；缺乏统一规范的建设管理和绩效评价标准体系；信息基础设施建设不完善、信息孤岛信息烟囱现象严重等问题，既有体制机制问题，也有运营管理问题，还有硬件建设问题。这些问题的出现大大抵消了智慧城市应有的城市治理效能。

2016年，国家互联网信息办给智慧城市提出了新的定义，以为民服务全程全时、城市治理高效有序、数据开放共融共享、经济发展绿色开源、网络空间安全清朗为主要目标，实现国家与城市协调发展的新生态。国家"十三五"规划纲要则明确提出新型智慧城市概念，即"以基础设施智能化、公共服务便利化、社会治理精细化为重点，充分运用现代信息技术和大数据，建设一批新型示范性智慧城市"。由此，城市大脑应运而生。

(二)城市大脑的定义和功能

城市大脑是利用大数据、云计算、物联网、移动互联网以及人工智能等新一代信息技术构建形成的新型智慧城市的中枢系统。在技术架构上,通过各层间有序组合、功能协作,组织人与人、人与物、物与物之间进行社会化的沟通交互和分工协作。实现对城市政务、民生、产业等事务的自主感知、全面处理、智能分析和精准执行。最终重构人与服务、人与城市、人与社会、人与资源、人与环境、人与未来的关系。

正如20世纪60年代传播学家麦克卢汉所说,书是眼的延伸,广播是耳朵的延伸,电话是耳朵与嘴巴的延伸,电子技术是中枢神经系统的延伸。城市大脑以物联网赋感、大数据赋知、云计算赋思、价值观赋神,具备独立思考、持续发育、不断进化的能力(图1)。

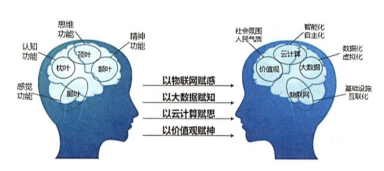

图1 城市大脑的赋能

资料来源:李圣权.城市大脑与城市管理创新.2021年。

作为以支撑城市社会治安、环境保护、交通治理、产业发展等城市精细化管理领域数字化转型的城市开放式智能运营平台,城市大脑的核心功能主要是通过对城市各领域数据资源的汇聚、治理、分析和应用,实现数据资源的互联互通,提升数据的应用价值,对城市各种空间活动进行全局的实时分析,从而起到有效调配公共资源、完善社会治理、推动城市可持续发展的目的。

通过信息互联、数据挖掘、资源整合,驱动部门协同、业务协同,把城市综合管理的主体、职能、要素、内容纳入总体框架;基于多种城市信息模型,接入实时动态信息和决策服务信息,构建城管、公安、交通、应急、生态环境等多个专题场景,对城市运行全局多维呈现,构成城市数字孪生空间,形成多场景多数据全覆盖的城市运行管理中心。在全面感知、快速传输、快速计算、精准定位的基础上，进行指挥调度、科学决策，实现一屏观天下、一网管全程、一脑治全城。

案例：杭州的"城市大脑"

城市大脑拥有强大的中枢系统和各类场景应用来直达企业、直达民生、直达基层。2018年12月，杭州城市大脑综合版发布，其中枢系统是赋能城市治理的核心系统。"一整两通三协同三直达"的中枢运行机制整合杭州市各级各部门的海量数据，实现系统互通、数据互通，促进数据协同、业务协同、政企协同，打造民生直达、惠企直达、基层治理直达的应用场景。城市大脑对体制机制协同难点的破解主要体现为其突破了传统政府组织的"数据孤岛""信息壁垒""业务障碍"等问题，为横向的各部门以及纵向的上下级不同主体之间的数据、业务等协同提供方案。杭州城市大脑发布的48个应用场景，协同了29个专班，汇聚了67个部门的数据成果。这些系统的互通打破了部门与部门之间、层级与层级之间的体制机制隔阂，让数"聚"起来、"通"起来和真正地"用"起来，推动体制机制变革，惠及民生。城市大脑让城市治理更加科学、高效、智能。在重大公共安全卫生事件中，城市大脑也发挥了积极作用。2020年年初，面对突如其来的新冠肺炎疫情，余杭区在2020年2月9日率先推出三色健康码，短短不到10天，浙江11个设区市健康码全部上线，成了疫情防控的关键"利器"。健康码上线之所以能够如此高效，是因为城市大脑的中枢系统实现了不同部门、不同区县等主体的多个系统接入，实现了信息数据共享。

第二节　城市基础设施管理

一、城市基础设施概述

（一）城市基础设施基本内涵

城市基础设施是城市生存和发展所必须具备的工程性基础设施和社会性基础设施的总称，是城市中为顺利进行各种经济活动和其他社会活动而建设的各类设备的总称。工程性基础设施一般指能源供给系统、给水排水系统、道路交通系统、通信系统、环境卫生系统以及城市防灾系统六大系统。社会性基础设施则包括政府机关、医疗、教育、商业、金融、文旅、宗教、慈善及社会福利等方面。在我国，城市基础设施一般指工程性基础设施，具有生产性、公用性和公益性、自然垄断性、成本沉淀性、承载性、超前性和系统性等特点。城市基础设施具有直接或间接为生产服务、促进城市社会化、保障城市安全、促进城市聚集、改善城市环境的功能。

（二）城市基础设施类型及其功能

城市基础设施对生产单位尤为重要，是其达到经济效益、环境效益和社会效益的必要条件之一。城市基础设施一般分为两类，分别是工程性基础设施和社会性基础设施。从系统的角度来讲，城市基础设施包含设施、产品（服务）和产业三种形态。我们通常所说的城市基础设施是指工程性的概念，又分公用事业和市政建设两部分，主要包括六大类（表2）：

城市基础设施的六大系统　　　　表2

系统名称	组成内容
城市能源动力系统	城市电力生产、供应系统，城市燃气生产和供应系统，城市供热生产、供应系统
城市水资源和供水排水系统	地下水、地表水资源，供水专用水库，饮水渠道和取水设施，制水及输配系统，配水渠道、管网、泵站，排水管网及污水处理厂设施等
城市道路交通系统	城市道路系统，交通管制系统和客货运系统
城市邮电通信系统	城市邮政系统和城市电信系统
城市生态环境系统	城市园林绿地系统和城市环卫系统
城市防灾系统	城市抗震、防震设施，城市防洪、排涝等防汛设施，城市消防设施，城市人防设施等

（1）城市能源动力系统。主要指电力生产与输送系统；人工煤气的生产及煤气、天然气、石油液化气的供应系统。能够产生和组织能源流循环。

（2）城市水资源和供水排水系统。主要指水资源的开发、利用和管理系统；自来水生产与供应系统；污水排放及处理系统；雨水排放系统。其功能可以组织水流和废物流循环。

（3）城市道路交通系统。主要指道路与停车设施系统；公共交通系统；快速交通系统；对外交通系统。建立城市整体与分支构架，组织人流、物流、车流。

(4)城市邮电通信系统。主要指邮电设施系统；电信设施系统。主要能够组织信息流。

(5)城市生态环境系统。主要指环境卫生系统；环境保护系统；园林绿化系统。组织和处理废物流循环。

(6)城市防灾系统。主要指消防系统；防洪系统；抗震及防地沉系统；人防备战系统。能够防护自然和人为灾害。

城市基础设施的六大系统通常被称为城市生命线系统，保供应、保畅通、保安全是城市管理的中心工作。

(三)城市基础设施开发建设模式

城市政府根据发展目标，需要对所确定的基础设施与直接生产部门的投资优先次序和投资比例进行战略筹划与安排。主要开发建设模式有"超前型"发展模式、"同步型"发展模式和"滞后型"发展模式三种发展模式(表3)。超前发展模式代表人物有英国经济学家P.L.罗丹，他主张在消费品工业建立以前，必须大规模地筹集大量不可分割的社会分摊资本，建立起基础设施部门。同步发展模式代表人物有经济学家纳克斯，他认为应对工业、农业、外贸、消费品生产、资本品生产、基础设施等国民经济各部门，同时按不同比例进行大规模投资，实行平衡增长战略。滞后发展模式代表人物有美国经济学家赫希曼，他主要倡导不均衡发展理论，主张在资本有限的情况下，应集中投资于直接生产部门，尽快地获得利益，增加收入，待直接生产部门发展成长并有较大的收益后，再利用一部分的资金投资于基础设施。

城市基础设施的不同发展模式比较　　　　表3

发展类型	代表国家	基本特点	经济影响	投资效果	经济效果	综合分析
超前型	英国等西欧发达国家	基础设施发展超过直接生产活动一个时期的需要	促进经济发展	较差	较好	一般
同步型	美国	基础设施与直接生产活动同步发展	与经济协调发展	较好	较好	较好
滞后型	苏联、东欧国家、中国	基础设施发展落后于直接生产活动一个时期的需要	阻碍经济发展	较好	较差	较差

二、城市基础设施的管养模式与运维机制

(一)城市基础设施的管养模式

1.管办一体化

重庆、武汉等城市多应用这种模式,由城投集团完成基础设施建设任务后,将建设项目转为企业法人资产,并负责这些资产的养护管理。城投集团获得养护管理经费后,可进行招标或委托养管。这种模式的优势在于不仅解决了城投集团基础设施资产养护管理经费问题,还增加了城投集团现金流量,有利于再融资。不利之处则是,城投集团介入基础设施资产的养护管理与其城建投融资平台的定位不符,会导致纵向管理过深,同时也不利于专业化管理。市政设施的管理者承担养护生产者和监督者双重角色。这种管、养不分的模式很难保证计划的合理性和科学性以及实施的严格性和彻底性,给养护项目带来很多弊端。

2.管办相分离

通过公开招标方式确定具有相应资质的企业实行社会化管护,形成"公开、公平、公正"的市政基础设施养护作业市场。基础设施养护的生产经营性单位与管理单位构建部分区域与业务范围良好的"管养分离"。从养护市场准入、保障、考核监督、执行、养护决策等方面不断促使市场运行机制得到完善,明确市场各方主体的义务、权益以及责任,让养护市场资源受到市场的良好配置作用,降低政府部门的干扰,彻底释放市场活力。

(二)城市基础设施的运维机制

(1)公办公营,即由政府直接投资和经营城市基础设施。这类基础设施的公益性最强,但它们涉及每个市民的切身利益,正外部效应显著。缺点在于缺乏投资竞争压力和投资破产风险机制,投资成本高、效益差、亏损较为严重;投资生产的产品和提供的服务品种单一、供给质量低,使消费者处于无选择余地的被动地位。

(2)公私合作,其是指政府以参股入股、财政补助、优惠政策等方式,与私人部门建立合作关系,联合提供城市基础设施及其服务。公私合营模式实现了政府自身职能的转变,更好地适应市场经济发展的要求;有利于增强城

市基础设施的竞争、提高效率；多元主体的参与有利于加强对政府的监督；个性化的建设运营满足城市居民不同层次的需求。缺点在于政府很难在短时间内实现角色转换；有可能造成私人部门间的恶性竞争和对政府的寻租。

（3）私人经营，即政府以公开招标、特许经营或开放竞争等方式，吸引私人部门直接投资于基础设施建设领域，由民营企业负责基础设施项目的投资、生产和运营。私营模式的优点在于重新界定了城市基础设施的边界范围，将一些具有私人物品性质的产品以市场化的方式运营，丰富了城市基础设施的运营方式，市场机制的引入有利于促进竞争、提高效率。缺点在于政府的退出有可能造成城市基础设施供给不足或供给中的"撇奶油"现象；可能出现政府为缓解财政压力而采取的"甩包袱"行为。

随着城市发展和政府职能的转变，城市基础设施市场化改革趋势明显。进入21世纪以来，中国开始实施基础设施民营化改革。目前，在城市公交、供水、供气、供热、公交、垃圾处理、污水处理等行业，一些城市已经开始实施特许经营权拍卖，并对国有存量资产进行整体或部分转让，民营企业投资的比重增加很快。根据城市基础设施部门和单位在公益性方面同市场化程度的区别，实行不同类别的经营管理模式。同时，根据城市基础设施经营管理模式的不同，实行不同的定价制度（表4）。

城市基础设施运营模式比较 表4

运营单位类型	实例部门	定价制度	经营管理模式
完全靠市场补偿实现投入产出循环的部门单位	集体所有制、个体所有、私营所有	由市场竞争形成，受物价部门监督	企业化经营管理
完全靠财政补偿实现投入产出循环的部门单位	路灯养护部门	由上级部门确定，经物价部门批准	事业单位管理
主要靠财政、次要靠市场补偿的部门单位	公园、消防站、广播电视等	由上级主管部门参考市场行情确定，经物价部门批准	差额拨款的事业单位管理
主要靠市场、次要靠财政的部门单位	供电、电信、公共交通等	主要在竞争中形成，受物价部门指导	基本实行企业化经营管理，财政给予适当补贴

三、城市基础设施的应急管理

(一) 各类基础设施的应急管理

1. 城市供水排水应急管理

供水是城市生命系统维持的基本保障,供水安全须臾不可出现闪失。为应对不测事件的冲击,需要建立由工程措施与非工程措施两部分组成的应急供水系统。供水突发事件发生后,要优先保证居民生活用水。应急处置原则是"先生活、后生产,先节水、后调水,先地表水、后地下水"。应急预案要按照城市供水突发事件的严重性和紧急程度进行分类分级响应。在应急处置中,要优先保证居民生活用水,对洗车、绿化、娱乐、洗浴等行业用水进行严格限制,对单位用水实行总量控制,减少用水量。

城市的排水系统是一个城市的血脉和经络,事关城市安全,特别是人民生命健康财产安全。它的运行状况代表着一个城市经济发展水平和城市运行管理水平,也决定着居民的生活品质和居住质量,直接影响居民的幸福感、获得感、安全感。城市排水管理,首先需要制定排水应急管理的地方性法规,建立完善的设施系统、运行机制和管理标准体系,建立城市排水基础设施突发事件预警机制和应急联动机制。其次要深化信息化的应急管理,建立城市排水基础设施管理数据库、各类应急预案的信息化开发。

2. 城市道路交通应急管理

城市道路交通应急管理系统是由城市道路交通应急预案、应急管理体制、应急管理机制及应急管理法制组成的一个复杂系统。我国的城市道路交通应急管理体制形成以公安机关交通管理部门为主导,其他相关部门协助的一种管理体制。城市道路交通应急管理机制涵盖应急管理的预防与应急准备、监测与预警、应急处置与救援、善后恢复与重建各个阶段。当前,我国有关城市道路交通应急管理的立法主要集中在交通管制等应急处理措施上,并未形成覆盖城市道路交通应急管理全方位、全过程的完整法律规范体系。

3. 城市防灾应急管理

在城市规划中,为抵御地震、洪水、风灾等自然灾害,保护城市安全、民众生命财产而采取预防措施的规划通称城市防灾应急系统。城市防灾应急体系所包含的防灾内容会随着城市外部自然环境和社会内涵而有所不同。但一般而言，城市防灾应急体系应对的重大突发公共事件包括自然灾害、事故灾害、公共卫生事件以及社会安全事件。推动城市防灾应急管理向综合管理模式转变，在未来发展中，应继续加强防灾减灾综合法律法规体系建设，提高并完善减灾应急法制科学性、权威性与可行性，综合性系统性的城市防灾应急体系必须建立在信息化之上。

4. 城市能源应急管理

我国各地电、气、热各能源板块的管理和发展均自成体系。城市综合能源安全方面的保障，要求各能源板块的协同性。建设相应应急指挥体系与协同机制，编制能源应急管理预案，实现政府部门之间、部门与企业之间应急预案衔接，建立科学的能源应急管理体制。在危急关头，能够真正实现能源应急"看得见、听得到、调得动"，以提高应用大数据进行及时评估的能力。

5. 城市通信应急管理

我国应急通信行业起步较晚，从2018年成立应急管理部开始得到不断地发展。2020年新冠肺炎疫情暴发，在云计算、大数据、5G技术发展下，应急通信呈现新的形式，我国应急通信发展进入新阶段。国家安全监管总局关于印发的《安全生产应急管理"十三五"规划》中，明确要求到2020年要强化应急通信保障能力。应急管理部使用指挥信息网、卫星通信网和无线通信网、国家电子政务外网、国家电子政务内网和互联网，组成天地一体的应急通信网络，为应急救援指挥提供统一高效的通信保障。

6. 城市公共卫生应急管理

城市环境卫生应急管理最重要的一项是公共卫生应急管理。公共卫生及其应急管理体系是健康城市系统体系的重要板块，是实现韧性健康城市的重要抓手。《"健康中国2030"规划纲要》在两个章节中提出了针对公共卫生应急管理的规划，要求完善突发事件卫生应急体系，建设集中统一、智慧高效的公共卫生应急指挥体系，健全应急预案，构建统一领导、权责匹配、权威高效的公共卫生大应急管理格局。

（二）基于智慧城市构建现代化城市安全系统

以智慧城市建设为抓手，以统一阐述各专业信息的数据定义和标准为前提，应用大数据、物联网、云计算等新一代信息技术，实时汇集城市各种时空数据，不断完善"城市大脑"架构，提高应急管理的科技赋能。进一步整合城市基础、政务服务、交通运输等动态数据，嵌入城市地理信息模型，打造充分感知、互联互通、融合共享、业务协同、按需服务的智慧化服务环境，提高政府决策科学化、合理化、民主化水平。强化大数据挖掘分析和评估使用，健全公共安全事件风险预警、预报机制，真正做到早发现、早报告、早处置。

建立健全风险防范化解机制，强化风险评估和监测预警，构建城市安全人防、物防、技防网络，真正把问题解决在萌芽之时、成灾之前。利用"大数据驱动"和"物联网感知"，构建全要素风险评估机制和全域覆盖的风险感知体系以及全时监测的风险预警机制。推进应急管理体系和能力现代化，坚持以理念创新引领技术创新，以技术创新倒逼制度创新。智慧安全城市建设应该坚持边建设、边应用、边实战的理念，致力于实现城市安全管理模式从被动反应向主动保障、从事后处理到事前预防、从静态孤立监管向动态连续防控转变。依托城市安全监测运行中心，为城市提供安全预警监测服务，建立城市安全应急联动机制，推进应急管理体系和能力现代化，为城市安全发展提供坚实的安全保障。

四、城市基础设施管理信息化

城市基础设施管理信息化是一个全寿命周期的管理，包括城市基础设施现状查询、城市基础设施现状评价、城市基础设施需求分析、城市基础设施运营管理、城市基础设施维护管理、城市基础设施规划管理、城市基础设施设计管理、城市基础设施施工管理、城市基础设施投融资管理、城市基础设施信息服务。城市信息化基础设施是城市管理现代化的重要内涵。城市信息化基础设施建设是一项复杂的系统工程，根据我国的国情和城市实际情况，在城市基础设施信息化管理建设要坚持政府引导、统筹规划；统一标准、规范建设；多种主体、有序竞争；互联互通、资源共享。

综合管理信息平台建设的总体目标：实现城市地下基础设施信息的采集、更新、利用、共享，满足设施规划建设、运行服务、应急防灾等工作需要。构建可表达城市地下基础设施地理信息等三维空间全要素综合数据的底图，将综合管理信息平台与城市信息模型（CIM）基础平台深度融合，扩展完善实时监控、模拟仿真、事故预警等功能，实现基于数字孪生的监测预警等典型场景应用，为城市规划、建设、管理以及应急处置提供服务，支撑一网统管及新型智慧城市建设。

案例：杭州市的市政设施智慧化管理

杭州市为破解市政设施管理的难题和杂症，运用信息化手段，对市政设施进行精细化管理。杭州市下城区市政道路监测系统以及滨江区、西湖区桥梁监测系统，利用信息化管理基础设施提高了城市基础设施管理的精细化水平。

以往以人为主的网格化检查手段，往往会受到气候、人为等各种主客观因素，导致道路病害问题发现晚、难发现和处置效果难评估等情况。下城区"道路智慧监测系统"通过传感器采集道路颠簸信息，借助"区块链"优势，实现对道路病害问题发现的"全、准、快"。通过给道路不同的颠簸情况打分，将采集到的数据转化为道路上密密麻麻的点，"红、黄、绿"不同的颜色就是给道路颁发的"健康码"，构建城市道路健康生态检测系统，通过算法和大数据实现路面高精度健康状态实时监测，进一步加大市政设施精细化、智能化管理力度。通过移动终端来采集现场图像信息，通过系统算法精确统一了病害的评判标准，既实现对道路病害从定点、定性到可视化的提升，也彻底避免了原有的安全隐患。

在环境、汽车荷载等因素下可能会导致桥墩倾斜、主梁弯梁翻转倾覆以及异形块异常变形等不利情况，但依靠日常人力巡查难以及时发现问题、避免事故。滨江区针对区管桥梁养护信息化工作中的盲区，以及我区彩虹立交桥等桥梁的结构特点，采用先进传感技术，构建桥梁实时监测系统。江虹桥实时监测系统已基本完工。该项目通过模型计算出最优测量点位，安装24支表面应变计、10支静力水准、6支索力仪等设备，采集结构应变、位移、索力等信息数据指标通过网络传输数据至办公电脑，最后采用BIM模型实现数据的可视化。通过该系统，实现了结构位移、吊杆索力、裂缝宽度、结构应力等数据的实时监测，能够起到安全预警、档案管理等作用。

西湖区积极探索人船结合、交叉排查的桥梁检测模式，做好桥梁全方位检测，确保设施安全运行。无人船具有安全、高效、操作简单等优点，解决了人员桥检无法涉及的盲区，同时为全方位桥检提供了新的技术支持，有效保障了桥检工作顺利开展。

第三节 城市环境治理

一、城市环境问题

城市作为人类社会政治、经济、文化、科学教育的中心,其人口高度聚集、经济活动频繁密集。目前,全球超过50%的人口居住在城市地区,因而城市面临着巨大的资源和环境的压力。城市经济的迅速发展、人口的急剧膨胀、资源的巨大消耗严重破坏了城市固有的自然生态系统。大部分城市地表被建筑物、混凝土路面所覆盖,各类交通工具、工厂释放出大量废气、排放大量的污水等,完全改变了城市原有生态系统的液态、气态及固态循环,由此引发了各种各样的环境问题。

城市作为一种特殊的人类活动区域,在显示其对于经济发展、社会进步的巨大推动作用的同时,也不断暴露出一系列由其引发的环境问题。因此,我们非常有必要把城市环境管理作为一个专门的问题进行研究探讨。

(一)城市环境及其主要特征

城市是人类利用和改造环境而创造出来的高度人工化的地域,是人类经济活动集中、非农业人口大量聚居的人工环境,是一种以人类占绝对优势的新型生态系统。城市环境是经过人类充分改造过的人工环境系统,它不仅包括被改造的自然生态系统,还包括经济、社会系统和地球物理系统,这些子系统相互联系、相互制约,共同组成庞大的城市环境社会系统,它主要具有如下几个特征:

(1)人是城市环境系统的主体。在城市环境系统中,人既是这个生命系统的主体,同时也是社会经济系统的核心,城市的自然环境都不同程度地受到人工环境因素和人的活动影响。

(2)城市环境系统中的自然生态系统是高度人工化的、不独立和不完整的生态系统。由于在城市环境系统中消费者生物量大大超过初级生产者生物量,生物量结构呈现倒金字塔形,因而需要大量的能量和物质从其他生态系统(农业生态系统等）人为地进行输入。同时系统内产生的废物也需要不断地输送到系统以外或依靠人为的技术手段处理，系统本身的调节能力较为薄弱。

（3）城市环境系统改变了原有自然环境系统的结构和功能。城市环境系统是人工的环境系统，人是这个系统的核心和决定因素。在这个系统中，人作为消费者占有绝对的优势。同原有的自然环境系统相比，在物质形态结构方面，人工的建筑物、道路和物质的输送、能量的输入都是人为形成的；在营养结构方面，它的食物链简化、营养级结构倒置；从物质、能量、信息流方面，人类的社会经济活动起着决定性作用。

（二）城市的主要环境问题及其产生的原因

虽然引起城市环境问题的因素很多，但最主要的原因还是超城市化和超工业化的进程。随着人类社会文明和经济的发展，城市化也随之发展。在许多国家，大批劳动力盲目从农村涌入城市，导致大城市人口急剧增加，超过城市设施、区域资源和环境的负荷能力，从而带来交通拥堵、环境污染、资源困乏等一系列生态环境问题。在我国，城市大气、水体、固体废物、噪声等方面的污染都较为严重，城市环境保护工作还面临着巨大的压力和挑战。

1. 城市大气环境污染问题

在我国，大气污染中颗粒污染物的来源除燃烧和风沙外，还有工业粉尘。这些颗粒物含有大量有毒物质，例如有毒金属和有机物，特别是有机致癌物。大气颗粒物是主要的大气污染物之一，在人口特别集中的城区，二氧化硫的污染也比较严重，我国二氧化硫污染最严重的是烧高硫煤，而大气扩散能力差的城市，例如西南的重庆和贵阳。我国北方城市冬季燃煤量增多，因而在这样的季节大气中的二氧化硫的污染也处于较高的水平。同时，氮氧化物的污染主要发生在交通干道沿线，特别是在交通路口，由于受机动车辆排气影响，氮氧化物的浓度较高。酸雨主要发生在西南、华南地区。降雨的年平均pH在4.5以下。

2. 城市水环境问题

城市的水环境问题主要体现在以下几个方面：①供水能力低，供需矛盾突出。我国有180多个城市缺水，严重缺水的城市达40多个；②在我国还存在着较为严重的水土资源组合不匹配的问题，北方地区已出现用水危机。一些城市工业区的地下水资源已面临枯竭的威胁；③较多城市是一方面水源不足，缺水告急,另一方面用水定额逐年提高,用水效率低,水量严重浪费等问题难以得到解决;④水污染日趋严重,这不仅人为加剧了用水危机,还直接威胁到人民的健康安危。

3. 城市固体废物问题

城市的固体废物主要是工业固废和生活垃圾。随着人口增长和经济发展,工业固废和生活垃圾还将日益增多,这些固体废弃物的堆放、处理不仅占用大量的城市和农村用地,加剧了已经非常紧张的人口和居住、绿地、城市空间的矛盾,同时也会给地下水、地表水、大气等带来严重的二次污染。

4. 城市噪声污染问题

城市噪声是城市环境污染的一个重要因素。在各类环境污染投诉中,城市噪声污染投诉所占的比例最高,并有逐年增加的趋势。城市噪声的主要来源是城市交通、工业生产以及建筑工地的施工等方面。2005年,全国351个市(县)中,城市区域声环境质量好的城市有11个(占3.1%)、213个城市区域声环境质量为较好(占60.7%)、118个城市为轻度污染(占33.6%)、6个城市属于中度污染(占1.7%)、3个城市为重度污染(占0.9%)。重点城市道路交通噪声基本处于轻度污染范围。

城市环境质量的不良变化,给城市经济发展和居民健康带来了很大危害。据上海等7个城市的统计,每年因水污染而造成的经济损失达27亿元,估计全国每年因污染造成的经济损失达数百亿元。一些城市的地方病、多发病、常见病的发病率明显增加,癌症的发病率及死亡率也明显高于农村,表明城市居民的健康已受到了较大损害。

二、城市环境管理体制及运行机制

(一)城市环境管理的主要内容

城市是一个自然–人工复合系统,与区域环境系统不同的是,城市环境是高度人工化的系统。由于人口密集、建筑物高度集中,各类人造物集聚,经济社会活动频繁,对自然环境产生深刻影响。城市环境管理内容主要包括市容环境、生活环境和城市生态环境三个部分。

1. 市容环境管理

市容环境管理包括市容管理和环境卫生管理。市容即城市容貌和秩序,由各类设施、建筑物、绿化、景观等构成的城市公共空间结构。根据《城市市容和环境卫生管理条例》，城市街道的临街建筑物的阳台和窗外物件放置，户外广告、标语牌、画廊、橱窗、店招店牌等设置，市政公用设施与周围环境的协调，主要街道两侧的建筑物前，临街树木、绿篱、花坛（池）、草坪等，在市区运行的交通运输工具外形及运输过程物料密封，施工工地内外，户外宣传品，各类景观小品、城市家具、公共空间的亭杆线箱等，均属于市容环境管理的对象。市容管理的基本要求是：整洁、有序、安全、协调。环境卫生管理包括公共空间的环境卫生和居民小区、社会单位内部的环境卫生。公共空间环境卫生管理主要是道路保洁、公厕养护以及相关环卫设施的维护。居民小区、社会单位内部的环境卫生纳入生活环境管理再作阐述。

2. 生活环境管理

生活环境管理属于产权主体内部的事物，政府主管部门通常不会干预。居民小区内部的环境管理主要是保洁和垃圾分类投放，再加上特殊垃圾的分类收集堆放，包括建筑垃圾、装修垃圾、园林垃圾、大件垃圾、电子废弃物等。根据《物业管理条例》和房地产管理相关法规，由社区和物业公司（或业主委员会自我管理）承担相关管理工作。社会单位产生的垃圾量很少，主要工作是做好保洁管理和生活垃圾分类投放和集置。

3. 城市生态环境管理

城市生态环境管理主要任务是城市水环境治理、大气治理、生活固废处理以及噪声管理。重点是治水和治废。

城市水环境污染问题产生的根源很复杂，尽管水域面积不大，但是点源多、涉及的主体多，且与生产生活密切相关，治理难度大。既需要相关法律支撑和技术应用，也需要多部门协同，更需要社会力量的共同参与。

城市大气环境治理主要是控制好几种主要的大气污染物排放，管理手段有监管用能产废企业达标排放、优化能源结构、提高机动车尾气排放标准，另外，马路、工地扬尘、居民油烟也是监管的重要领域。

生活固废处理是垃圾治理的末端环境，属于环境卫生管理的延伸部分。将在本章第三节详述。

案例：杭州市拱墅区街域治理：城市眼·云共治

"城市眼·云共治"是以城市海量视频资源为基础，通过人工智能识别、云计算、大数据的深度应用，同时与社区、商家、物业、业委会等多方街域自治结合，形成"摄像头发现问题+人工智能识别问题+基层共治解决问题"的城市治理架构，实现"智慧"+"共治"的城市治理精细化新模式。全区1990个监控，24小时运行，实现31条主要道路全覆盖，38个重点管控区域、70%的街域序化问题自动捕捉。2020年以来城管领域事件处置率和共治率均达95%以上。

一是运用先进的AI行为识别技术，与基层传统的社区、商家、物业、业委会、城管科、行政执法、市场监管、派出所等多方街域自治相结合，当城市眼发现城市管理问题后，第一时间推送至网格员以及问题相关责任人，首先由问题相关责任人自行整改，并由社区负责监督，最后对于在规定时间内未能进行整改的情况，由相关执法部门进行执法保障，通过"基层共治"模式，可对垃圾堆积、机动车违停、沿街晾晒、违规宣传物、游商摊贩、出店经营、共享单车集聚、人员异常聚集、犬类识别、河道漂浮物等十一大类行为事件进行有效管理，实现城市管理精细化的模式。

二是结合综治"雪亮工程"，对接入点位进行进一步优化，充分利用现有监控，逐步缩小事件高发区域范围，提升辖区内街域序化水平。

三是扩展城市大脑基层共治核心支撑平台的应用场景，延伸覆盖范围；目前已逐步接入保健品会销监管、敏感场所安全监管、电梯安全监管、阳光厨房、护校安园、既有房屋安全监管等场景，逐步由城市管理向社会治理延伸。

（二）我国城市环境管理系统及运行机制

城市环境管理是一项多因素相互联系、相互作用的系统工程，城市环境管理系统的运行有赖于咨询系统、决策系统、执行系统以及监督系统等各子系统的有效互动和衔接。政府在城市环境管理中居于不可取代的核心位置，城市环境管理体系要通过构筑四大平台来实现，即构筑政府与企业环境信息沟通平台、公众和政府对企业环境行为监督平台、政府与企业环境管理链接平台、政府各行政部门为社会环境服务的平台。

城市环境管理运行机制的建立是城市可持续发展的长效环境管理的保障。运行机制的建立要从城市运行系统的要素、目标和机理的角度，对于城市环境管理的特征、所处阶段以及发展方向进行科学判断，针对具体对象，调动组织人员，完成一定的管理职能。

构建最优的城市环境管理系统要确定环境管理的人（管理主体）、物（管理客体）、事（管理任务）等关键要素，进而理清与这些关键要素密切相连的责、权、利，人、事、物的有效契合与责、权、利的科学界定是城市环境管理运行机制的核心。城市环境管理的运行系统包括三个核心子系统：对城市环境作业进行管理的专业管理子系统、对城市环境管理的综合信息收集和发布的监督检查子系统、对于城市环境管理资源给予综合规划和调配的综合协调子系统，各个子系统的有效运行和衔接是城市环境管理运行机制构建的主要内容。

专业管理子系统是以城市环境涉及的具体专业为核心进行的单项管理，管理范围既包括城市的所有区域（如街道），也包括所有的机构（如驻北京市的中央国家机关），是在横向上的专项管理。以垃圾清扫为例，负责垃圾清扫管理的政府部门负责对所有街道和单位的垃圾清扫状况进行监督管理，其管理对象也包括对这些区域的垃圾清扫负责的所有主体（企业或政府）。

环境监督检查子系统是一个综合的信息汇集和评估平台。通过对信息的综合处理和分析，此系统将为城市环境管理提供某个专业管理在所有行政区域（或某个机构）的管理态势分析，形成专业的环境管理信息，即城市环境管理的横向分析；同时环境监督检查子系统还提供某一行政区域中（或某个机构）各种专业管理的态势分析，形成区域或部门的环境管理信息，即城市环境管理纵向分析。

环境综合协调子系统主要是根据监督检查系统的综合信息，对于城市环境状况给予科学判断。在此基础上调动城市环境管理的资源，促进城市环境管理资源最优组合和最大效率。环境综合协调子系统要通过横向的专业城市环境管理信息和纵向的区域、部门环境管理信息，分析当前城市环境管理的现状和关键要素特点，发挥宏观规划、财力支撑、组织协调、动员参与的作用，重点强化管理的计划、控制职能。

需要强调的是，在城市环境管理体系中公众的力量不可忽视。当前我国的城市环境管理体系中的公众参与渠道正在不断健全，公众自下而上地参与和政府自上而下的管理形成合力，有利于城市环境管理成效的显现和管理体系的完善。强调公众参与城市管理，意味着不是简单地把公众看作城市管理的对象，而是应该看作城市管理的积极行动者；不是把公众当作被动的接收教育者，而是向他们提供参与城市管理的各种机会；不是只让公众了解决策的结果，而是应该让他们参与城市管理决策、实施、监督的全过程，从而提高了政府的环境管理能力。

三、生活垃圾治理与邻避运动

（一）垃圾治理的概念

城市环境卫生管理中一项重要的内容就是生活垃圾管理和建筑废弃物管理，通常简称垃圾管理。城市环境卫生行政主管部门负责上述两类固废的管理工作。这项工作既涉及前端的居民生活环境问题，又涉及中端的市容环境问题，还涉及末端的生态环境问题，同时还是一个从微观到宏观、从分散到集中、从局部到整体的连续过程。生活垃圾与居民生活习惯和个体行为有关，在治理理念和管理方式上需要多一些自治；建筑垃圾与建设活动和房地产开发行为有关，具有显著的逐利性，在治理理念和管理手段上过多地需要借助法治手段和信息化手段。由此，垃圾治理概念应运而生。

垃圾治理是在政府引导下，政府与社会共同处理垃圾事物的所有方式方法与行动的总和。垃圾具有物质性、污染性和社会性，垃圾治理不仅要妥善处理已经产生的垃圾，也要有效控制垃圾产量；不仅要回收利用垃圾的资源，也要妥善管控垃圾的污染；不仅要考虑垃圾处理者的利益，也要考虑垃圾产生者的利益和社会公益。垃圾是人类生产生活的副产物，垃圾治理既要妥善治理垃圾，同时也要为生产生活服务，保障生产生活和生态安全有序。可见，垃圾治理不仅是一项经济活动，也是一项社会活动，需要政府、社会（包括垃圾产生者、垃圾处理者、社会组织、媒体等）、市场之间良性互动，是一种全程、综合、多元的治理。

（二）生活垃圾处理行业发展趋势

我国生活垃圾处理行业发展可以总结为以下三种趋势：

（1）分类科学化。针对我国生活垃圾处理，不同地区不同规模的城市其最合适的处理路线也不同,对于大城市而言,其经济比较发达,可回收生活垃圾数量较多,并且土地资源一度紧张,所以生活垃圾的最佳处理方式之一就是焚烧,焚烧处理之前要保证对可回收物回收、对厨余垃圾分类后回收;而对于小城市而言,有着不一样的情况,首先小城市的经济基础不如大城市,生活垃圾整体产生的热值会低于大城市,所以处理生活垃圾最合适的方法不是焚烧,而应走填埋路线。垃圾科学分类回收是对传统垃圾收集处置方式的一次重大技术革新,是强调科学管理对垃圾变废为宝进行有效处置的一种科学方法。通过利用垃圾科学分类管理手段,从根本上推行垃圾分类增加回收处置量,改善生态环境质量。

(2)处理技术专业化。对于重金属以及有害物质的固体废物可以使用高温熔融处理技术,该项技术具有再生资源的优势,是一种无害化的处理技术,其优点就是将对环境的负面影响降至最低。就目前高温熔融处理技术应用的情况来看,这项技术在使用过程中,还有很多地方不够完善,处理固体废物的过程会需要大量的能源,这样会增加很高的成本,不符合现在可持续发展的要求,而且这项技术实际操作起来较为复杂,还需要相关技术人员突破现有的技术障碍进行深入地研发。因此,有必要加大生产工艺和技术的优化力度,采用科学合理的方法,实现资源优化配置,降低固体废物的产量。在固体废物处理上也要结合实际情况制定合理的处理方案,提升废物循环利用效率,减少排放量。另外,引进国外先进的生产技术,结合企业发展条件,提升现今技术的应用效率。与此同时,政府还应该加大整改力度,制定合理的防治措施,提升资源利用和转化效率,减少资源和能源方面的损耗,在保证生产质量和效率的基础上,有效降低环境污染。

(3)多元共治。公众是城市固体废物管理的重要参与主体,作为最广泛、最有力的一股社会力量发挥着巨大的作用。通过将环保教育贯穿于幼儿园、学校、家庭及公民教育的全过程,不同年龄段的公民可从多渠道、多层次受到良好的环境教育;通过网站、宣传册、环保培训活动等形式提高公众环保意识,从而构建系统的教育和宣传体系,让公众积极主动地参与城市固体废物管理,形成以公民参与为中心的治理机制。

(三)垃圾治理体系

垃圾治理体系包含共治体系、产业体系和法制体系三个子体系。

1. 共治体系

共治体系规定垃圾治理的主体架构、主体之间的分工协作及其纵横关系和垃圾治理的运行路线，是推行、施行垃圾治理并做到垃圾治理有序和谐运行的基础与保障。垃圾治理的主体众多，可以讲，政府、企业和每个人都是治理主体：每个人都是生活垃圾产生者；每个企业都是相关垃圾的产生者，企业还可能是垃圾处理者；政府则是建章立制、规范监督和保障供给的主体，在维持垃圾治理和生产生活生态秩序方面起到不可替代的作用。对这样一种多元治理，必须明确主体在垃圾治理架构上的地位、职责和动作要求，实现自治、法治、德治三治融合。

2. 产业体系

垃圾治理产业体系应围绕垃圾处理作业体系，统筹各类垃圾、充分利用，包括工业产能在内的各类垃圾处理设施的能力，完善资源配置机制与供求机制，协调推动源头减量、收集、储存、运输、物质回收利用和焚烧填埋处置，提高垃圾处理的经济、环境、社会综合效益。

3. 法制体系

我国形成了宪法、基本法、综合法和专项法相辅相成的垃圾治理法制体系。宪法是根本大法，基本法统率综合法和专项法。垃圾治理的基本法是环保法（足见生态环境保护在垃圾治理中的地位），综合法是固废法、清洁生产促进法、循环经济促进法、城市规划法等，专项法包括环境影响评价法、水污染防治法、大气污染防治法、噪声污染防治法等。

除法律外，垃圾治理法制体系还包括行政法规、部门规章、地方性法规和地方政府规章、技术标准和规范、规划。

（四）邻避运动

"邻避"一词源于国外，英文指"Not in my back yard"，直译为"不要建在我家后院"。顾名思义，社会公众希望垃圾焚烧厂不要建在自己家附近。在全国垃圾焚烧项目的建设过程中，"邻避效应"一词也因此被广泛应用，如2006年北京六里屯反对建设焚烧厂事件，2010年贵阳乌当、秦皇岛反对建设焚烧厂事件，2014年5月的余杭中泰垃圾焚烧厂事件……"邻避"问题的产生根源有如下几点。

1. 公众环保意识增强

生活垃圾焚烧后会产生二噁英和飞灰，这是公众反对建设生活垃圾焚烧厂的主要原因之一。我国社会主要矛盾发生变化，公众环保意识越来越强，对良好生态环境的优先考虑和强烈需求，增强了公众环保维权的意识。

2. 信息公开不够及时透明

谣言起源于信息公开不够及时、透明，导致公众容易被舆论、谣言所引导，造成政府信誉度降低和公众恐慌等情况，并容易引发公众怀疑和对抗。部分项目信息公开机制不健全，没有建立媒体公开制度，没有通过特定的方式将有关信息向社会和公众通报，亦没有及时回应公众关心的问题，造成谣言的产生和公众的恐慌。

3. 公众参与度不高

仅组织少数周边代表到外地优秀项目参观，大部分受影响的周边公众未能参与到考察活动中，在公开设施建设规划计划、环评、稳评文件和征地补偿方案的过程中，部分项目没有畅通的公众参与渠道，没有积极征求社会意见建议，充分尊重社会公众的参与权、知情权和表达权。

4. 公众科普程度不高

部分公众缺乏基础科学知识，科普受众范围小，内容丰富程度、频次和公众积极性都有待提高，对"邻避"设施容易被谣言蒙蔽和欺骗，容易导致公众陷入负面情绪，引发公众怀疑和对抗。

5. 生态补偿与环境健康代价不对称

部分项目的生态补偿机制不够透明公正，没有因地制宜地制定公益性生态补偿制度和办法，没有解决民生诉求，切实惠及公众，公众没有从生态补偿机制中感受到"邻避"设施建设运营的实际好处。

6. 设施公开程度不够高

环保展示是有效的宣传环保和普及焚烧知识的手段之一，旨在让公众理解、支持和参与垃圾焚烧。以广东省生态环境厅公布数据为例，广东省共有19家生活垃圾焚烧处理设施向公众开放，与全省现有生活垃圾焚烧设施数量相比，其公开程度远远不够，开放设施数量较少。而且，大多数人不知道其开放预约报名渠道，宣传力度不够。

治理邻避问题，目前主要的方式有在规划选址上公开征求意见、生态补偿、运营企业对垃圾焚烧的环境数据公开透明、公众参与监督等。

案例：杭州市江干区：垃圾分类——桶长制+清道夫

为了提高垃圾分类准确率和投放正确率，江干区实施垃圾分类"桶长制"。全区通过委任各级桶长，明确责任范围、工作职责，把垃圾分类责任落实到每栋楼宇、每个单位、每户居民，实现责任到户、责任到人。生活垃圾"两只桶"，即大桶和小桶，前者是小区的四色桶，后者是居民家里的双色桶。构建以责任落实为核心，由区域桶长（分管副区长）、街域桶长（街道主要负责人）、单位桶长（单位主要负责人）、社区桶长（社区主要负责人）、大桶长（小区物业公司负责人）、小桶长（居民户主）组成的桶长队伍。建立桶长例会、信息共享、工作督查等工作制度，协同解决垃圾分类的重难点问题，定期通报"两只桶"责任落实情况，督查"桶长制"实施情况和桶长履职情况，开展达标社区和示范社区的季度评比，并将实施情况、落实情况纳入垃圾分类年度考核体系。

江干区以"固定网点＋流动回收＋智能回收"的运行布局方式，逐步将回收网点打造成为居民家门口的回收站，将资源回收融入江干居民的日常生活，解决了资源回收率低、回收行业管理无序等问题，实现了再生资源回收服务全覆盖。

通过深度融合宣传教育、便民服务等开展兼合式运营，回收网点开始成为居民、一线工作人员的休憩点，成为垃圾分类的宣传展示基地。

清道夫回收体系的建成，其实是江干区对垃圾分类"桶长制"内涵的延伸扩充。清道夫将党建的力量延伸到回收网点，通过设立江干清道夫集团党总支，根据街道分布，在党总支下设8个支部，让回收网点成为众多"桶长"的战斗阵地，让清道夫的"点长"也承担起"桶长"责任，让回收网点与"桶长制"深度融合。

四、城市环境管理的基本途径和方法

（一）构建城市环境协同共治机制

1.规划引领下优化顶层设计

首先，政府相关部门要加强生态文明建设的施政理念，推进可持续城市的环境治理体制机制创新。其次，做好城市环境治理的总体规划，确定好生态环境建设和经济发展的总目标、路线图和时间表，从环境质量检测、生态环境污染防治、企业生态监督、公众环保活动参与等方面对城市环境建设目标进行细化。再次，完善环境治理的法律法规，对城市建设规划涉及生态环境的相关计划作出细致的制定，明确环境保护的任务以及监管措施和惩罚办法。最后，强化监管和追责。特别要抓牢群众反应强烈的环境问题，一刻也不能放松，利用政策的权威性和群众监督的普遍性，对城市环境治理工作提供强力的支持。

2. 行政资源优化之下部门协同

城市各级人民政府是城市环境保护和环境管理的责任主体。根据中国环境保护目标责任制，城市各级人民政府对本辖区的环境质量负责，以签订责任书的形式，具体规定市长、县长在任期内的环境目标和任务，将环境保护作为一项重要的指标纳入到领导干部政绩考核体系中。环保部门作为城市生态环境保护监管的职能机构，要充分发挥其监督、检查、规划和协调的职能，根据国家有关环境保护的法律、法规、标准和规章制度，结合本地实际，采取行政、法律、经济、技术、教育等多种管理手段，组织和加强对城市的环境综合管理。

按照一岗双责、党政同责的要求，强化政府各部门和属地政府的环保责任。城管、水务、经信、商务等部门做好各自行业领域的环境治理工作。建立相关的生态环境治理协调机制，对各部门之间的工作进行协调和管理，发挥各部门的专业优势，整合政策资源，合力推进环境治理。特别是治水、治废、治气。

3. 共治局面促进社会参与

要主动寻求社会力量的支持，包括企业、环保组织、广大公民等，将对全社会构建环保意识起到重要作用。政府工作中吸纳更多的其他力量，也有利于发现平时无法发现的问题，看到平时无法发觉的死角，要加强对于企业的相关知识的培养，构建环保信用体系，以政策和信用体系更好地督促各种企业养成新兴的环保治理意识，要求其做到责任环保承担，环保工作透明，接受公众政府监督。

4. 加强环保宣传教育

唤起公民环保意识最有效的方法就是媒体宣传，媒体的覆盖面以及影响力对于政府提升公民整体环保意识和素质具有不可替代的重要作用，通过全时段、全方位的环保宣传，不仅能够加强公民的环保意识，更能保障公民的合法监督权和知情权。

（二）城市环境管理的主要手段方法

1. 制定城市环境管理规划

制定城市环境规划是城市环境管理最主要的工作之一，它是城市国民经济和社会发展总体规划的重要组成部分，同时也是城市环境管理工作的总体安排和工作依据。城市环境管理规划主要包括以下几方面的内容：

（1）制定城市环境保护和可持续发展的目标。根据城市生态环境的特点、社会经济发展的需求以及城市面临的主要生态环境问题，提出城市环境保护工作的规划目标（包括总体目标和分期目标）。

（2）城市环境现状调查、评价及预测。对城市的社会、经济和环境现状进行调查和评价，指出其存在的主要生态环境问题，并分析提出实现规划目标的有利条件和不利因素。此外，对于城市的生态环境随社会、经济发展而变化的情况进行预测，并对结果进行详细分析，提出未来一段时间内环境质量变化、污染物排放量变化等科学预测，以供规划参考。

（3）城市环境功能区划分。根据城市的土地、水域、生态环境的基本状况和目前使用功能、可能具有的功能，考虑未来社会经济发展、产业结构调整和生态环境保护对不同区域的功能要求，结合城镇的总体规划和其他专项规划，划分不同类型的功能区（如工业区、商贸区、文教区等），并提出相应的保护要求。

（4）制定环境规划方案。主要包括水环境、大气环境、声环境及固体废物等的综合整治管理规划。

（5）制定规划方案实施的各项政策保障和管理措施。

2. 标准指标管理和总量控制

（1）污染物浓度指标管理

污染物浓度指标管理是指控制污染源污染物的排放浓度，其控制指标一般分三类：综合指标、类型指标和单项指标。综合指标一般包括污染物的产生量、产生频率等。类型指标一般分为化学污染指标、生态污染指标和物理污染指标三种。单项指标一般有多种，任何一种物质如果在环境中的含量超过一定限度都会导致环境质量的恶化，因此都可以把它作为一种环境污染单项指标。

污染物浓度指标管理和排污制度相结合构成了我国城市环境管理的一个重要方面。这种管理方法对于控制环境污染，保护城市环境发挥了很大的作用。

（2）污染物排放总量控制管理

污染物总量指标管理是指对污染物的排放总量进行控制。所谓总量包括地区的、部门的、行业的以至企业的排污总量。具体做法是推行排污申报制度和排污许可证制度。在实际管理工作中，污染物总量控制管理包括如下内容：①排污申报；②总量审核；③颁发排放许可证和临时排放许可证。

3. 城市环境综合整治

城市环境综合整治就是把城市环境作为一个整体，运用系统工程和城市生态学的理论和方法，采用多功能、多目标、多层次的措施，对城市环境进行规划、管理和控制，以保护和改善城市环境。环境综合整治涵盖市容市貌、公共空间秩序、环境卫生、交通秩序等方面。城市环境综合整治的主要工作步骤为：①确定综合整治目标；②建立环境综合整治工作专班；③制定综合整治方案；④建立环境综合整治工作机制；⑤多渠道筹措环境综合治理资金。

4. 环卫智慧监管

一是在城市生活垃圾收运处理方面，建立垃圾分类智慧监管系统。在收运环节，针对垃圾清运作业各类清运车辆进行作业过程实时监管，对收运的垃圾桶数进行实时统计，自动生成垃圾运输车辆的考核结果；通过前端感知设备收集有效数据，经由大数据分析以及覆盖范围全面的视频监控设备有效监管餐厨垃圾的流向；在处置环节，通过处理厂设施在线监管系统接入处理厂、焚烧厂、餐厨厂的大气、水质、运行工况、进厂垃圾量等数据，实时监测各处理厂、焚烧厂的大气、水质等各项指标运行情况。餐厨垃圾监管平台新增餐厨废弃油脂收运处置实时监控功能，实现流向追溯和管控。

二是在环卫作业车辆管理调度方面，建立智慧环卫管理系统。在系统后台中展示各类环卫作业车辆的位置、工作状态以及调度情况。视频监控对作业人员以及车辆的使用状态进行监管，直接了解车辆具体数据，同步实时预警车辆违规行为；直接对车辆清扫、洒水、除雪作业后路面状况远程监控及实时状况抓拍，查看作业后道路状况，对清扫质量问题进行快速响应、处理；按照不同车辆类型、不同作业模式、不同监控指标、不同管理对象，按照时间、路段进行作业统计，直接形成多维度管理报表，为管理者提供各种车辆作业数据分析报表，方便考核。

第四节 城市交通治理

一、城市动态交通治理

（一）城市交通管理

城市交通是指城市交通设施（道路、高架桥、桥梁、隧道、水道、索道等）系统间的公众出行和客货运输。城市交通管理是指从事政府为保障交通设施为经济社会发展和市民生产生活提供良好的服务，依法利用各种手段，科学合理地组织城市中人与物的运输活动。按照管理内容划分，城市交通可分为动态交通、静态交通和慢行交通。

城市交通管理组织主要由公安部门实施。交通运输、城市建设、城市管理等部门协助管理。交通管理部门的主要职责是维护交通秩序、保障交通安全畅通、进行交通法律法规教育和执法。城市交通管理主要任务是动态交通管理，由地方公安部门负责；静态交通管理在不同城市职能部门分工有所不同，有的在公安交警部门，有的在城管执法部门。

随着城市系统功能日益多样化，交通组织管理问题愈加复杂，传统的管理理念和管理机制无法适应城市发展需要，城市交通管理越来越需要借助法治化、数字化、社会化等方式提供效能，将治理理念引入交通管理很有必要。

（二）城市动态交通治理存在的问题

城市动态交通是指由行驶在道路上的行人与车辆引发的各种交通流总体状况，专注的是城市车辆的行驶问题。当前我国城市动态交通治理存在如下难点、痛点。

（1）各部门工作不易协调。动态交通管理涉及人、车、路、环境等多种要素，涉及公安、交通运输、建设、农业、卫生、工商、质检、安监、保险等多个职能部门和非政府组织。公安机关只是政府的一个职能部门，由公安机关牵头交通安全工作，不易有效组织、统筹、协调其他政府部门开展工作，容易产生较多弊端，例如部门间管理目标不统一，管理成本高且效率低。

（2）源头监管与主体责任落实不到位。基于系统治理思想，道路及其设施的规划、投资、设计、建设维护与管理，车辆的设计、制造、使用与维护，道路运输企业和车辆维修企业的准入与监管，道路交通事故的救援与预防等也都应当属于道路交通安全管理职能的范围。因而现行体制无法全面控制影响道路交通安全的诸多因素，不易有效开展道路交通安全的系统治理，即针对人、车辆、路、环境等因素展开多方面、多层次、多阶段的全方位治理。

（3）应急管理能力不足。由于动态交通的突发事故存在各种不确定性以及地点时间随机性，对于突发性事件就需要具备良好的应急条件以及反应能力，但是现阶段应急管理能力相对滞后，存在有关部门管辖区域对于应急管理内容不清晰、责任模糊不明确等问题，缺乏一定的预防预警的练习模式，以及应急管理的设施不全面不到位，从而导致应急工作的不完善甚至存在问题。

（三）城市动态交通治理策略

（1）做好城市规划、市政道路建设规划和交通规划的有机衔接；

（2）平衡交通供给和需求的关系；

（3）实现公交优先战略；

（4）提高交通治理智慧化水平；

（5）坚持路权平等，保护弱势群体交通出行；

（6）提高市民交通法律意识，文明出行；驾驶员文明驾驶、遵守交通法规；

（7）完善交通应急预案。

二、城市静态交通治理

城市静态交通是城市交通的一个子系统，是动态交通的延续，是指车辆因各种需要在各种场所停放时的总体状况，按照不同的目的和需求，主要表现为基本停车需求、出行停车需求、充电停车需求（主要是新能源汽车）。广义的静态交通还包括各类非机动车辆的停放。城市静态交通主要是研究城市停车问题。

随着全国范围城镇化和城市交通机动化进程的快速发展，城市停车问题日益成为影响城市交通、困扰市民生活、阻碍城市良性发展的一大难题。目前，我国城市停车存在的问题较为严重，滞后于机动车保有量的增长，特别是大城市出现"停车难、停车乱"现象。停车治理问题主要表现在政策、规划、建设、管理和运营等方面：

（1）政策制定相对落后于交通机动化进程，相关法规在规范和引导上存在不足；停车政策不明朗、不健全、不规范，造成从规划到经营均出现混乱局面；利益保障和诱导机制方面政策乏力，社会投资动力疲软。

（2）规划滞后，土地供应紧张，停车配建指标不足，致使停车供需发展失衡，泊位严重短缺，许多城市"一车难停"；停车场所及设施规划布局不够合理，缺乏统筹，造成区域性失衡和总体利用率不高；规划急功近利，可实施性差，缺乏预判性和可持续性；规划内容和方法较为单一，停车场所综合利用度低，配套设施缺乏多样性和时空延展性。

（3）建设缓慢无序，导致泊位历史欠账较多；建设过程对规划执行不到位，部分场地挪作他用；停车空间挖潜有限，未充分考虑立体停车楼开发和城市地下空间利用等方向；建设标准单一、技术手段不够先进，忽视配套设施和诱导系统的重要性，致使立体停车、智慧泊车、共享停车等高效先进手段的应用和发展较为缓慢。

（4）主管部门繁多，权责交叉，管理体制运行效率低；管理模式死板，针对性不强，管理在时空上缺乏差异化；精细化、智能化管理水平不足，不能有效利用现代化技术进行信息采集、汇总、分析和处理，停车诱导系统和设施不完善；收费机制简单、标准单一、手段落后，缺乏人性化管理；管控强度和执法力度不足，处罚措施不完善，机动车占道、非机动车和商贩占位、路外乱停乱放现象屡禁不止。

（5）运营规范性差，费用流失严重，运营手段单一，效益难以保障，导致政府投资回收缓慢，社会注资因亏损而出现退出；运营理念不够先进，推广新型停车模式时，社会接纳度不高，公众接纳速度较慢。停车设施投资回报率低、周期长，社会资本高度关注，但参与度不高。

破解停车难题，优化停车治理，需要做好如下工作：

（1）加强规划引导，以市场化、法治化方式推动城市停车设施发展。做好城市停车普查，摸清停车资源底数，建立城市停车设施供给能力评价制度。依据国土空间规划和城市综合交通体系规划，区分不同城市及其不同区域的功能要求，按照差异化供给策略和集约紧凑发展模式，统筹地上地下空间利用，科学编制城市停车规划。制定地方性停车设施建设管理法规，为依法治理城市停车问题提供法治保障。出台停车设施不动产登记细则，明确不同类型停车设施的产权归属，做好不动产登记。

（2）分类满足不同需求，优化布局和结构。据城市发展需要，区分基本停车需求和出行停车需求，统筹布局城市停车设施。加强重点区域停车设施建设管理，优化停车设施供给结构。有效保障基本停车需求，合理满足出行停车需求。新建居住社区严格执行规划建设标准建设泊位，老旧小区结合城市更新积极改扩建停车设施。保障公交、环卫等城市公用事业营运车辆站场和停保基地，避免此类车辆占用夜间道路泊位资源。在学校、医院、办公楼、商业区、旅游景区等重点区域，结合公共交通发展情况和周边区域交通条件，区分不同时长停车需要，综合采取资源共享、价格调节、临时停车等措施，合理确定停车设施规模。

（3）挖潜盘活与新建设施并重，增加泊位供给能力。各地根据城市空间资源和存量泊位的实际情况，确定适宜的发展路径。按照先挖潜再新增、先存量后增量的原则，依次从用足配建车位、鼓励错时停车、利用夜间临时路内停车、平改立设施增容、邻避空间利用、永久设施建设的顺序，提高停车位供给水平。对于停车资源供需紧张的区域，有效利用、充分发掘城市地上和地下空间资源，加强立体化停车设施建设。

（4）推进智慧停车服务。鼓励和推广停车信息化、智能化，实现停车与互联网融合发展。鼓励各城市构建停车管理信息平台，完善智能停车平台功能，丰富智慧停车数据服务与管理平台功能，实现城市停车的全局态势感知、互联大数据分析、运营调度管理、公共服务资源调度、信息监管与治理、城市信息共享等多源目标。加强停车信息平台与城市信息模型（CIM）或城市大脑深度融合，增强停车服务智能服务的便利性和高效率。

（5）推进停车资源共享。全面梳理停车供需矛盾突出区域的停车供需关系及时间规律，深度分析停车资源与城市用地的时空耦合关系，充分调动停车资源匹配停车需求。鼓励因地制宜地将配建停车场向社会开放，鼓励开展错时有偿共享。在加强安全管理的前提下，机关企事业单位、居民小区错时对外开放，经营性公共场所在空闲时段可对外开放，在不影响正常通行的前提下老旧小区可在夜间充分利用周边道路停车。

（6）加强政策支持力度。停车设施建设需要大量资金投入，鼓励社会资本参与，创新金融支持方式。加强独立新建停车设施用地保障，充分利用城市边角空闲土地、中心城区功能搬迁腾出土地、城市公共设施新改建预留土地以及机关、企事业单位自有土地增建停车设施,鼓励其他土地使用权人利用自有土地增建停车设施。落实土地要素市场化配置政策,采用长期租赁、先租后让等方式供应停车设施用地;符合《划拨用地目录》的停车设施用地,采取划拨方式供地。放宽市场准入条件,降低停车设施建设运营主体、投资规模等准入标准,允许中小微企业和个人申请投资运营公共停车设施,完善停车收费政策。

案例:杭州打造"全市一个停车场"——先离场后付费

2020年以来,浙江省杭州市紧扣"整体智治、唯实惟先"工作方针,着力打造"全市一个停车场",化解城市停车痛难点,盘活城市停车资源,实现停车多场景赋能。

1.理顺机制、搭建平台——确保运营规范化服务智能化

杭州市根据《杭州市机动车停车场(库)建设和管理办法》相关规定,以"统标准、统平台、通系统、通数据"的方式,拆除停车信息"隔离墙",打造停车一体化平台。截至目前,已接入4473个停车场、123万个泊位,汇聚停车场及停车场管理部门35亿条,涵盖停车生态各要素的停车数据。以数据为基础,以技术为支撑,将全杭州市划分为8967个停车需求网格,深度挖掘停车数据价值,对全城停车需求、停车盲点、停车难易程度进行智能计算,盘活城市停车资源,为百姓提供便捷、智能的停车服务。

2.全城覆盖、重难突破——全面推进"先离场后付费"场景建设

停车付费"离场难"是影响市民畅快出行的痛点之一。为进一步提升市民获得感,杭州市城管局在全国范围内率先推出"先离场后付费"的便捷泊车服务。将停车离场从"先扣费再抬杆"升级为"先抬杆再扣费",加快了车辆离场速度。并以"形象示范、技术示范、管理示范、服务示范"为标准,开展"示范"场库建设,以"示范"带动全局,并加强线下引导、优惠吸引,着力提升"先离场后付费"使用率。市民只需"一次绑定",即可"全城通停",深度体验离场不排队、快速离、零接触的便捷服务。

截至目前,杭州市3500余个停车场(点)、70万余个泊位开通了"先离场后付费"功能,基本实现杭州全市覆盖,为160万注册用户提供服务超2000万次,平均使用率达40%以上,平均每次节约离场时间30秒。

三、城市慢行交通管理

（一）城市慢行交通的内涵及特点

城市慢行交通是指以自行车交通、步行交通为主体，以低速助动车为补充的非机动交通系统。慢行交通鼓励居民利用"自行车+公交""步行+公交"等方式出行，以尽量减少汽车尾气对环境造成的污染，缓解城市交通拥堵的情况，进而打造安全、舒适、宁静、清洁、便捷的城市生活环境。城市慢行交通具有如下特点：

一是出行距离短、出行速度较慢。居民通常是在出行距离比较近，同时出行时间比较宽裕的情况下，选择慢行交通的出行方式。

二是慢行交通覆盖了城市所有空间，交通量大，与城市机动车交通、轨道交通相互依存，共同构成了城市交通系统。慢行交通所具有的环保绿色、资源占用少、出行成本低等特点，使其在城市交通系统中具有不可替代的重要位置。

三是具有健康、保健、绿色的特点，自行车和步行的交通方式，不但不会对环境造成任何污染，还能起到强身健体的积极作用，有益于国民身体素质的提高。

四是在城市交通系统中，慢行交通始终处于比较弱势的地位，所需的交通环境要适宜、安全，地形、温度、天气等因素都会对慢行交通造成影响。对于山地城市、寒地城市以及热带城市而言，其特殊的气候、地形等都会对出行距离和时间造成一定的影响。

（二）城市慢行交通治理存在的问题、难点、痛点

保护慢行、鼓励"慢行+公交"的出行模式被广泛接受为城市交通可持续发展的重要路径。相对于快速城镇化，我国大城市慢行交通系统的规划建设管理显得相对滞后，主要总结为以下五点问题。

1.缺乏完善的慢行交通系统规划

在城市道路交通规划中，没有把慢行交通纳入重要内容，慢行专用路很少，且规模小。慢行空间中的慢行设施缺乏市政建设的整体安排和统筹规划。慢行道路和机动车道之间的连接性、贯通性缺乏合理设计。慢行交通系统的

设计带有临时性，常常与土地利用类型不相符，导致慢行交通占用公共空间，面临随时被挤压的可能。在规划实施过程中，也容易被随意变更，缺乏刚性约束。

2.慢行交通设施不完善

城市道路中自行车道少且窄，专门的自行车停放点少，慢行道路与机动车道的衔接性差，慢行交通标志标牌不完善、不准确。在交叉口的过街横道中存在明显不足，即人行道的标线退化，不够清晰，人行横道中存在各种障碍物，路口尚未形成二次过街停滞区域，信号配时工作没有联系过街时间等相关内容进行综合考虑。

对于慢行交通中的各种无障碍设计也不够完善，特别是在盲道设计中，大部分城市在进行慢行交通规划管理时，没有结合特殊人群需求进行设计，比如无法保障道路中的盲道连续性，通常会被各种停放车辆以及障碍物所阻拦，同时在交叉路口附近没有进行缓坡设计，增加了残障人士的出行难度。

3.机动车违章停放和占道行驶

随着城市中机动车数量的持续增加，导致城市中随处可见停车难和城市拥堵等问题。机动车驾驶经常会违规占据慢行车道，威胁到慢行交通的人员安全。慢行交通系统中，机动车辆的进出会占据大部分非机动车道，而这一问题会影响大部分非机动车辆的正常通行，只能在原地等待，从而产生交通堵塞。如果骑乘者行驶速度过快，便会出现因为刹车不及时而导致的碰撞交通事故。

4.机非混行问题严重

在某些低等级道路中，通常没有设置慢行车道，便会产生机非混行问题。而混合交通主要是指多种交通工具和行人共同应用相同单幅道路的现象，机非车辆混合交通也是我国城市交通突出问题之一。机非混行进一步增加了城市交通管理难度，同时还降低了城市道路通行效果，增加了交通事故的发生概率。

5.慢行交通在城市交通环境中处于明显的弱势地位

（1）自行车路权难以得到保证。当前许多具有独立路权的自行车道被机动车随意侵占。此外，还有路边的小吃摊、市政绿化面积、公共设施（电线杆、通信塔）等任意占用车道，导致自行车道的贯通性不强，骑行体验差。在城市路网规划向机动化交通侧重的背景下，受机动车道挤占空间、分割的影响，自行车道路不够宽不够长，因此制约着自行车交通服务水平的提升。

（2）自行车道缺乏舒适感、安全感。许多道路交叉口、小区出入口等没有人性化处理，存在高度差的地方没有进行缓坡处理，导致在自行车骑行时需要下车推行通过，严重影响骑行效率与体验。自行车道沿线景观与周围环境极不协调，缺乏美感。自行车道与人行道之间缺乏隔离，在空间较窄的情况下，人与车争夺空间，容易产生交通事故。

（三）城市慢行交通治理策略

根据国内外慢行系统规划实践经验，城市慢行系统交通治理的主要做法有：

（1）完善慢行交通相关规划。制定城市交通的发展战略，确定慢行交通在城市中的地位；开展不同层次不同深度的慢行交通专项规划，填补各个层次的规划空白，指导城市慢行交通建设活动；编制慢行交通设计指引手册，统一设计理念，便于城市管理。

（2）加强慢行交通相关政策支持。政府制定的城市发展宏观政策应包含促进城市慢行系统规划建设的发展政策和措施，同时将相关慢行规划研究成果纳入地方法规和行业标准。做好示范段的引导，通过示范段的实践，逐步引导人们改变出行方式，重新重视慢行交通（表5）。

慢行交通规划方法与政策指引　　　　表5

案例类别	借鉴要素及措施	借鉴国家或地区	借鉴及指导
宏观政策	回归步行与自行车优先	德国	在城市发展的宏观政策中，应以人为本，体现"慢行优先"，转变城市交通发展力
	回归以人为本的交通政策	韩国	
	提倡慢行交通，缓解城市交通压力	马尔默	
慢行系统规划设计	持续的慢行交通和空间环境建设	丹麦	在宏观政策的指导下，有步骤有重点地展开对城市总体及局部地段的慢行系统规划和环境设计，构建畅通、高品质的步行和自行车系统
	人性化的步行与自行车交通设计，保障慢行通行权	欧洲城市	
	慢行单元、网络、环境等规划	深圳、杭州等	
	城市总体规划下高度协调统一的慢行系统规划	杭州	
	慢行空间差别化	北京	
涉及指引	纳入地方法规，发挥步行与通行优化的特征	美国	纳入地方法规发挥更大效力；广泛征求公众意见；制定步行环境设计指引；统一设计理念
	人行道的设计要点	波特兰	
	详细的公众意见征询和工作展开	中国香港	

续表

案例类别	借鉴要素及措施	借鉴国家或地区	借鉴及指导
衔接城市系统	与城市公共交通的有效衔接	法国	慢行系统规划应与诸如城市交通、城市绿化、城市空间结构等要素有效衔接
	慢行交通廊道与生态慢行廊道的配合	深圳	
	与城市绿化的完美结合，衔接开敞空间	新加坡	
	规划设计了不同层次的城市绿道	温州	

资料来源：杭州城研中心.城市活力的载体：慢行交通——在城市规划中的应用及启示. https://www.sohu.com/a/381742093_275005，2020-3-20。

（3）完善慢行交通设施。统筹机动车道路和慢行道路交通设施建设，完善慢行交通系统，包括慢行交通道路设施、慢行交通安全设施、慢行交通服务设施。保持慢行道路路面的平整度、清洁度。重点区域保障机动车道路和慢行道路衔接的有效性，减少慢行道路的障碍物、坡度和弯道，强化慢行空间的安全性，增加慢行系统的休息点、绿化带、遮阳避雨区，增强慢行交通的舒适性。

四、城市交通智慧治理

（一）城市智慧交通内涵及发展特点

城市交通是城市经济发展的动脉，智慧交通是智慧城市建设的重要构成部分。智慧交通能缓解交通拥堵，改善城市交通状况，发挥最大城市交通效能，建立人、车、路、环境协调运行的新一代综合交通运行协调体系，实现城市交通系统的整体运行效率提高。

城市智慧交通是以智慧城市管理体制和运行机制进行创新性的变革为前提，打造智慧城市大交通的新模式、新体制、新常态。智慧交通为市民提供全面的出行信息，为交通行业管理提供辅助决策支持，使人、车、路密切配合达到和谐统一，提高城市的宜居性。现将城市智慧交通的发展特点总结如下：

1.交通出行需求变化

在"互联网+"背景下，大众化、标准化的交通需求管理不再是主流，以"指尖上的出行"为代表的移动互联网出行方式彻底改变了传统的交通出行模式，出行需求方式的丰富也使出行效率得到了不断提升，由此可见，智慧交通需求管理的发展应当具备个性化、多样性和高品质出行服务的特点。

2.管理服务导向转变

以粗放型、群体性为代表的传统管理服务思维已经失去了在当前交通生态环境内存在的价值和意义，基于出行信息的充分共享和出行资源的极大丰富，交通出行需求呈现多样化的发展趋势，这将加快以管理为导向的理念向以服务为导向的理念进行转变。

3.新兴技术引领变革

以4G移动互联网为代表的通信技术建立了人与车、人与路、人与云之间的联系；以射频识别技术（RFID）为代表的物联网技术建立了云与车、云与路之间的联系；以云技术为代表的智慧交通大脑建立起人、车、路、云之间的深度联系，由此可见，近期以5G通信技术为代表的新兴技术将引领整体智慧交通形态的变革，实现交通运输行业之间的跨界融合。

4.市场驱动管理创新

"互联网+"背景下对交通管理的变革是自下而上的，传统的交通管理模式和方法从根本上发生了变革，道路交通管理的重点已经不限于交通安全管理，新的智慧交通管理重点已经发展为在安全出行的基础上利用互联网技术充分发挥各类交通工具的效能，使广大交通参与者获得更加安全快捷、便利舒适的交通出行体验，这些都是由交通运输市场驱动，利用社会力量和市场机制使交通管理创新快速推进。

（二）推进城市智慧交通治理的对策建议

1.厘清发展理念

智慧交通建设是新生事物，务必明晰发展理念，把准发展方向。一是树立惠民便民理念。城市智慧交通建设取之于民用之于民，要以人民群众全方位交通出行需求为出发点，始终把能否让人民群众在交通出行方面有更多的获得感作为衡量建设成效的主要标志。通过交通大数据合理分配道路资源，让非机动车和行人有更多的行路空间。要充分发挥路况显示屏、手机App等作用，提前预告、实时告知路况，完善停车诱导，引导交通参与者出行。二是树立数据汇集、系统集成、开放共享的理念。数据越关联、越开放就越有价值，数据资源的开放将独占资源变为公共资源，数据资源的共享能优化城市资源配置。要以提高实时感知发现问题、快速有效处置问题的能力为根本，通过数据汇集、系统集成、开放共享，形成互联互通、协同高效的智慧交通大系统。对在数据共享工作中不作为、不配合的部门，减少或停止智慧交通建设项目的经费划拨。三是树立政府有所为有所不为的理念。要按照经济规律办事，市场能做的，交给市场；市场不能做的，政府来实施。各地要充分了解智能交通行业市场发展状况，加强政企合作分工，确定政府科技投入的边界和方式，推动市场在资源配置中发挥决定性作用。

2. 强化顶层设计

加强政府统筹协调，以规划、标准引领交通行业数字化、智慧化发展。一是加强统筹协调，减少重复建设。对智慧交通的发展方向和建设目标进行一体化规划，统筹交通领域各环节、资源和要素，实现政府、企业与市场在智慧交通建设中的协同共进。政府相关部门要进一步明确职责分工，建立部门协同机制，推动信息化与行业发展高度融合。二是制订标准和规范，保证数据质量。建议由相关部门牵头，制定包含数据接入、交换共享及基础设施建设标准等标准体系。在数据采集和运用方面，实现前端感知设备和数据资源开发统一规划、统一建设、统一管理、共享共用。在数据共享方面，实现部门间、省市间共享共用。在数据资源开放方面，实现数据资源既为本部门服务，也为其他部门服务，更要为普通百姓出行提供便利，还要为研究咨询机构提供素材。三是归并现有平台与运用，发挥潜力作用。按照建设"大平台、大数据、大系统"的要求，加大统筹力度，整合已有各类平台，做到各类数据采集平台与应用系统深度融合、有效衔接、一体推进，形成畅通的跨部门、跨层级、跨区域运行体系，相互推送、快速反应，实现政府部门之间交通信息互享共联、政府和社会企业之间数据安全有序共享。

3. 深化数据采集与运用

交通数据采集是推进智慧交通的前提，数据挖掘和应用是实现交通治理智能化、专业化的重要途径。一是要构建一体化的交通信息采集体系。以实现城市所有区域、所有时段精细化交通服务与管理为目标，全方位、多维度实时采集人、车、路等的营运数据与监管数据，在使用中发现问题，在解决问题中不断完善，构建起统筹集约、统一高效的信息采集体系。建议政府统一规划、统筹协调，推动各地加快路面和交通场站枢纽、停车场库等感知设施设备建设，早日实现基础数据采集设备全覆盖。二是用智能化赢取公众对公共交通和绿色出行的信任和喜爱。按照慢行舒适、换乘便捷、公交准点准时的要求，完善客运信息体系的规划、设计，让百姓对出行过程了然于胸，行前轻松规划，途中时间可控，助推实现公交优先。三是用智能化手段提升道路通行效率。依托建设全域化的视频设备等设施，提升道路交通感知能力。通过分析研判大数据，解析城市交通运行规律，及时掌握交通堵点乱点分布情况，灵活运用信号灯控制、交通违法精准打击、高峰期老人乘车优惠限制等举措，合理决策城市交通组织和运行。

4.优化为民服务举措

智慧交通建设，归根结底是提升人民群众的获得感和幸福感。一是在智能交通诱导系统建设方面，通过电子地图等媒介，及时发布城市道路交通管制、交通拥堵、道路突发事件等信息，智能推荐最优通行路径，引导群众合理出行。二是在智能公交系统建设方面，通过手机App、公交站显示屏等媒介，发布最佳公交线路选择和公共交通运行情况、候车时间等信息。加快移动支付功能在公交车、地铁的推广应用，方便市民乘车购票。三是在智慧停车系统建设方面，通过电子地图、路面电子诱导屏、手机App等媒介，展现整合后的城市停车资源，实时提供周边区域停车空置泊位和行驶路径等信息，引导驾车者就近停车，使用"不停车收费"等电子化方式付费。

城市交通已经进入复合多元的发展阶段，单项发展某一类交通系统已不能满足多层次、多元化的人民需求。各交通子系统需紧密结合，充分发挥各子系统自身优势，以服务目标为导向，构建多模式、一体化的智慧化交通系统，将系统功能发挥到最大化。

第五节　城市治理体制机制创新

一、我国城市管理的现行体制概况

我国经济发展水平持续提升，城市化水平稳步推进。自改革开放以来，我国城市管理的体制历经了多次改革，逐渐明确了城市管理的职能体系，重新分配了城市规划、建设和管理的职能，开始扭转城市管理"轻规划、重建设、轻管理"的局面。但是，当前城市管理仍然面临较大的体制困境，主要分为以下三个方面：①城市管理职能界定模糊，长期以来城市管理的职能界定都是依赖于行政权力而缺乏必要的法规支撑，各地都是依据自己的需求来决定权限划分而缺乏一定的科学依据；②未能形成科学有效的管理体制，主要体现为机构设置和职权划分不合理，通常表现为"政出多门、条块分割"，各职能部门之间的职能存在重叠，不仅在一定程度上导致资源的浪费，而且更容易使各部门相互推诿导致效率低下；③现有城管职能的错位和缺位，过去城市化过程中部分城市重建设轻管理，盲目追求城市规模的扩大和经济总量的提升，而忽视了相关配套设施的建设和维护，最终影响城市管理的质量。

城市管理相关部门利益分割、各自为政、职能交叉、缺乏统筹等弊端日益凸显，基于这样的体制背景，"大城管"体制概念应运而生。"大城管"是一种综合性的管理体制，它打破了各部门间的壁垒，将城市管理的相关职能有效整合起来，呈现"权威性""综合性""统一性"和"协调性"的特点。权威性就是通过设立责任一把手的方式，集合城市管理的管理权和执行权，保障相关措施的权威性，促进相关工作的有效开展和落实；综合性主要体现为拓宽了城市管理的宽度和深度，整合广泛的城市资源，构建更庞大的城市管理系统工程；统一性就是要真正落实"两级政府、三级管理、四级网络"，建立起高度一体化的执法队伍；协调性就是要促进各部门之间的交流合作，注重工作的时效性。

"大城管"体制的建立促进了专业管理向综合管理的转变，城市管理水平、执法水平显著提升。其优势主要体现在以下三个方面：一是机构精简整合强化了城市资源，各部门之间的联动强化了信息资源的整合能力，同时机构精简又优化了事件处置流程，办事效率显著提升；二是法制化管理的初步尝试，"大城管"模式实现了管理权和执法权的整合，将法制权力真正下沉到基层管理部门，破解部分城管老大难问题，填补诸如违建、违牌等法规盲区，全面提升城管的法制化水平；三是城市管理重心下移，推动构建"公众城管模式"，吸引公众参与城市管理，达到由城管执法队伍"单防、单管、单治"逐步向群众多方参与的"群防、群管、群治"转变。

二、城市管理向城市治理转变的政策导向和基本维度

（一）城市管理向城市治理转变的政策导向

我国城镇化迅速发展，城市问题日益凸显，保障城市健康运行，加强和改

善城市管理的需求日益迫切。制度化的城市管理模式逐渐不适应日益复杂化的城市发展需求，政府通过强制性的行政手段，采取制度约束和非人格化的管理方法严重滞后于城市的发展水平。

1988年，国务院明确"由建设部负责归口管理、指导全国城建监察工作"，地方政府将有关城市管理行政执法队伍纳入城建监察队伍。1990年《关于进一步加强城建管理监察工作的通知》发布，各地县级以上城市开始建立各自的监察队伍。但是，由于城市管理监察队伍的组建由地方政府自行确定，导致多头执法成为当时最突出的问题。

为了解决多头执法和重复执法问题，1996年《中华人民共和国行政处罚法》出台，相对集中行政处罚权得到了法律支撑。2002年，国务院颁布《关于进一步推进相对集中行政处罚权工作的决定》，城管综合执法制度开始在全国推广。这一时期城市管理虽然逐渐从专业化迈向综合化城市管理的边界得到拓展，但是管理权和执法权的分离表明城市政府仍然以管控型理念来管理城市。

2008年，党的十七大提出"大部制"改革，新一轮的政府机构改革开启。在城市管理中，中央将城管的具体职责交给地方城市政府，地方政府开始探索具有地方特色的"大城管"体制。这一时期，城管部门的职能进一步拓展，涉及领域更加广泛，但是由于缺乏直属的中央和省级主管部门，城市管理体制机制不顺、执法队伍建设不规范等问题开始凸显。

2012年，党的十八大提出建设"服务型"政府，为人民管理城市理念深入人心，服务和管理并重成为城市管理迈向城市治理的重要标志。从以管制为主到以服务为主，城市管理重心开始下移，多元主体合作治理理念逐渐被引入城市管理领域。在当前的城市治理建设中，具体表现为分权式治理、整体性治理、参与式治理和智慧型治理相辅相成的发展趋势。

（二）城市管理向城市治理转变的基本维度

城市管理向城市治理的转变，不能简单地理解为管理和治理两字的改变，而是在结构模式、管理主体、管理目标和管理手段上都有明显改变。

首先，在结构模式方面，城市管理强调的是政府层面自上而下的单向控制，下级缺乏必要的灵活性和话语权；城市治理则倡导构建互惠和合作的网络结构，使城市中的利益相关主体都参与到城市管理中，形成一个广泛的参与式网络结构。

其次，在管理主体方面，城市治理实现了主体的单一性走向多元化。城市治理的主体既是政府，又不仅局限于政府，在保持政府"元治理"角色的前提下，实现社会组织、企业和公众共同参与城市治理的过程。

再次，在管理目标方面，城市管理时期政府更多的只专注于城市经济的增长和城市空间规模的扩大；而城市治理则强调城市的全面发展，包括城市空间、经济、社会和环境的协调发展。

最后，在管理手段方面，城市管理单纯依靠控制和行政命令的方式，强行管控城市各个方面的发展；而城市治理则强调公众参与，充分发挥社会组织（如城市自治组织、企业、社团、各类中介组织等）的作用，通过参与、沟通、协商和合作的方式，多方协同解决城市的公共问题。

三、城市管理重心下移的必要性及实施路径

（一）城市管理重心下移的必要性

基层政府城市管理主体地位不突出、区级城管部门协调职能不明确、一线队伍执法力量薄弱、执法队伍建设滞后、综合执法协作不顺畅、网格化管理不系统、城管基层党建不扎实等体制性梗阻现象，使城市管理一直处于粗放式的管理模式之中，从而造成城市管理中"看得见的管不着，管得着的看不见""不落地""灯下黑"等问题。这些问题普遍反映当前城市管理的重心与城市管理的需求不匹配，管理的重心凌驾于真正的管理主体之上，导致管理工作"不落地"。

城市管理重心的下移主要取决于当前的城市管理水平和存在的问题，大致可以概括为以下三大方面：①城市管理的事项主要集中于基层，涉及民生的各类事项都是问题的发源地，同时基层也是信息产生和交汇的主要场所，一旦信息产生梗阻，就会使执法人员和群众之间的矛盾升级；②城市管理体制不健全、层级分工不明确，当前城市管理存在"九龙治水""一事多管"等现象，同时因为相关法规的不健全导致各部门之间协作困难；③管理队伍建设不足，近几年来，城市管理事项日益变得繁重，城管人员配备上更是捉襟见肘，各地只能增配协管人员，但是协管人员的素质参差不齐，暴力执法现象屡见不鲜，从而使得民众将城管队伍妖魔化，严重降低了城管队伍的声誉。

(二) 城市管理重心下移的实施路径

城市管理重心下移的核心目的就在于基层城市管理执法能力的重构，整合街道执法资源进一步充实一线监管力量，采用成体系的执法队伍培养和建设方案，进一步提升基层队伍的执法能力，最大限度地保证大部分事项能够在基层得到顺利地解决。对此，可以通过以下三大路径来保障城市管理的重心下移：

（1）以精细化管理为准则，建立"区、街、社"三级网格化管理平台。通过"条履职、块协调"的工作方法，明确网格管理对象、管理标准和责任人，实施动态化、精细化、制度化管理，准确掌握情况，及时发现和快速处置问题，有效实现政府对社会单元的公共管理和服务。

（2）以提高执法效能为目标，建立基层执法保障和协作机制。一是要建立健全公安机关保障执法机制。加强城管与公安部门的协调与配合，依法打击妨碍执法和暴力抗法行为，由公安机关落实必要警力，即时保障综合行政执法活动。二是要做好与司法部门的衔接。建立综合行政执法部门与公安机关、检察机关、审判机关信息共享、案情通报、案件移送等规范制度，实现行政执法和刑事司法的无缝对接。

（3）以基层党建为突破口，培育公廉善美的城管文化。加强党建引领的制度建设和文化建设，提倡"把支部建在马路上"，利用城管驿站等载体营造传递正能量的城管文化。培养城管执法人员的职业归属感。

四、治理导向的城市管理体制机制创新

(一) 城市管理体制创新

城市管理相关部门体制不顺的弊端不断得到修正，城市管理体制创新为城市管理工作的开展注入了新的动力。当前城市管理的体制创新主要分为以下五大方面：

一是党建引领城市治理。与西方城市管理框架缺失政党维度不同，党建引领在我国的城市管理中具有独特而重要的作用。政党组织拥有强大的资源整合和协调能力，通过构建网格化、区域化、枢纽化的党建体系，积极发挥党建在基层社区治理中的中心作用。以党组织体系为依托，依靠党建工作体系和构建协商参与平台的方式引导社会力量参与社区治理工作。通过构建全覆

盖的基层党建组织体系，能够起到"划块明责"的作用，弥补各类社会资源整合不够的缺陷。

二是市政府高位协调。以往的城市管理职能分散，未能在市一级层面形成集中的指挥和决策权，政府是城市管理的第一责任人，落实到具体城市的发展和治理问题上，市政府拥有最直接的管理责任。因此通过市政府为核心建立高位协调机制，设置和成立城市管理委员会来统筹、协调城市管理体制改革的各项事宜，明确各部门的责任，强化部门之间的交流，打破信息孤岛，保证有效的权力监督和制衡，在市级层面形成管理职能和综合执法工作合力。

三是"大城管"统筹协调。"大城管"体制的创新之处在于构建起了管理和执法相结合的综合管理体制，从根本上解决了以往城市管理职能重叠、机构姆杂、推诿扯皮的弊端。"大城管"体制拓宽和完善了城市管理的范围，不仅包含对市政、绿化、环卫等城市的日常管理，而且更加注重城市的全面均衡发展，通过社区建设和城市经营提升城市的形象，强调城市系统的稳定发展和良性运转。

四是"规、建、管"有效衔接。从以往的城市发展经验来看，城市的规划和建设成为历届政府的工作重点，很多项目只考虑前期的规划和建设工作，导致设施在后续的运行和管理中暴露出众多问题，由于缺乏早期规划和建设的考虑，后续的管理和维护变得更加棘手，继而引发更为严重的社会管理问题。因此实行"规、建、管"有效衔接，能够有效减少部分城市管理问题的产生，亦或者在问题产生时有一套成熟完善的方法加以解决。

五是城市运行多部门协同。"条块分割"是我国以往行政体制的弊端，在城市管理各部门中也不可避免。这不仅体现在城市管理部门内部的分割，而且也体现在与其他城市运行相关部门之间（包括交警、公安等）。构建多部门之间协同机制有助于解决各部门之间的信息壁垒、权力运行不畅等问题，破解城管部门执法保障难题。

（二）城市管理机制创新

城市管理机制创新是提升城市管理综合水平的重要方式之一，当前城市管理的机制创新可以总结为以下五大方面：

一是城市管理智治的推进。智慧城市建设已经成为当前大多数城市新的发展定位，城市管理的智慧化和智能化治理趋势不可阻挡，在物联网的支持下"城市大脑""数字城管"等新平台不断涌现，城市管理的效率进一步得到提升。合理利用大数据、云计算、物联网等新一代信息技术来解决城市问题，提升城市的运行和管理效率，加快智慧化建设真正实现便民利民惠民，让城市具备更强感知力、更好协同力、更优洞察力、更大创新力。

二是基层治理重心下移。城市管理中的重心下移不只是简单地向基层"放权、放人、放资源"，而应该弥补基层治理框架失衡、"条块分割"治理碎片化、社会治理共同体缺位三大不足。在弥补基层治理框架失衡方面需要优化完善"两级政府、三级管理、四级网络"体制，进一步合理划分各级组织的职能和责任，引导管理资源、权力和资源向基层组织转移。在弥补"条块分割"问题上加快基层管理组织"瘦身"，设立起职责明确，分工清晰的基层管理机构，将部分功能相近的机构进行整合，彻底落实扁平化和网格化管理。基层治理重心下移同样体现在社会治理共同体构建上，需要健全社区治理体系，形成共建共治共享的治理格局。

三是城市管理城乡统筹发展。传统的城乡关系表现为生产要素从农村向城市的单向流动，导致城市恒强乡村恒弱。同时，资源的单向流动也会对城市管理造成负面冲击，包括城市社会管理成本的增加、犯罪问题以及城市形象下降等。因此提倡城乡统筹发展具有双向意义，通过强化农村的自身发展来弱化城市的虹吸效应，保证生产资源在城乡之间合理双向流动，才能实现"城市支持农村，工业反哺农业"的良性发展。

四是政企合作提质增效。传统的政府管理模式往往存在效率低下、模式僵化等弊端，而市场化模式则能很好地弥补传统政府城市管理的不足。探索推进PPP、类PPP模式（BT、BTO、BOO等）政企合作项目在城市管理中的应用，采用企业为项目主体，政府通过服务购买、资金补贴的方式承担部分管理运维责任，鼓励企业积极参与城市建设与管理，创新政企合作管理制度，保证项目质量和效率，实现政府减负和企业盈利双赢。

五是社会协同互利共享。在充分发挥政府在城市管理中引导和协调的主体作用之下，积极鼓励社会各方主体参与到城市管理中来，构建形成包括政府、企业、公众、社会组织在内的多方参与、互利共享的社会协同机制。公众作为最直接的参与者，需要积极主动地利用线上和线下渠道反馈自身的诉求和意见，形成"政府决策公示—公众监督反馈—政府采纳改进"的良性循环。政府需要拓宽公众和社会组织的参与渠道，优化资源配置和完善保障机制，全方位、多频次开展调研，认真听取社会各界的意见，让企业、社会公众、社会组织感受到作为"主人公"的参与感。

参考文献：

[1] 宋刚，王毅，王旭.城市管理三维结构视野下的城管综合执法与监察[J].城市发展研究，2018，25（12）：113-121.

[2] 刘俊宜.中国城市综合管理立法研究[D].重庆：重庆大学，2017.

[3] 冯刚.走向城市综合管理是发展趋势[J].城市管理与科技，2016，18（4）：18-19.

[4] 翟宝辉.认识城市管理"四性"特征，贯彻管理创新"四原则"[J].城市管理与科技，2016，18（1）：20-21.

[5] 陈海松，应敏.城市综合管理的实践："网格化"与"大联动"——以上海为例[J].上海城市管理，2014，23（4）：64-69.

[6] 翟宝辉，李婵，杨芳.现代城市综合管理的本质、功能与体系再认识[J].上海城市管理，2011，20（6）：17-21.

[7] 李帅杰，刘荆，罗兴华.破解发展困局，建设韧性城市[N].中国建设报，2021-01-28（8）.

[8] 宋春华.建设韧性城市——提高城市可持续发展能力与水平[J].建筑，2021（2）：18-21.

[9] 李健.我国当下城市防灾应急管理体系的突出问题与完善提升——兼论国际城市的高品质治理经验[J].上海城市管理，2016，25（3）：25-30.

[10] 刘岩.以项目为核心提升城市基础设施建设信息化管理水平[J].数字技术与应用，2011（2）：151-152.

[11] 刘安业，王要武，罗玉龙.基于全寿命周期的城市基础设施管理信息化研究[J].商业研究，2008（4）：91-94.

[12] 李颖明，李晓娟，宋建新.城市环境管理系统及运行机制研究[J].生态经济，2011（6）：152-155.

[13] 李智.城市环境管理中大气污染治理对策探析[J].资源节约与环保，2021（3）：134-135.

[14] 粟颖.广东省生活垃圾焚烧处理设施"邻避"问题及对策建议[J].绿色科技，2020（16）：96-97，99.

[15] 蔡新强.浅谈城市水污染控制与水环境综合整治策略[J].江西建材，2021（3）：230-231.

[16] 齐晨.我国公路交通管理体制现状问题及改善对策研究[J].道路交通管理，2020（10）：38-39.

[17] 郝放，叶全喜，崔立长.中小城市静态交通规划建设及管理策略探究[J].河北水利电力学院学报.2020，30（4）：66-71.

[18] 范婧婧.慢行交通理念下的城市道路交通规划研究[J].交通世界，2020（10）：6-7.

[19] 张东明，李友文.国内城市慢行交通系统现状分析及优化建议[J].价值工程，2016，35（23）：43-46.

[20] 李亚军.互联网+背景下智慧交通管理研究[J].中国公共安全（学术版），2019(4)：20-24.

[21] 孙光明，周剑英，王殿海，等.浙江城市智慧交通建设调研报告[J].政策瞭望，2019（11）：32-34.

[22] 杨雪锋.城市精细化管理理论与实践[M].北京：中国建筑工业出版社，2020.

[23] 刘彩霞，申世飞.城市供水突发事件应急预案的编制研究[C].2010年城市供水应急技术和管理研讨会论文集，2011-12-01.

[24] 国家发展改革委，住房和城乡建设部，公安部，自然资源部.关于推动城市停车设施发展的意见.http：//www.gov.cn/zhengce/content/2021-05/21/content_5609800.htm.

[25] 卢护锋.行政执法权重心下移的制度逻辑及其理论展开[J].行政法学研究，2020(5)：117-134.

[26] 叶林，宋星洲，邓利芳.从管理到服务：我国城市治理的转型逻辑及发展趋势[J].天津社会科学，2018(6)：77-81.

[27] 容志.推动城市治理重心下移：历史逻辑、辩证关系与实施路径[J].上海行政学院学报，2018，19(4)：49-58.

[28] 董幼鸿.大城市基层综合治理机制创新的路径选择——以上海城市网格化管理和联动联勤机制建设为例[J].上海行政学院学报，2015，16(6)：31-37.

[29] 陈鹭.大部制改革与"大城管"模式研究[J].中国管理信息化，2015，18(14)：216-217.

[30] 房立洲.城市化语境下"大城管"建设初探——以杭州为例[J].科技通报，2014，30（1）：193-198.

[31] 蔡军.建立完善"大城管"体制 破解城市管理困境[J].城市管理与科技，2011，13（4）：22-25.

[32] 胡小武.现代都市"大城管"模式的反思与前瞻[J].上海城市管理，2010，19(3)：9-12.

[33] 李威.广州"大城管"改革的历史积淀与未来完善[J].上海城市管理，2010，19(3)：34-37.

[34] 王枫云.从城市管理走向城市治理——我国城市政府行政模式转型的路径选择[J].思想战线，2008(1)：99-103.

[35] 孙柏瑛.我国政府城市治理结构与制度创新[J].中国行政管理，2007(8)：9-12.

第六章 城市社区治理

习近平总书记指出："推进国家治理体系和治理能力现代化，必须抓好城市治理体系和治理能力现代化"[1]。习近平总书记于2020年7月23日在吉林考察时强调，社区是城市治理的"最后一公里"[2]，推进国家治理体系和治理能力现代化，社区治理只能加强，不能削弱，要不断夯实基层社会治理这个根基。加强党的领导，推动党组织向最基层延伸，健全社区党组织工作体系，为城市社区治理提供坚强保证。

党的十九大报告明确提出，在2020年到2035年基本实现社会主义现代化的强国征程中，要基本形成现代社会治理格局"社会充满活力又和谐有序"，开启城市构建社区治理格局的新阶段。

坚持以党组织建设为引领、政府治理为主导、居民需求为导向、改革创新为动力，健全城市社区治理体制机制和组织体系，整合资源、增强能力，将城市社区建设成为和谐有序、绿色文明、创新包容、共建共享的幸福家园，为实现"两个一百年"奋斗目标和中华民族伟大复兴的中国梦和治理能力现代化提供可靠的微观基础。

第一节　城市社区治理内涵

一、城市社区治理的概念与地位

（一）城市社区治理的概念

城市社区治理，是在城市社区范围内，以党建为引领，政府与社区居民及社会组织共同治理社区公共事务，增进居民福祉的过程与机制。

---

[1] 习近平.中共中央关于坚持和完善中国特色社会主义制度 推进国家治理体系和治理能力现代化若干重大问题的决定[N].人民日报，2019-11-6.
[2] 唐博.提高社区治理效能　关键要加强党的领导[N].光明日报，2020-07-29.

城市社区治理，是社会治理的基本单元，依托党建引领基层政府、居民和非政府组织机构，依据正式的法律、法规以及非正式社区规范、公约、约定等，通过协商谈判、协调互动、协同行动等对涉及社区共同利益的公共事务进行有效管理的过程，增强社区凝聚力，增进社区成员社会福利，推进社区发展进步。

城市社区治理与传统城市基层社会以政府行政主导的、自上而下的单一管理相比，其显著特征是具有多元的治理主体，需要协调多样的社会利益关系，通过多种合作协商方式处理繁杂的社区事务，实现社区的和谐发展。

(二) 城市社区治理的内涵

城市社区治理的内涵是在法制规范前提下，由社区党组织、社区自治组织、社会组织、辖区单位以及居民等多元主体共同参与、整合资源、民主协商、互利合作、共同管理社区各类公共事务，在社区层面优化资源配置、协调经济社会关系、激发活力和创造力、满足居民美好生活需要的过程。

社区治理内涵的要义为：

一是社区治理的主体多元化，党建是社区的统领，在社区治理过程中发挥决定性的影响作用，政府发挥主导作用，居委会和居民、驻社区企业和非政府组织及私人机构等多元主体参与社区治理活动，彼此之间建立起多种多样的协作关系，通过相互之间的协商与合作，来共同决定和处理社区公共事务。

二是社区治理的目标过程化，社区治理的目标是满足居民不断增长的公共需求。社区治理要解决社区现存的问题，完成特定的、具体的社区治理目标和发展目标。培育改善社区组织结构，建立正式、非正式的社区制度规范，建构社区不同行为主体互动机制等，在社区长期治理的过程中实现社区治理现代化的目标。

三是社区治理的内容多元化，社区治理的内容涉及社区居民生活的多个方面，事关社区成员的切身利益。社区治理要最大限度地整合社区内外资源，健全社区治理机制，调动社区多元化利益主体参与社区服务、社区安全与综合治理、社区公共卫生与疾病预防、社区环境及物业管理、社区文化和精神文明建设、社区社会保障与社区福利等多项任务，达成社区事务的良好治理。

四是社区治理是多维度、多元互动的过程。社区治理不同于政府行政管理，其运行方式并不是政府行政体制单一的、自上而下的，而是通过多元利益主体多维度地协商合作、协同互动建立对共同目标的认同，进而依靠居民内心的接纳和认同采取共同行动，对社区公共事务进行良好的治理[①]。

(三) 城市社区治理在国家治理体系中的地位和作用

城市社区治理是国家治理体系和城市治理能力现代化的基本单元。城市社区是居民聚集生活的地方，是一个公共服务单元，同时，城市社区作为连接政府和居民的桥梁，是党和国家贯彻落实政策的"最后一公里"，承接部分政府职能，所以，城市社区治理成为国家城市治理的微观基础、最基本的单元。

在国家治理体系中，城市社区居民委员会（以下简称"居委会"），是居民自我管理、自我教育、自我服务的基层群众性自治组织。街道党的工作委员会（街道工委）派出党委书记兼社区居委会主任，从党的组织关系上实现上级（街道工委）领导下级（社区党委），街道行政上指导、支持和帮助社区工作。国家提供公共服务和城市社会治理的各项任务都需要在城市社区层面落实，城市社区治理事关党和国家大政方针贯彻落实，事关居民群众切身利益与城市基层和谐稳定。

党在城市领导和执政的重要基石是城市社区党组织。城市社区党建是基层党建的重要内容，是夯实党在城市基层的执政基础、增强党的执政能力、做好新形势下群众工作的重要保证，关系着基层一线党建整体水平、系统活力和发展动力[②]。社区党组织宣传党的主张、贯彻党的决定、领导社区治理、倾听群众诉求、团结动员群众，以党建引领社区治理关系着党的领导地位的加强与巩固。在社区党组织领导下，城市社区治理实现政府治理和社会调节、居民自治良性互动，全面提升城市社区治理法治化、科学化、精细化水平和组织化程度，促进城市社区治理体系和治理能力现代化。

城市社区治理是经济转轨、社会转型的必然要求。随着我国从计划经济向社会主义市场经济转变，公有制为主体的多种所有制取代了单一公有制，企事业单位作为社会管理服务的基本主体已变为多元社会主体，企业事业的"单位人"转化为"社会人"，从而要求城市社区组织代替"单位"作为城市基层社会管理与服务的主体。随着社会主义市场经济的发展、经济类型的多元化和

---

① 魏娜.我国城市社区治理模式：发展演变与制度创新[J].中国人民大学学报，2003（1）：135-140.
② 姚思屹.发挥党组织在社区治理中的关键作用[N].吉林日报，2021-01-04.

人口的跨行政区流动及人口的老龄化，居民游离于企事业单位以外的越来越多，进而要求城市社区发挥治理和服务功能，从城市社区管理转向城市社区治理，以顺应和完成快速工业化、城镇化、现代化给城市社区带来的社会环境变化及一系列新任务。

政府职能转变要求加强城市社区治理。以党建为引领，以政府在社区建立的公共服务平台，延伸政府对居民提供的公共服务之手，直面居民满足人民群众日益增长的公共服务需求，从微观上保持党和政府同人民群众的紧密联系。政府将一部分公共服务职能通过购买服务等方式，转移给社会中介组织及社区相关企业，通过社会中介组织和相关企业直接服务社区居民，培养和壮大社区多元组织与机构共同参与社区治理，有利于政府职能转变。

城市社区是居民生活的共同家园，城市社区治理是增进人民福祉的重要抓手。加强城市社区治理功能，能有效预防和化解社会矛盾、维护社会大局和谐稳定，增强城市社区居民认同感、归属感、安全感和幸福感。

二、城市社区治理的理念和原则

（一）共同缔造是城市社区治理的基本理念

共同缔造理念的要义：在党的领导下，充分发动群众参与，在共同建设社区的美好环境中增强人民群众的幸福感。

共同缔造突出党建引领作用，把社区党组织建设与社区治理工作相结合，将党的建设贯穿于城市社区治理全过程，充分发挥党组织的领导核心作用和党员先锋模范作用，打造共建共管共治共享的社会治理格局。

共同缔造理念，突出"决策共谋、发展共建、建设共管、效果共评、成果共享"。

1.决策共谋、凝聚民意

城市社区治理的决策共谋，凝聚民意。居委会充分发挥社区党组织的战斗堡垒作用和党员干部的模范带头作用，调动社区居民和多元化利益主体参与决策共谋的积极性、主动性和创造性。

决策共谋坚持问题导向，拓宽政府与群众交流的通道，搭建群众相互沟通的平台，发现社区需要解决的各种问题，统筹研究解决方案。

凝聚民意，城市社区治理中出现的很多问题是因为缺乏群众的参与，与群众的愿景和需求背道而驰。

决策共谋、凝聚民意有效地改变以前政府想做什么居民不知道、居民需要做什么政府也不知道的状况，让社区居民对社区需要解决的问题做到心里有底，引导居民从"观望"逐步向"关注"，继而转向"主动参与"。

2. 发展共建、凝聚民力

发展共建，社区党组织和居委会坚持以居民为主体，凝聚各方力量共同参与社区治理与建设，促使居民珍惜用心用力共建的劳动成果，持续保持社区美好环境。发展共建，是寻找社区居民容易参与的切入点，动员居民出钱、出物、出力、出办法，使居民的观念由"政府要我发展"转为居民自愿地"我要发展"。

3. 建设共管、凝聚民智

对城市社区治理建设项目共管，社区党组织和居委会吸收居民代表参加，特别是具有项目建设、管理专业知识和经验的居民代表，凝聚居民的智慧、调动居民管理的积极性，完善治理项目建设及管理制度、发展志愿服务等，加强对共建项目的管理。

4. 效果共评、凝聚民声

效果共评，由社区党组织、居民代表、社会机构、辖区企业等组成的委员会，共同评价社区治理和管理效果。该委员会凝聚社区居民和社区各方面意见和建议，对社区治理、管理及开展活动的情况和实际效果进行评价和反馈，充分反映居民和多元利益主体对社区治理的满意度，有效推动社区治理工作推进和改善。

5. 成果共享、凝聚民心

社区治理的成果共享，是社区美好环境与居民幸福生活及共同缔造的价值与根本目的。社区共同缔造实现的治理成果共享，可以持续地满足人民群众对美好生活的向往，打破居民户籍、收入、职业、阶层等不合理限制和隔阂，使社区治理的成果最大限度地惠及全体居民，凝聚社区民心，增强社区居民的归属感、认同感和幸福感。

（二）城市社区治理的原则及目标

1. 城市社区治理的原则

城市社区治理坚持党对城市社区治理的领导，加强基层党的建设、巩固党的执政基础作为贯穿社会治理和基层建设的主线，坚持以人民为中心的发展理念，依法治理，注重城市统筹协调发展等原则。

（1）坚持党的领导，固本强基。加强党对城市社区治理工作的领导，推进城市社区党组织建设，切实发挥社区党组织领导核心作用，带领群众坚定不移贯彻党的理论和路线方针政策，确保城市社区治理始终保持正确政治方向。

（2）坚持以人为本，服务居民。坚持以人民为中心的发展思想，把服务居民、造福居民作为城市社区治理的出发点和落脚点，依靠居民、依法有序组织居民群众参与社区治理，实现人人参与、人人尽力、人人共享。

（3）坚持改革创新，依法治理。强化问题导向和底线思维，积极推进城市社区治理理论创新、实践创新、制度创新。弘扬社会主义法治精神，坚持运用法治思维和法治方式推进改革，建立惩恶扬善长效机制，破解城市社区治理难题。

（4）坚持城市统筹，协调发展。适应城市发展一体化和基本公共服务均等化要求，统筹谋划城市社区治理工作，促进公共资源在城市间均衡配置，实现优势互补、共同提高，促进城市社区治理协调发展。

（5）坚持因地制宜，突出特色。推动各地立足自身资源禀赋、基础条件、人文特色等实际，确定加强和完善城市社区治理的发展思路和推进策略，实现顶层设计和基层实践有机结合，加快形成既有共性又有特色的城市社区治理模式。

2.城市社区治理的目标

习近平总书记强调："让老百姓过上好日子是我们一切工作的出发点和落脚点""把社区建设好，把幼有所育、学有所教、劳有所得、病有所医、老有所养、住有所居、弱有所扶等目标实现好"[①]，"加强社区服务能力建设，更好为群众提供精准化精细化服务"，"要把党的惠民政策宣传好，把社区居民和单位组织好，打造共建共治共享的社区治理格局"[②]。

习近平总书记的这些重要论述，是以人民为中心的发展思想在城乡社区治理领域的生动体现，要求把服务居民、造福居民作为城市社区治理的出发点和落脚点，多措并举保障居民群众和谐幸福生活，有效增强居民群众获得感、

---

① 习近平.党的十九大报告：决胜全面建成小康社会 夺取新时代中国特色社会主义伟大胜利[R]. 2017-10-18.
② 黄高晓.打造新时代共建共治共享的社会治理格局[N].解放军报，2018-01-08.

幸福感、安全感。

城市社区治理的基本目标：努力把城市社区建设成为和谐有序、绿色文明、创新包容、共建共享的幸福家园。

城市社区治理的两步走目标。根据《中共中央 国务院关于加强和完善城乡社区治理的意见》提出两步走的部署：

第一步，到2020年，基本形成基层党组织领导、基层政府主导的多方参与、共同治理的城市社区治理体系，城市社区治理体制更加完善，城市社区治理能力显著提升，城市社区公共服务、公共管理、公共安全得到有效保障。

第二步，再过5至10年，城市社区治理体制更加成熟定型，城市社区治理能力更为精准全面，为夯实党的执政根基、巩固基层政权提供有力支撑，为推进国家治理体系和治理能力现代化奠定坚实基础。

2020年11月3日，《中共中央关于制定国民经济和社会发展第十四个五年规划和二〇三五年远景目标的建议》（以下简称"建议"）的发布再次对城市社区治理提出了更高的目标：加强和创新市域社会治理，推进市域社会治理现代化。

"十四五"时期，经济社会发展主要目标是国家治理效能得到新提升，社会治理特别是基层治理水平明显提高。《建议》指出，加强和创新社会治理，完善社会治理体系，健全党组织领导的自治、法治、德治相结合的城乡基层治理体系，完善基层民主协商制度，实现政府治理同社会调节、居民自治良性互动，建设人人有责、人人尽责、人人享有的社会治理共同体。发挥群团组织和社会组织在社会治理中的作用，畅通和规范市场主体、新社会阶层、社会工作者和志愿者等参与社会治理的途径。推动社会治理重心向基层下移，向基层放权赋能，加强城乡社区治理和服务体系建设，减轻基层组织负担，加强基层社会治理队伍建设，构建网格化管理、精细化服务、信息化支撑、开放共享的基层管理服务平台。

三、城市社区治理的任务

在《中共中央 国务院关于加强和完善城乡社区治理的意见》中，明确了社区治理的任务（图1），主要为：健全完善城市社区治理体系、提升城市社区治理水平、补齐城市社区治理短板、强化城市社区治理组织保障。

图1 城市社区治理的任务①

（一）健全完善城市社区治理体系

充分发挥城市基层党组织领导核心作用，有效发挥基层政府主导作用，注重发挥基层群众性自治组织基础作用，统筹发挥社会力量协同作用，推动形成基层党组织领导、基层政府主导的多方参与、共同治理的城市社区治理体系。

充分发挥城市社区党组织领导核心作用，夯实党的执政基础。社区党建是社区建设的政治保证，必须把社区党组织建设成为推动发展、服务群众、凝聚人心、促进和谐的坚强领导核心。一是依靠社区党建引领社区建设，健全和优化社区党组织设置，充分发挥社区党组织的领导核心作用，保证社区治理的正确方向和支持条件；建立社区党建工作联席会议制度，动员驻社区单位加大设施开放、人员交流和资金帮扶力度，整合发挥社区公共资源效能。二是依托党内民主保证居民民主，健全社区党员代表议事制度，积极探索党内基层民主的多种实现形式，改进社区党组织的工作方式，通过支持社区居委会充分行使自治责权来落实党的任务，通过支持社区居民开展自治活动赢得群众拥护，通过支持社区各类组织参与服务管理体现党组织的带动作用。三是发挥党员作用带动居民参与，加快推进服务型社区党组织建设，推广在职党员到社区报到机制，鼓励流动党员和单位退休党员参与社区党组织生活，开展社区党员志愿服务、结对帮扶等活动，充分发挥党员在社区服务管理中的先锋模范作用，带动社区居民广泛参与社区自治和服务活动。

---

① 杭州谷朴文化发展有限公司.社区平安家园建设方案[EB/OL].搜狐网，2019-07-18.

社区治理要处理好政府、市场、社会三者之间的关系。在社区层面要处理好政府与社会的关系，充分发挥社会力量在社区治理中的积极作用，促进政府治理与社会调节、居民自治的良性互动；要处理好政府与市场的关系，在社区资源配置和直接经济活动中，发挥市场决定性作用，在公共服务领域要更好发挥政府再分配职能；要处理好市场与社会的关系，发挥社会组织、群众性自治组织在维护市场秩序和弥补市场失灵、保护弱势群体权益方面的作用。

推动基层政府职能转变。本着优化行政层级、提高行政效能的原则，推动服务型政府建设，推进基层管理体制改革，达到人力、财力、物力向社区下沉，立足社区提供各类公共服务。

推进多元主体参与的社区社会治理。社区治理是创新社会管理的体现，使政府的单向管理为政府行政管理与基层群众民主自治有机结合，实现社区多元主体参与共治。

（二）提升城市社区治理水平

着力加强社区居民参与能力、社区服务供给能力、社区文化引领能力、社区依法办事能力、社区矛盾预防化解能力、社区信息化应用能力"六大能力建设"。提升服务能力，发挥社区服务居民的作用。

完善社区民主制度（图2），激励社区居民参与，增强社区治理能力。社区自治是基层民主制度的重要组成部分，必须把民主选举、民主决策、民主管理和民主监督的实践贯穿于社区建设的全过程和各方面。一是扩大有序参与，依据《城市居民委员会组织法》，加快完善发展社区居民自治的制度，稳步提高社区居委会直接选举比例；发展院落（楼宇、门栋）自治、业主自治、社团自治等民主形式，创造农村进城务工人员融入社区、参与社区管理的条件，拓宽利用社区媒体、互联网络、移动设备等参与渠道。二是加强议事协商，进一步完善社区居民会议和居民协商议事会议制度，健全民情恳谈、社区听证、社区论坛、社区评议等对话机制，推进社区民主协商的制度化、规范化、程序化。要把涉及居民利益的公共服务事项纳入协商议事范围，使公共政策的制定和实施符合群众意愿。三是强化权力监督，继续推进社区党风廉政建设，进一步完善社区党务、居务、财务、服务等信息公开制度，健全社区信息公开目录，及时将社区工作的办事流程、工作进度、执行效果、经费收支等情况公之于众，置于居民群众监督之下。

图2　社区民主制度[①]

提升社区治理专业化水平。随着经济社区的发展，社区承载的功能越来越多，社区情况复杂多样，便民服务、拥军优属、养老助残、疫病防控、慈善救济等，都需要社区治理相关方如社区党组织、居委会、社区服务站、物业服务企业等具备专业应对能力。一方面需要坚持系统思维。在党的领导下，社区治理者要深入了解民情、掌握实情、剖析原因，既要熟知整体情况，又要搞清楚问题是什么、难题有哪些、症结在哪里，拿出破解社区治理难题的实招、好招。另一方面，需要整合多方专业资源。加强和改进社区党建工作，有机联结社区各个治理主体，形成社区党建工作新格局；吸引社会组织、高校、科研院所、企业等力量参与，提高治理精细化和精准化水平。

创新政府购买服务方式，大力倡导专业社工进社区，使医务社工、心理社工、物业社工等常态化参与社区治理。鼓励高校、科研院所、各级党校专家学者进社区，通过建立实践基地、组建跨学科研究团队等方式积极推动研究成果向实际工作转化，解决治理过程中的难题。

提升社区治理现代化水平。根据我国国情实际，现代化的城市社区治理具有较高的法治化、科学化、精细化水平和组织化程度，是由社区党组织领导、基层政府行政指导、以民为本、服务居民的多方参与、共同参与的社区治理。推动社区治理现代化基础性工作是聚焦社区治理中的矛盾与问题，提升社区

[①] 袁吟.基层治理如何破局？看跃龙社区开辟"五步四议"板凳议事新路径[EB/OL].搜狐网，2019-12-03.

治理法治化水平,将社区各项事务纳入法制轨道,实现规范运行。

城市社区信息化、智能化是推动城市社区治理体系和治理能力现代化的必由之路,充分把握和用好高新技术,激发科技进步,推动城市社区治理现代化的潜力。在城市社区治理中,运用大数据治理的相关技术,充分发挥大数据收集、处理、储存信息等方面的功能,提升治理效能。加强电子政务和智慧政务建设,借助智能自助终端、智能服务机器人、线上行政审批等,发展"互联网+服务平台",开发独具城市特色、符合社区居民需要的政务平台,有效提高社区公共服务信息化水平。

(三)补齐城市社区治理短板

对准制约城市社区治理的短板,从改善社区人居环境、加快社区综合服务设施建设、优化社区资源配置、推进社区减负增效、改进社区物业服务管理等方面采取针对性措施,下大力气破解瓶颈问题,补上城市社区治理的短板。

社区服务是保障和改善民生的重要依托,必须把服务居民、造福群众作为社区建设的主要任务。一是要提高服务设施的可及性。加快推进社区综合服务设施建设,逐步扩大社区服务设施网络覆盖。要提高社区服务设施使用效率,按照服务活动场所最大化的原则合理布局,在标识使用、窗口设置、设备配置、环境装修等方面体现服务宗旨。二是要提高服务项目的普惠性。推进社区基本公共服务均等化,努力做好涉及居民切身利益的劳动就业、社会治安、公共卫生、计划生育、社会保险、社会救助、社区矫正、文体教育等工作,基本公共服务项目覆盖到所有社区。制定农村进城务工人员共享社区服务的措施,推进社区志愿服务制度化和社区便民利民服务多样化,建立行政机制、志愿机制和市场机制互联互补的社区服务供给方式,推广日间照料、"四点半"课堂、康复照料、慈善超市等特色服务,满足老年人、未成年人、残疾人、困难群体的特殊需求和普通居民的多样化、个性化需求。三是要提高社区服务的便捷性。加快推进社区信息化建设,推动社区公共服务综合信息平台统一应用,逐步实现社区公共服务事项的全人群覆盖、全口径集成和全区域通办。加快社区基础信息、管理数据和服务档案集成,推动社区信息平台与行政管理系统联网,增加社区信息屏、信息亭等公益性信息设施数量,完善"家庭眼"监护系统和"一键通"紧急求助系统等个人信息终端功能,做到社区服务管理全方位、全天候和全覆盖。支持社区信息化建设运营机制改革，强化政府支持，发挥社会组织作用，引进实力雄厚、信誉良好、群众认可的企业参与，形成公共资源、社会资源和企业资源合作协力、互惠共赢的良好局面。

突如其来的新冠肺炎疫情，既是对国家治理体系和治理能力的一次大考，也是对社区治理的一次实战检验。疫情防控，反映出社区治理的短板和不足，在推进城市社区治理工作中，要补齐社区治理短板，堵住社区治理漏洞，切实提升社区治理能力。根据疫情后社区治理需求，强化顶层设计，明确党委领导、社区业务流程完善、社区工作减负等核心治理环节，把更长远和正确的价值观输送给社区居民，提高居民自身约束能力和修养。健全"自治、法治、德治相结合的基层治理体系"，加强基层党组织领导，以党建为引领，进一步促进社区治理诸多主体形成合力。结合智能设施完善网格化管理机制，从"事后介入"向"事前掌控"转变[①]。进一步织密网格并提升实效性，针对政府各直管部门多类网格化管理系统，在社区进行整合统一以达到"多网合一"动态化管理，不断提高网格责任人素质能力。

（四）强化城市社区治理组织保障

完善城市社区治理领导体制和工作机制，健全城市社区治理工作协调机制，创新城市社区治理资金筹集和使用机制，加强社区工作者队伍建设，强化政策研究、标准制定和激励宣传，切实抓好党中央国务院关于社区治理文件的贯彻落实。

完善社区治理组织。巩固社区党组织领导核心地位，发挥社区居委会自治主体作用，支持社区社会组织开展活动，加强对政府公共服务机构、业主委员会、物业服务企业的指导和监督，形成社区党组织领导，社区居委会主导，社区公共服务机构、社区社会组织、业主组织、驻区单位和社区居民多元参与、共同治理的良好局面。建立以社区为平台、社会组织为载体、专业社会工作人才队伍为支撑的社区服务管理新机制。完善社区社会组织发展和社区社会工作专业人才队伍建设的政策，推行政府购买服务制度，建立公益创投机制，充分发挥社区社会组织作用，并鼓励其他社会组织和社会工作专业人才进社区开展服务。加强组织领导，把社区建设纳入当地社会建设的整体布

---

① 王海珍.后疫情时期，社区治理如何升级[J].中华儿女，2020，7：50-51.

局，加强政策创制和政策指导，加大经费投入和人员保障，强化工作督促和任务落实。

第二节 城市社区治理体制机制

根据城市社区治理的原则和目标，以共同缔造理念构建城市社区治理体制机制，激发居民群众热情，调动社区相关联单位的积极性，共同参与城市社区治理，实现决策共谋、发展共建、建设共管、效果共评、成果共享。

一、城市社区治理体制

（一）城市社区治理体制及特点

社区治理体制，是社区治理机构为了实现社区发展目标和社区工作任务，依据一定历史阶段国家治理理念和治理原则实施治理的组织体系及运转机制。社区治理体制以社区治理基本内容为基础，与社区外在环境和社区发展相适应，是社区治理机制、组织结构和职权划分、治理方式和工作方法的总和。

城市社区治理体制的特点：一是由社区治理的组织及其职能权限划分、运行机制、保障要素等构成的有机体系。二是治理组织结构，基层党组织、政府及其职能部门、社区党组织、社区各职能委员会等组织结构相互配套，形成一个完整的社区治理组织体系。三是社区治理体系具有整体性和联动性，社区治理主体的职责明晰，以党组织为核心，基层政府推动、社区居民自治组织、驻社区单位及社会组织共同参与，形成社区治理的整体合力。四是多元化治理队伍服务居民意识强、素质高，具有社会化、职业化、专业化、规范化等特点。五是社区治理机制构成有机整体，这些机制功能清晰、流程科学、运作顺畅，协同处理好社区公共事务。

（二）共同缔造理念是城市社区治理体制的基本理念

共同缔造的理念是按照创新、协调、绿色、开放和共享的要求，致力于把生态文明建设的理念、原则融入城市社区治理体制和机制，将国家治理体系和治理能力现代化建设落到社区。以社区为基本单元，充分发动居民群众着力公共空间、服务设施、人文环境，优化人居环境和人际关系，提升居民生活幸福指数和社会凝聚力，促进社会文明进步。

依托共同缔造理念完善社区治理的体制机制，就是要从老百姓关心的贴身利益做起，以调动社会群众参与城市社区治理的工作热情，激发群众共同参与美好社区人居环境建设的热情，凝聚群众的力量，营造良好的社区氛围，有助于形成社区认同感，提升居民的幸福感和社区自豪感。在城市社区治理中，从关系到群众切身利益，容易激发群众参与热情的实事、小事、趣事做起，坚持城市社区治理中有事好商量，大家的事大家商量，努力寻找共同意愿和最大公约数，广泛动员群众"共谋、共建、共管、共评、共享"，达到公共利益和个人利益平衡，实现环境改善与生活质量和人的素质提升相互促进。

以"共同缔造"理念构建新型社区治理的体制。新型社区治理体制，以人民为中心，注重从居民实际需求做起，从居民关心的热点和难点做起，把居民的"小事"当成"大事"来抓，把办好群众关心的身边"小事"作为立足点和切入点，因势利导、顺势而为，激发居民群众热情，调动社区相关联单位的积极性，共同参与城市社区治理，实现决策共谋、发展共建、建设共管、效果共评、成果共享。

（三）以共同缔造的理念完善城市社区治理体制

以共同缔造理念完善社区治理体制，明确社区治理的参与主体角色责任、方式方法、工作思路。基层政府及部门是城市社区治理总体谋划、组织协调、宣传引导者，以共同缔造理念完善城市社区治理体制。政府部门要转变职能，转变传统社区管理的观念意识，改变大包大揽的观念，政府由无限责任向有限责任转变，从自上而下的工作模式向居民自治模式转变。政府及主管部门是城市社区治理总体谋划、组织协调、宣传引导者，明确治理工作重点是什么、怎么推进治理、谁参与社区治理，而社区共建什么、怎么共建、应该交给社区居民决策，激励多元主体共同治理社区。

（四）党建引领城市社区治理，健全社区治理体制

加强社区党组织建设，发扬群众路线优良传统，紧密依靠基层组织和党

员群众,健全城市社区治理体制,形成社区党组织正确引导、统一部署、统一协调,齐心协力,社区居民共同支持、积极参与、密切配合的工作氛围和环境。

在城市社区治理中应用共同缔造理念健全社区治理体制,是以社区为基本单元,在党建引领下(图3),激发居民群众热情,调动驻社区单位的积极性,共同参与城市社区治理,构建"纵向到底、横向到边、协商共治"的社区治理体系,形成政府、社区居民和社会力量打造共建共治共享的社区治理格局,以共同缔造理念塑造共同精神,凝聚了社区共识,发动群众"共谋、共建、共管、共评、共享",最大程度地激发了人民群众的积极性、主动性、创造性,改善社区环境,延续历史文脉,实现城市可持续发展,提升社区居民的获得感、幸福感、安全感。

图3 党建引领城市社区治理

(来源:深圳市特区建设发展集团有限公司)

"纵向到底"就是以区县、街道、社区三个层级为基础,自上而下明确各级政府职能定位,梳理各层次的职能范围与工作重点,简政放权,构筑分工明确、上下联动的治理架构。党的组织进社区,发挥治理核心和领导核心作用,成为发动群众组织群众的骨干力量。让政府的服务走进社区,构建"完整社区",塑造有效的治理单元。

"横向到边"主要指把个人纳入以党组织为领导的各类组织中来,进行社区治理事物的共同协商和统筹管理。以党组织、共青团等群团组织、自治组织、社会组织等为基础,结合传统基层组织与新型社会组织力量,明确各类组织定位。以党组织领导为核心,各类组织在其指导下,依据各自所长而承担的社会治理事务,实现社会治理"人人参与、人人有责"。

二、城市社区治理运行机制

在现有城市社区治理体制下,功能清晰、流程科学、运作顺畅的运行机制构成有机整体,协同处理好社区治理事务。

(一)党建引领城市社区治理机制

城市社区以基层党组织为核心,发扬群众路线优良传统,紧密依靠社区党组织和党员,正确引领城市社区治理,统一部署,协调社区治理工作。

党建引领城市社区治理,街道和社区党组织成为凝聚城市社区党员群众的"主心骨",统一思想认识,让社区党组织和党员干部带头成为社区治理活动的"领头羊",动员社区群众和多元化主体成为参与城市社区治理的"生力军"。

适应城市社区治理新特点和新规律,探索党建引领新路径,推动党建和社区治理深度融合,把党的政治优势、组织优势转化为社区治理优势。以社区党组织为核心,社区居委会为主体,社区服务站为平台,物业、市政公用等服务企业、驻社区单位和各类社会组织广泛参与、协同联动的社区治理体系,提升社区治理水平。

实现社区党组织和党的工作全社会覆盖。一是社区服务型党建,制定组织建设、党员管理、治理结构、服务群众和工作职责等基本规范,推动社区党组织在服务中更好地发挥领导作用。二是增强队伍,注重发挥党员个体的先锋模范作用,让每一名党员干部在城市社区治理中有担当、有作为。三是加强制度建设,完善城市社区党建的制度,健全组织生活、学习教育、党员管理等各项制度,紧密联系城市社区治理实际,将党员学习讨论、承诺践诺、组织生活会、民主评议党员等落实到社区治理工作中,解决党员思想、组织、作风、纪律等方面存在的问题,增强广大党员自我净化、提高治理能力。

(二)社区自主决策机制,协调多元化利益

健全社区党组织领导下的居民自治、民主协商、社会多元利益主体参与的自主决策机制。党建引领,提升社区居民参与城市管理、维护城市环境的积

极性和自觉性。党建培养以社区党员、团员青年、居民代表、楼门院长、退休干部等为主体的骨干力量参与社区自主决策，提高社区自主决策的效率和群众满意度。

党建引领城市社区治理项目的决策与利益协调，以"协商共治"的民主方式和方法，推进居民的共谋、共建、共管、共评、共享，调动居民群众及社会各方的积极性，分层协商和公共沟通互动制度，完善区、街道、社区三级协商联动机制，形成"市级筹划指导、区级统筹负责、街道社区实施、居民自治参与"的工作格局，真正发挥居民群众的主体作用。

党建引领城市社区治理项目的决策民主协商，有利于城市社区科学合理地决策社区治理的具体项目，全方位地考虑这些项目将为居民生活带来哪些改变和影响，改造所需资金资源从哪里来，以及改造工程的现实效果。

以社区党建引领协调多元化利益主体，让居民和驻社区单位在社区治理项目的自主决策过程中，充分表达诉求、寻求个体利益和公共利益的最大公约数，平衡各方利益，尽可能减少协调和磨合成本，使得牵涉居民自主决策的治理项目能够切实地解决社区居民群众遇到的问题和困难，达到多元利益主体都满意的效果。将中国特色社区制度的优越性转化为社区治理的能力与效能，充分体现多元利益主体在社区治理中的智慧和能力，提升居民对城市社区治理的认知与信心，满怀热情地支持社区决策和治理工作。

（三）群众诉求快速响应机制

以党建引领，健全群众诉求的快速响应机制。社区整合各类热线归集到12345市民服务热线，联通全市统一的群众诉求受理平台，实现事项咨询、建议、举报、投诉"一号通"。社区坚持民有所呼、我有所应，市民诉求就是哨声，社区要配合街道和部门闻风而动、接诉即办。拓宽社情民意反映渠道，在发挥传统媒体优势的基础上，利用微信、微博、贴吧、短视频等网络新媒体平台倾听群众呼声，迅速回应群众关切的问题。社区强化民意导向，社区民生项目要健全民意征集、协商立项、项目落实、效果评价为流程的反映民意的工作机制，将民意征集程序前置，凡面向居民开展的工程建设、惠民政策、公共资源配置等，实施前须听取群众意见建议。

（四）社区服务机制

城市社区具有服务功能。社区服务，就是一个社区为满足其成员物质生活与精神生活需要而进行的社会性福利服务活动。社区服务主要是面向群众的便民、利民服务，面向特殊群体的社会救助、社会福利和优抚保障服务，面向下岗失业人员的再就业服务和社会保障服务等。

党建引领，完善和创新社区服务机制，加强和改进社区服务工作，促进社区治理与社区服务相协调，有利于扩大党的执政基础、体现政府的施政宗旨，有利于扩大就业、解决社会问题、化解社会矛盾、提高人民生活质量、促进社会和谐、不断地满足居民对美好生活的需求，进而促进社区治理能力现代化（详见本章第三节内容）。

（五）社区平安机制

党建引领，完善社区平安机制（图4）。健全立体化社会治安防控体系，建立执法即时响应机制，依托"雪亮工程"，推进智慧社区建设，打造24小时城市安全网。"平安社区"等创建活动向矛盾多发、管理缺失、影响安全稳定的新领域、新群体延伸，加强社区公共安全领域和重大活动城市安全风险管理，落实安全责任制，协助专业部门组织开展应急演练、监督辖区单位安全生产

图4　完善社区平安机制

（图片来源：湖南省美术家协会）

等工作。社区统筹群防群治资源，协助加强消防、禁毒、养犬等管理工作。

社区利用基础配套设施，加强消防、公安等管理，打造平安品质社区。充分利用智慧信息系统，为居民提供便捷优质的服务，发挥智慧安防的优势，运用"大数据"+"云端管理"等进社区，实行智能化管理。信息系统自动通过对小区人员出入进行人脸分析、人流分析、轨迹分析、身份比对、车辆分析等多种方式进行信息采集，形成大数据。如遇紧急事件，还可一键呼叫综合管控服务中心及网格人员，及时精准解决问题。通过购买服务方式建立街道应急小分队，实现辖区居民安全服务保障"即刻到家"。加强心理服务体系建设，解决影响社会稳定的心理健康问题。

（六）城市社区长效管理机制

加强党对城市社区物业管理的领导，以党建优化社区物业管理。社区成立党组织领导的物业管理委员会，负责住宅小区物业管理的指导和协调工作。住建、环卫、消防、电力等职能部门作为成员单位，根据各自职责，做好相关工作。尤其是水、电、气、暖各职能部门，要加大对社区支持力度，在政策、经费方面予以倾斜，配合社区做好城市社区补短板工作。

社区居委会指导居民小区，特别是无物业的居民小区，选择优质物业公司，提升小区长效管理的能力和水平。一是明确物业管理目标，根据物业管理的目标选择优质物业公司。对于基础设施完备、功能较为齐全、达到引入专业化物业管理的小区，社区帮助、指导居民小区组建业主委员会或小区物业管理委员会，由小区业主委员会或小区物业管理委员会结合实际需求和特点，选择合适的优质物业公司，确定物业管理的服务标准和收费标准，明确物业管理的目标。二是物业管理创新，提升专业管理水平。物业公司要全方位加强服务，与社区共同建立起"双向服务"，一方面物业公司对住户提供管家式服务，详细掌握住户的居住需求；另一方面配合社区做好卫计、社会保障等服务，让居民感受到物业公司细致的服务，赢得住户的支持，让住户主动缴纳物业费，形成"住户满意、主动缴费、服务提升、居民信赖"的良性循环。居委会督促物业公司按照物业管理标准，坚持一切为了业主的理念，配备专业人员，定人定岗定责，定时维护设备、按时养护绿化、加强小区安全管理和停车服务管理，为居民提供全方位服务。

（七）以社区综合管理交流平台，融合社区治理机制

把社区党建作为社区治理的一条红线，贯穿于社区治理全过程。一是健全网格化治理，解决好城市社区治理中居民群众的日常事和烦心事。二是多元化参与，坚持以党组织为主导，建设网格党群服务中心、邻里党群服务中心及党建信息化综合服务平台，以快捷、方便的途径畅通民意、汇集民智、解决民忧。三是平台融合党群工作、民生保障体系、平安社区建设、社区财政管理、"微执法"信息和社区纪检监察工作等治理机制，以现代技术综合社区工作，优化工作流程，提升社区治理功能。四是通过平台完善人民调解、司法调解、行政调解、多元纠纷调解服务体系，实现"小事不出社区、大事不出街道"。

（八）社区人才和经费保障机制

加强城市社区工作者队伍建设，完善社区人才保障机制。对于城市社区，在加强相关理论研究的同时，把社区治理先进理论运用到实践中。要加强对社区治理服务的一线工作者队伍建设，建立健全激励机制，加强居民监督，促进社区工作者队伍建设。

加大城市社区治理资金投入，增加财政投入，完善经费保障机制。由于城市社区治理需要资金较大，很多地方的财政实力不能满足社区治理工作的需要，要引入社会多元投入机制，鼓励民间组织、慈善基金、企事业单位捐赠和投入社区建设。以市场化方式吸引社会力量加入城市社区治理中，既缓解社区治理资金不足，又有利于老旧小区改造后的长效管理。同时，要规范经费管理，逐步实行社区事务公开化，促进社区居民和第三方的监督反馈作用，保证公开、透明和合理地使用社区经费，使社区经费真正落实到社区服务之中。

三、当前城市社区治理的组织结构

城市社区治理的组织结构，由党中央国务院和多个部委制定社区治理的方针政策和文件决定，与政府层级密切相关。

(一)政府层级与社区治理组织

城市社区治理的组织,是社区居民委员会。社区居民委员会(以下简称"居委会"),是居民自我管理、自我教育、自我服务的基层群众性自治组织。

目前,我国政府的主要行政层级为:省级(包括省、直辖市、自治区),地级(包括地级市、自治州、地区),县级(包括县、区、县级市、自治县),乡级(包括乡、镇、街道),行政村(包括行政村、社区)。城市街道是区人民政府派出的机关,居委会的成立由当地街道办事处批准并上报区政府。

作为区人民政府派出机关的街道办事处,坚持党的全面领导,街道党的工作委员会(街道工委)派出党委书记兼社区居委会主任,从党的关系上实现上级(街道工委)领导下级(社区党委),街道行政上指导、支持和帮助社区工作。

城市街道办事处动员居民委员会、辖区单位以及居民、人大代表、政协委员等共同协商解决社区治理事务,做好双向需求征集、提供服务、沟通反馈、考核评价工作。城市街道办事处指导居民委员会通过社区议事厅等形式,组织社区单位和居民等对涉及切身利益、关系社区发展的公共事务进行沟通和协商,共同解决社区治理问题。城市街道办事处推动居民委员会制定和完善居民公约;指导、支持和帮助居民委员会开展居民自我管理、自我教育、自我服务、自我监督的自治活动,完成各项法定任务。城市街道办事处行政上指导社区平安建设工作,及时处置居民委员会反映的突出风险、突出问题,维护社区安全稳定。城市街道办事处指导和依靠居民委员会,了解、预防、排查、化解社区和家庭以及邻里之间等矛盾和纠纷,发挥调解作用,就地解决涉及居民切身利益的问题。城市街道办事处支持和保障社区服务站开展工作。在社区党组织领导下开展社区公共服务、公益服务、便民服务等工作。

社区居民委员会协助街道开展工作。居委会工作人员工资福利列入地方政府的财政支出,由民政部门发放。不设区的市人民政府或者其派出机关对居民委员会的工作给予指导、支持和帮助。居民委员会协助不设区的市人民政府或者其派出机关开展工作。

社区居委会协助街道开展的工作主要为:一是宣传宪法、法律、法规和国家的政策,维护居民的合法权益,教育居民履行依法应尽的义务,爱护公共财产,开展多种形式的社会主义精神文明建设活动;二是办理本居住地区居民的公共事务和公益事业；三是调解民间纠纷；四是协助维护社会治安；五是协助人民政府或者辖区派出所等相关部门做好与居民利益有关的公共卫生、计划生育、优抚救济、青少年教育等项工作；六是向人民政府或者它的派出机关反映居民的意见、要求和提出建议。

（二）党和国家政策确定社区治理组织结构

党中央国务院和多个部委确定社区治理的大政方针和政策。党中央国务院和全国人民代表大会决定社区治理的发展方向和法律，民政部、中央组织部、住房和城乡建设部等多个部委制定城市社区的法规和规章制度及文件。党中央和国务院颁布的文件明确了社区治理的指导思想、基本原则和目标，明确社区治理的方向和重点及保障措施，出台的文件指导社区治理的组织建设和业务工作。

我国的社区治理组织是随着国家和社会发展不断演变的，从改革开放前的社区行政型居民委员会，转向改革开放后的合作型社区以及21世纪后的社区自治型居委会。1954年12月，全国人大常委会通过了两个关于社区管理组织的全国性法规《城市居民委员会组织条例》，这个条例明确了城市居民委员会的功能和性质等。改革开放以后，随着农村人口向城市流动和城市之间人口流动增加，针对城市管理面临的新格局，民政部首次提出社区的概念并以社区服务为导向对基层事务进行管理和规范。自20世纪90年代起，社区管理的规范化、系统化要求逐渐增强，1990年起颁布实施的《中华人民共和国城市居民委员会组织法》取代《城市居民委员会组织条例》，以法律代替法规明确了城市居委会的职责。

2000年，民政部提出社区建设的纲领性文件《民政部关于在全国推进城市社区建设的意见》，开始鼓励全国各地推进城市社区建设工作；2012年第一次将社区治理一词写入中国共产党第十八次全国代表大会会议报告中，提出在基层事务、公益事务中实行自我管理、自我服务、自我监督等是人民依法直接行使民主权利的重要途径。随着经济发展和城市化进程，目前我国社区呈现复杂化、多元化的现状，社区从管理到治理。

2016年12月，民政部、国家发展改革委等16部门联合印发《城乡社区服务体系建设规划（2016-2020年）》（以下简称《规划》）。在民政部、中央组织部、中央综治办、国家发展改革委、教育部、工业和信息化部、公安部、司法部、财政部、人力资源和社会保障部、住房和城乡建设部、农业部、文化部、国家卫生计生委、体育总局、中国残疾人联合会印发的《规划》提出，到2020年基本公共服务、便民利民服务、志愿服务有效衔接的城乡社区服务机制更加成熟；社区综合服务设施为主体、专项服务设施为配套、服务网点为补充的城乡社区服务设施布局更加完善；网络连通、应用融合、信息共享、响应迅速的城乡社区服务信息化发展格局基本形成等发展目标。同时明确加强城乡社区服务机构建设、扩大城乡社区服务有效供给、健全城乡社区服务设施网络、推进城乡社区服务人才队伍建设和信息化建设等多项工作任务，并从加强法规制度建设和标准化建设、健全领导体制和工作机制、加大资金投入、完善扶持政策和强化规划实施等方面提出保障举措。

2017年6月12日，我国首个国家层面的城乡社区治理纲领性文件《中共中央 国务院关于加强和完善城乡社区治理的意见》正式印发，是我国历史上第一个以党中央、国务院名义出台的关于城乡社区治理的纲领性文件，提出了加强和完善城乡社区治理的指导思想、基本原则和总体目标，明确了当前和今后一个时期的战略重点、主攻方向和推进策略，为开创新形势下城乡社区治理新局面提供了根本遵循。

2020年8月，住房和城乡建设部等部门印发《关于开展城市居住社区建设补短板行动的意见》，针对当前居住社区存在规模不合理、设施不完善、公共活动空间不足、物业管理覆盖面不高、管理机制不健全等突出问题和短板，要求以建设安全健康、设施完善、管理有序的完整居住社区为目标，以完善居住社区配套设施为着力点，大力开展居住社区建设补短板行动。社区补短板行动由住房城市建设部门具体牵头负责，成员单位包括组织部门、发展改革部门、教育部门、工业和信息化部门、公安部门、民政部门、自然资源部门、商务部门、文化和旅游部门、卫生健康部门、应急管理部门、人民银行、税务部门、市场监管部门、体育部门、国家能源局、国家邮政局、中国残疾人联合会等部门。社区补短板行动重点任务有五个方面：合理确定居住社区规模、落实完整居住社区建设标准、因地制宜补齐既有居住社区建设短板、确保新建住宅项目同步配建设施和健全共建共治共享机制。

根据党中央国务院和全国人大关于社区治理的法律和纲领性文件，民政部、中央组织部、住房和城乡建设部的法规及这三个部门牵头召开联席会议形成的文件，地方政府依法制定社区治理的规章制度和政策、体制机制及社区治理组织结构。

（三）当前城市社区治理组织结构

在目前的政府层级下，地方党委政府围绕城市战略定位，依据党中央国务院和民政部、中央组织部、住房和城乡建设部等部门关于社区治理的方针政策，制定社区治理的规章制度和政策，确定顺应当地经济社会发展和适应社区治理环境特点的社区治理组织结构[①]，有效地推进社区治理机制运行，形成共建共治共享的社区治理工作新格局，建设新时代文明社区、活力社区、宜居社区、平安社区和幸福社区。

在街道党工委及党群工作委员会的领导和指导下，城市社区治理组织结构主要由以下六个委员会构成：

一是社区共建共治委员会，组织城市社区治理多元化主体全过程参与，协同街道大数据管理，做实多元主体协同治理机制、智慧社区服务平台、社区文化品牌和社会工作者队伍建设。

二是治安和调解委员会，做实网格化治理工作，落实治安立体化管理、协调居民关系，建立和谐社区，为居民重点人群和流动人口管理服务。以事实为依据，以法律为准绳，实事求是，公正及时调解民间纠纷，将纠纷解决在萌芽之中，防止矛盾激化，为维护社会稳定发挥积极作用。积极参与加强社会主义精神文明建设和各种群众自治活动，教育公民遵纪守法，提高社会公德素养，树立好的典型，维护社会安定团结，促进社会文明发展。

三是社会福利（含老龄）委员会，做实社会保障工作。动员和组织社区民间组织及成员开展尊老助残、扶贫济困活动，开展便民、利民的社区服务，依法协助政府办好社区居民的公共事务。落实优抚政策，贯彻再就业政策，积极挖掘就业岗位，帮助失业和下岗人员实现再就业。配合政府做好民政对象的服务管理工作，积极开展拥军优属活动。

四是公共卫生委员会，开展卫生保健服务，办好社区卫生医疗保健室，提供常见病的康复医疗服务，宣传健康防病知识，提高全民健康意识。宣传卫生科普知识，使群众养成良好的卫生习惯。积极开展本社区的清洁卫生、防病防疫工作。动员群众搞好绿化、美化环境，保护花草、树木和绿化，提高

---

① 全国各地社区治理的组织结构形式，在此以北京市为例介绍社区治理的组织结构。

社区居民卫生意识，修改或制订卫生公约。协助卫生防疫部门或居委会加强疫情防控，提升公共卫生工作水平。

五是文化体育委员会，组织和发展社区文化体育事业，为社区全体居民创造合理的、美好的精神生活条件，以满足居民不断提高的精神生活需求，提高社区居民的综合素质和社区的文明程度，树立良好的社区形象。动员和组织社区民间组织及成员开展志愿服务活动，充分利用社区文化教育、体育等服务设施，组织群众开展丰富多彩、健康向上的社区文化、科普和体育活动，培育壮大社区群众业余文艺团队，不断提高居民综合素质。做好青少年校外文化教育活动，经常性地开展社区科普健康教育。

六是物业管理委员会，统一协调管理社区内小区物业相关事宜，负责督促业委会和物业服务企业履行职责，宣传社区物业管理政策法规，现场协调处置各类物业矛盾和纠纷，应急处置各类物业管理中的突发事件，维护社区物业管理环境，完善物业管理协调机制，及时反映居民的服务需求，引导居民履行业主义务，组织召集社区物委会会议，配合做好物业服务企业的绩效考核工作等。

以上各委员会，都要宣传贯彻党和政府关于本委员会专业领域等方面的法律、法规和政策。

社区居委会还要配合和协助街道综合执法队落实"微执法"机制和基层应急管理机制。

街道党工委加大对社区六大委员会的支持、指导和相关保障力度，做实社区居委会下设的工作委员会，增强联系服务群众、组织居民自治、民主议事协商等治理能力。

通过这些社区居委会下设的工作委员会，增强社区联系服务群众、组织居民自治、民主议事协商等能力。这些委员会弘扬社会主义核心价值观，推进依法治理社区与以德治理社区有机结合；将居民参与社区治理、履行社区公约等情况纳入社会信用体系；推进社区服务站改革，以"一站多居"，调整人员配置，优化服务方式，实行"综合窗口""全能社工"模式；实行社区全响应服务机制，推行错时延时、全程代办、预约办理和"互联网+"服务，方便居民群众办事。

（四）党建是城市社区治理组织结构的核心

各级党委和政府成立领导挂帅的城市社区治理组织结构，决策统筹推进社区治理工作，保障城市社区治理工作的顺利推进。地方党委和政府成立城市社区治理决策统筹协调推进工作领导小组或类似的有力有效的组织，制定因地制宜的城市社区治理政策，以统筹规划、全面部署城市社区治理工作，指导城市社区治理工作。地方党委与政府建立健全政府统筹、条块协作、各部门齐抓共管的专门工作体系，明确各有关部门、单位和街道（镇）、社区职责分工，优化社区组织结构和责任清单及议事规程，以组织结构优化高效推进城市社区治理工作[①]。

地方政府按照属地管理原则成立城市社区治理工作决策统筹协调推进机制，明确牵头部门和成员单位，细化责任分工，制定工作方案，落实责任到人；规划部署该区内城市社区治理工作，加大社区建设资金支持力度，动态调整社区公益事业专项补助资金；建立资金投入、巡查监考、考核奖惩机制，监督、保障改造工作的实施；统筹组织政府的职能部门落实上级的工作要求，积极开展社区治理工作。

第三节　社区治理创新与服务创新

社区治理与社区服务是相辅相成、互相促进的关系。社区治理本质上是服务，社区治理是为了更好地为社区居民提供服务，良好的社区服务能够提升社区治理效能。

随着社区治理领域的迅速拓展，社区治理相应地面临新情况新问题。社区服务业内容的变化、社区服务规模的发展对社区治理提出了更高的要求，同时，社区治理水平也影响着社区服务业的发展。

寓社区治理于社区服务，以社区治理创新促进社区服务创新、以服务创新提升社区治理效能，能更好满足居民生活服务需求，落实国家基本公共服务，创造高品质城市社区生活，满足居民对美好生活需要，在保障和改善民生的同时，释放社区需求潜力、扩大内需、促进经济发展。

---

① 国务院办公厅.《关于全面推进城市社区治理工作的指导意见》(国办发〔2020〕23号)[Z].2020-07-10.

一、城市社区治理创新

以城市社区治理创新,形成社区资源共用、成果共享,实现城市社区统筹治理与综合服务,降低管理成本,提升社区治理水平(图5)。在城市社区治理创新中,综合运用经济、行政、法律、科技、文化等手段,构建权责明确、服务为先、管理规范、安全有序的社区治理体制,能够实现"居民的社区居民管",继而实现"社区,让生活更美好"的愿景。

图5 公园社区与公园街区营造举措示意[①]

(一)创建"一核多元、融合共治"的城市社区治理体系[②]

"一核多元、融合共治"的城市社区治理体系中,"1"是指党的领导,多元是指社区的多元利益主体。这个体系强调以党的领导为核心,充分调动社区党组织、居民委员会、小区业主委员会、物业服务企业、辖区社会单位、中介服务组织以及居民等多方力量,持续参与社区工作,最终形成"党委领导、政府负责、公众参与、凝聚合力、多元共治、跨界联盟"的社区治理创新体系。

"一核多元、融合共治"城市社区治理新体系重点有三:一是服务,城市社区治理应当从"管制型"转为"服务型",从"网格化管理"转为"网格化服务",满足市民个性化需求。二是共享,城市治理中的共享,不但要体现在工

[①] 贾宜超.深度解读版来了!原来成都美丽宜居公园城市这么讲究[EB/OL].央广网,2018-05-12.
[②] 汪碧刚.构建"一核多元、融合共治"的城市治理创新体系[N].中国建设报,2020-07-09.

具化共享和信息化共享层面，更要体现在价值共享上。三是融合，要促进城市居民之间观念的融合、新旧体制的融合和公共治理的融合。

（二）党建引领城市社区治理创新

以党建引领社区治理创新，强化社区党组织在社区治理中的领导地位，充分发挥社区党组织总揽全局、协调各方、服务群众的战斗堡垒作用。将党的领导嵌入城市社区治理，以党建工作引领社区共建、共享、共治，夯实党的执政基础。在新时代，依托党的组织优势推进社区治理创新，创新党建引领的城市社区治理体制，发挥党建的纽带作用，构建党建复合引领的社区治理机制，不断提高城市社区治理的有效性。

履行全面从严治党主体责任，不断提升社区党组织的组织力。完善党组织对社区治理重大工作的领导体制机制，优化决策程序，涉及社区治理的重大事项、重点工作、重要问题由社区党组织讨论决定，全面提升社区党建领导力、治理和服务的效能。

健全完善城市社区党建体系。构建市、区、街道、社区党组织四级上下贯通，社区党建、单位党建、行业党建多方联动，以社区党建为重点，党组织覆盖广泛、组织有力的社区党建工作体系。

加强社区服务型党组织建设，制定组织建设、党员管理、治理结构、服务群众和工作职责等基本规范，推动社区党组织在服务中更好地发挥领导作用。健全社区党组织领导下的居民自治、民主协商、群团带动、社会参与等机制。

社区党组织和居委会依据法律、法规、规章和上级党委、政府的授权，对社区党的建设、公共服务、城市管理、社会治理等行使综合管理职能，全面负责社区的社会性、群众性工作的统筹协调。加强社区治理能力建设，切实提升统筹协调能力、服务能力、管理能力和动员能力。

（三）以共建共治共享理念创新社区治理

从政府自上而下的单向社区治理向多元主体协商共治转变，以共建、共治、共享（图6）加强社会协同，扩大公众参与，促进社区自治，强化法治保障，激发社区治理活力。

共同参与社会建设　　共同参与社会治理　　共同享有社会成果

图6　共建共治共享的社会治理创新[①]

完善以社区党组织为核心，社区居委会为主体，社区服务站为平台，物业、市政公用等服务企业、驻社区单位和各类社会组织广泛参与、协同联动的社区治理体系。弘扬社会主义核心价值观，推进以德治理城乡社区，探索将居民参与社区治理、履行社区公约等情况纳入社会信用体系。建立分层协商和公共沟通互动制度，完善区、街道、社区三级协商联动机制，推进议事协商常态化、机制化。

社区依托社会组织服务（孵化）中心，加快培育生活服务类、公益慈善类、居民互助类及针对特定群体的社会组织，并给予公益创投、补贴奖励、活动场地费用减免等支持。成立社区社会组织联合会，规范社区社会组织行为，并为其提供资源支持、承接项目、代管资金、人员培训等服务。

在社区治理中充分发挥市场机制作用。围绕城市社区治理的需求，以现代化技术形成统一标准、统一平台、统一考评、多方参与的一体化城市社区平台运营模式；依托社区平台建立多元化的投资机制，尝试市场化运作，拓宽资金来源，有效整合信息发布、信息交流、社会管理、居民自治和社区管理数据库等功能，提升社区治理效率。

社区党委和居委会，尊重市民对城市发展决策的知情权、参与权、监督权，鼓励企业和市民通过各种方式参与城市建设、管理，实现城市共治共管共建共享；充分发挥各方面的积极性、主动性、创造性，集聚促进城市发展正能量。坚持协调协同，尽最大可能推动政府、社会、市民同心同向行动，使政府有形之手、市场无形之手、市民勤劳之手同向发力；搭建沟通议事平

[①] 董谦君，蔡如意，王韶江.视频"枫桥"跨金湾，社会通"和"谐：探索多元主体协同共治之路[EB/OL].南方报业传媒集团，2018-12-19.

台，利用"互联网+共建共治共享"等线上线下手段，开展党组织引领的多种形式协商，主动了解居民诉求，促进居民达成共识，发动居民积极参与社区治理项目或改造的方案制定、施工、参与监督和后续管理、评价和反馈小区改造效果等①。

以社区治理创新，合理落实社区多元化主体出资责任。按照谁受益、谁出资原则，积极推动居民出资参与提升治理水平的项目，可通过直接出资、使用专项资金、让渡小区公共收益等方式落实出资①。

（四）创新反映民意渠道及时呼应居民需求

强化公共服务民意导向，以现代技术创新反映民意渠道，在发挥传统媒体优势的基础上，利用微信、微博、贴吧、短视频等网络新媒体倾听群众呼声，迅速回应群众关切。

创新、健全以民意征集、协商立项、项目落实、效果评价为流程的民生工程民意立项工作机制，将民意征集与社区协商嵌入结合、程序前置，凡面向居民开展的工程建设、惠民政策、公共资源配置等，实施前须听取社区居民意见建议。

坚持民有所呼、我有所应。围绕增强便利性、宜居性、多样性、公正性、安全性，推动为民办事常态化、机制化，把解决群众身边问题的实效作为检验工作的标准，打通服务群众、抓落实的"最后一公里"。

（五）创新社区工作者管理制度

创新社区工作者管理制度，改变现有人员编制制度，稳定社区工作人员队伍，提升社区治理水平。居委会属于居民自治组织，不是国家机关。居民选举产生的社区工作人员和居委会主任，虽然工资来源是财政拨款，然而，他们既不属于公务员编制也不属于事业编制，而是属于其他类编制，因而，职业归属感弱。创新社区工作人员的编制制度，与其他财政拨款的单位一样，将他们列入参公单位或事业单位编制，不仅保障了他们的工资福利水平，而且大大增强了他们的职业归属感，减少了工作人员流失，稳定了社区工作队

---

① 国务院办公厅.《关于全面推进城市社区治理工作的指导意见》(国办发〔2020〕23号)[Z]. 2020-07-10.

伍，促进专业化社区工作队伍建设，提升社区治理效率和效能。

社区党组织和居委会在创新社区工作者管理制度的基础上，社区工作者列入参公单位或事业单位编制，容易理顺社区工作者晋升机制，为社区留住人才，同时大力发展志愿服务队伍，培养以社区党员、团员青年、居民代表、楼门院长、退休干部等为主体的骨干力量，发挥志愿服务力量在基层治理中的积极作用。同时，建立以社区居民群众满意度为主要评价标准的社区工作考核机制，促进社区工作者的治理能力与水平。

（六）创新小区长效管理机制

落实国务院办公厅《关于全面推进城镇老旧小区改造工作的指导意见》（国办发〔2020〕23号）精神，推进老旧小区改造，创新和完善社区内各小区的长效管理机制。结合老旧小区改造工作，同步建立健全社区党组织领导，社区居民委员会配合，业主委员会、物业服务企业等参与的联席会议机制，引导居民协商确定改造后小区的管理模式、管理规约及业主议事规则，共同维护改造成果。建立健全城镇老旧小区住宅专项维修资金归集、使用、续筹机制，促进小区改造后维护更新进入良性轨道[①]。

社区党委和居委会推动社会力量参与老旧小区改造项目，以满足居民不断增长的美好生活的需求，提升社区治理水平。在政府部门老旧小区改造政策指引下，社区鼓励原产权单位对已移交地方的原职工住宅小区改造给予资金等支持，激励公房产权单位出资参与改造。社区引导专业经营单位履行社会责任，出资参与小区改造中相关管线设施设备的改造提升；改造后专营设施设备的产权可依照法定程序移交给专业经营单位，由其负责后续维护管理。社区规范各类企业以政府和社会资本合作模式参与改造。支持以"平台+创业单元"方式发展养老、托育、家政等社区服务新业态[①]。

社区居委会加强对老旧小区长效管理的领导，逐步形成"区政府负责、部门协调、街道组织、社区落实"的管理格局。成立社区住宅物业管理工作协调领导小组，负责组织实施住宅小区的物业管理协调工作。住建、民政、执法、市容、司法、公安等职能部门根据各自职责，做好相关工作；社区负责

[①] 国务院办公厅.《关于全面推进城市社区治理工作的指导意见》（国办发〔2020〕23号）[Z]. 2020-07-10.

指导业主委员会选举、换届工作，调处物业管理纠纷、应急处置等；社区要建立物业管理联席会议制度，召集主管部门、业主委员会（物业管理委员会）、物业服务企业等参加，定期收集居民建议，协调解决物业管理中的疑难问题，应急并解决社区重大纠纷。

社区要软件硬件建设兼顾，加大对驻社区物业公司的监管、扶持力度。尤其在城镇老旧小区改造后，对驻区物业公司进行监管考评，引入第三方监管机构进行常态化考评；要建立联评机制，对物业公司的评审定级要充分征求、听取、吸纳社区及业主的意见，建立物业公司准入、退出机制，实现老旧小区整治和长效管理紧密衔接。

（七）赋权下沉促社区治理创新

坚持街道赋权下沉到社区，促进社区治理创新。深化街道管理体制改革，推动重心下移、权力下放、力量下沉，形成到一线解决问题的工作导向，客观上要求社区治理创新，实现责权统一、上下联动，切实发挥社区在城市治理中的基础作用。社区的上级行政指导政府和部门为社区减负，修订社区职责清单，落实社区工作事项发文市、区联审制度，从源头上减少不合理的下派社区事项；加强职能部门内部整合和优化提升，一个部门社区最多填报一张表格（系统）；取消对社区的"一票否决"事项等，促进社区治理创新。

案例：坚持党建引领 社区治理创新实践案例[①]

四川攀枝花东区"坚持党建引领聚力'四个导向'提升城乡社区发展治理现代化"实践。

2018年12月12日，人民网和国家行政学院政治学部联合主办的2018年全国"创新社会治理典型案例"评选结果公布，东区"坚持党建引领，聚力'四个导向'——四川攀枝花市东区不断提升城乡社区发展治理现代化水平"在全国80个案例中脱颖而出，被评为全国"创新社会治理优秀案例"。

1.坚持目标导向，抓好顶层设计

建立完善"一核多元·共建共治共享"城市社区治理和服务体系、"三委一

[①] 中共攀枝花市东区委组织部.坚持党建引领，聚力"四个导向"——四川攀枝花市东区不断提升城乡社区发展治理现代化水平[EB/OL].人民网-中国共产党新闻网，2018-08-10.

中心"农村社区依法治理体系和社区专职工作者选育用管机制,以党组织为核心的城乡社区治理体系初步形成,城乡社区发展治理制度机制进一步健全。

一是加强顶层设计。着力搭建加强城乡社区发展治理"2+2"制度体系,即"两个意见、两个办法":《关于构建城市社区"一核多元·共建共治共享"新型治理和服务体系的实施意见》《关于进一步加强农村基层党的建设加快推进农村依法治理机制改革的实施意见》和《攀枝花市东区社区专职工作者管理办法(试行)》《攀枝花市东区社区专职工作者年度绩效报酬考核办法(试行)》,从制度上精心谋划全区城乡社区发展治理路径和格局。

二是完善工作机制。成立以区委、区政府主要领导为组长,分管领导为副组长,区委组织部、区民政局等32个相关部门为成员的社区治理工作领导小组,定期研究涉及全区社区发展治理重大问题。

三是压实工作责任。明确区级各部门(单位)抓城乡社区发展治理的职责,将城乡社区发展治理纳入班子目标考核和街道(镇)、社区(村)党组织书记抓党建工作述职评议考核内容,层层压实各级党组织书记责任。

2.坚持问题导向,抓牢治理能力提升

针对东区城乡社区发展治理存在的问题,通过加强城乡社区党组织组织力建设、创新治理模式、改进服务方式等,补齐发展治理短板,提升治理服务能力。

一是强化党组织领导核心作用。坚持党建引领,赋予城乡社区党组织规则制定权和议事提名权,因地制宜合理设置党组织。推进"支部建在小区、组织覆盖楼栋、党员联系家庭"和"服务三五家普通群众,带动十几人爱党报国"活动。通过"建、撤、并、转"调整规范基层党组织设置,不断延伸党组织触角,有效破解了"基层治理进不了小区、基层组织进不了楼栋、基本服务进不了家庭"的问题,党组织政治功能和服务能力持续增强。

二是改进城乡社区治理模式。持续推进小区治理"四会"模式,构建"四位一体"小区组织结构;持续推进农村社区基层依法治理体系改革,构建"三委一中心"新型农村社区依法治理体系。建立居民自我巡查、自我管理、自我服务、自我监督的联勤机制,社区矛盾纠纷下降30%、受理率达100%、调处成功率达99.6%以上。实现越级上访、信访积案、群体性事件"三下降"。

三是完善社区治理服务方式。探索服务群众新方法,推行社区"三延"服务模式，即延长服务时间、延展服务触角、延伸服务方式，实现群众办事无时差。在全区建成"一门式"社区公共服务综合信息平台85个，129项民生事务纳入受理服务范围。针对居民群众反映强烈的生活需求，建成社区便民服务网点2000多个，社区"十分钟生活服务圈"初步形成。鼓励社区结合实际创新服务方式，总结提炼了"党员三带工作法""34866工作法""135工作法""逢四说事"等一大批具有东区特色、成熟可推广的社区治理和服务经验，为解决基层治理中存在的问题，提供了有益借鉴。

3. 坚持专业化职业化导向，抓强社区工作者队伍建设

将社区工作者队伍建设纳入东区人才发展规划，强化社区工作者选育用管，初步建成一支结构合理、来源广泛、素质优良的专业化、职业化社区工作者队伍。

一是规范管理。实施社区"两委"委员组织推荐人选资格考试，面向社会公开遴选社区"两委"委员组织推荐人选，建立社区"两委"委员后备人才库，充实社区"两委"干部队伍，规范"两委"委员递补程序。

二是畅通渠道。注重把优秀社区（村）党组织书记选拔到街道（镇）领导岗位，鼓励党政机关、事业单位根据岗位需要，通过公开招聘、竞聘等方式，吸纳优秀社区专职工作者。每年拿出一定比例公务员和事业编制职位，面向社区工作者定向招考，为社区（村）"两委"委员打造"有志者事竟成"干事创业广阔舞台。

三是强化激励。不仅注重事业上有平台、情感上有依靠，也注重待遇上有保障，推行"基本报酬+绩效报酬"薪酬制度，制发《攀枝花市东区社区专职工作者年度绩效报酬考核办法（试行）》《攀枝花市东区社区专职工作者管理办法（实行）》，健全完善社区干部队伍的管理制度体系。

4. 坚持基层导向，抓实固本强基

通过建立健全财政资金保障正常增长机制，推动人、财、物向基层倾斜，推动城乡社区发展治理保障水平稳步提升。

一是强化阵地保障。标准化改扩建社区办公服务用房，新建社区党群服务中心。引导驻区企业积极参与共治共建，主动开放公共资源支持社区建设，与社区携手共谋发展。

二是强化经费保障。将社区建设和治理服务所需资金纳入年初预算，给予社区固定的创新治理完善服务资金，并结合全年整体预算支出情况，适时增加资金支持。

三是强化活动保障。每年按照适当标准落实社区党员活动经费，社区下属党组织书记和兼职委员补贴较上年提高，基层组织活动得到有效保障。强化居民小区党组织经费保障，对每个新成立的居民小区党支部给予一定的启动经费，并从党费中按照一定标准配套活动经费，保证小区党支部正常运转。

二、城市社区服务创新

社区治理创新与社区服务创新是相辅相成的。寓社区治理于社区服务，以社区治理创新促进社区服务创新、以服务创新提升社区治理效能。

社区服务创新，以新型的社区服务圈拓展社区居民需求，不仅更好地满足居民对美好生活需要，而且全国众多社区居民新需求能汇聚成扩大内需的动力，促进经济发展。

（一）以党建引领创新社区服务

党建引领社区服务创新，改善社区生活服务、政务服务、公共服务、文化服务、教育服务、养老服务、托幼服务、医疗服务、社会保障服务、法律服务、信息服务，不仅促进社区治理与社区服务相协调，而且推进社区治理能力现代化。

目前，我国正处于中国特色社会主义新时代，面临经济社会转型升级压力、收入分配改革阻力及人口老龄化提前等问题，把社区治理与服务提升到国家经济社会发展的战略高度，在推进新型城镇化的背景下不断提升社区服务创新模式，推进社区治理与服务绿色发展，保障人民群众共享改革开放红利。

（二）创新基层政务服务

党建引领，深化街道政务服务中心"一窗受理、集成服务"改革，着力提升群众、企业办事便捷度和满意率。推进街道政务服务标准化建设，将直接面向群众、企业量大面广的区级部门服务和审批事项下沉到街道，把社区不该办、办不好的政务服务上收，规范运行程序、规则和权责关系。将全市政务服务"一张网"延伸到街道、社区、楼宇，实现与街道公共服务信息平台、综合执法平台的深度融合，建立街道与部门信息数据资源共享交换机制，实现服务事项的全人群覆盖、全口径集成和全市通办。最大程度精简办事程序，缩短办理时限，提高网上办理比重，加快建设移动客户端、自助终端，实现就近办理、自助办理、一次办理。助力优化营商环境，鼓励社会创业创新，服务社区生态圈、发展楼宇经济，激发各类经济主体和组织的活力。完善社区服务，优化营商环境，推动生活性服务业品牌连锁企业"一区一照"注册登记工作，建立"红黑名单"制度，提升服务质量。

（三）创新社区基本公共服务

以党建引领，按照兜底线、织密网、建机制的要求，以创新提升基本公共服务保障水平，特别要加强学前教育、医疗和养老等社区公共服务。

社区普及和提升义务教育，尤其是幼儿园和小学教育。目前，九年义务教育不含幼儿园。然而，幼儿园教育是刚需，若幼儿园教育无法普及到每个家庭，将严重影响国家"三孩"政策的落实和经济社会的长远发展。现在孩子入园难，难于考公务员；孩子入园贵，贵过大学学费，想让孩子上一所合心意的幼儿园实在是太难了。当务之急是教育部应该尽快将幼儿园纳入义务教育的范畴，将九年义务教育变为十二年，成功解决孩子上幼儿园难的问题，否则，不将幼儿园纳入义务教育，生育问题也许会越来越严重，人们只会越来越没有勇气生孩子。社区的公共教育服务要全成本分担资助机制，鼓励支持新办普惠制幼儿园，覆盖城市每个社区所有居民的全部幼儿教育，使得社区中的每个幼儿都能够像上小学一样就近入幼儿园。扩大优质中小学教育覆盖面和受益面，引导学区规划建设，提升区域整体教育质量，让孩子就近上学。

以紧密型医联体为载体，统筹区域内医疗资源，推进分级诊疗，加强社区医疗卫生机构建设，做实家庭医生签约服务，方便居民就医。

加强居家养老、社区养老服务体系建设，逐步实现社区养老照料中心、社区养老服务驿站覆盖所有社区，全面推进医养结合，鼓励单位内部食堂、商业餐饮机构开办老年餐桌，让老年人就近享受服务。

（四）提升生活服务业品质

党建引领，以满足居民便利性、宜居性、多样性服务需求为导向，便利社区居民，完善特殊群体的社会救助、社会福利和优抚保障服务，改善下岗失业人员的再就业服务和社会保障服务，实现生活性服务业向规范化、多元化、连锁化、品牌化方向发展。加强规划设计，把生活性服务业设施规划细化到街道、社区，分区域、分业态制定社区补短板计划。

完善一刻钟社区服务圈，制定服务标准，加强分类引导，补充基本便民服务网点，重点织补早餐点、菜场、便利店等便民设施。改善政策机制，鼓励居住区相邻的腾退空间和存量空间用于补充便民服务设施。鼓励开展"互联网+"服务，创新"小物超市""深夜食堂"等经营模式，支持便民综合体、社区商业"E中心"建设。

（五）增加法律和信息服务

社区服务增加法规咨询、政务咨询、签证咨询、信息登记等日常便利服务。培育社区服务性、公益性、互助性社会组织，推动开展社区治理服务融合项目。有计划、有步骤地开展社区服务的各类主题培训，提升社区工作者社区服务的交流沟通能力、知识结构、人文素养、工作技巧、专业素质和职业修养，建设一支专业化、职业化的社区法律和信息服务人才队伍。

（六）创新社区文化体育服务

以党建引领，创新社区公共服务，激励居民参与社区公共文化服务度，扩大文化服务覆盖面。社区为居民提供更多优质、便捷的公共文化体育产品。落实文化惠民工程，完善公共图书、文体活动、公益演出服务配送体系，推动社区公共文化服务均等化。

加强社区公共文化体育服务阵地建设，合理利用历史街区、民宅村落、闲置厂房兴办公共文化项目，推进综合文化体育设施全覆盖，提高使用率。推进特色街区、胡同、院落、楼门建设，挖掘社区文化资源，打造社区文化精品。充分利用社区配套用房等公共空间，结合城市元素与社区特色，建设社区运动场馆、休闲绿道、文化交流广场等具备国际化特征和国际社区特色的公共功能空间。通过社区公共空间的营造，满足居民在生活、休闲、娱乐、保健、文体等方面的多样化需求，打造开放共融、富有本土特色和亲和力的社区氛围。

促进社区公共文化体育服务社会化，通过购买服务、资金补贴、免费开放场地等方式，大力培育发展各类群众性社区团体，引领广大群众开展各类喜闻乐见的大众文体活动，丰富居民群众的精神文化生活。

（七）政府掌舵、社会划桨，以市场机制创新社区服务

随着社区服务专业化程度的加深，发挥市场机制作用，以向社会组织购买服务的方式，有效地提供优质专业的服务逐渐成为一种潮流，社会组织也逐渐成长为提供社区服务的重要主体。

党建引领建立以社区服务中心为依托的社会组织服务（孵化）中心，为社会组织对接群众服务需求提供平台和相关服务。依托社会组织服务（孵化）中心，加快培育生活服务类、公益慈善类、居民互助类及针对特定群体的社区社会组织，并给予公益创投、补贴奖励、活动场地费用减免等支持。成立社区社会组织联合会，规范社区社会组织行为，并为其提供资源支持、承接项目、代管资金、人员培训等服务。

三、以服务创新提升社区治理水平（寓社区治理创新于社区服务创新）

（一）构建新颖的社区治理和综合服务平台

构建新颖的社区治理和综合服务平台（图7）。这是一个融社区治理创新、社区服务创新和小区长效管理于一体的创新平台。这个新颖的平台，以党建引领，以网络技术为基础，有效发挥社区治理与社区服务的现代技术的优势，集约使用硬件，弥补社区治理的软件短板，提升社区治理效率，降低治理成

图7　社区治理与综合服务平台

本。在实现小区综合服务和长效管理的过程中，通过覆盖社区居民活动的全方位的服务，以线上与线下结合的现代化运营方式，形成经济活力，切实提升为居民服务的质量，降低居民的物业费用，以社区高效的治理构建社区长效管理机制。

构建新颖的社区治理和综合服务平台，是以社区服务创新推进社会治理创新，以党建为核心，基层政府、社区治理者与居民及社会机构之间可以进行各种形式的实时信息交互，使更多的社会资源能够共享和跨居民楼的社区服务成为可能，为社区居民提供一个安全、舒适、便利的现代化、智慧化生活环境，形成基于信息化、智能化社会治理与服务的一种新治理形态的社区，为政府治理、企业发展和惠民服务提供更加精确的指导和决策分析，有效地提升了社区治理能力。

社区治理与综合服务平台，以党建引领，基于云计算、物联网、移动互联、大数据分析和智能交互等技术的信息服务平台，该平台突出"以人为本"的核心，以提高社区服务水平、增强社区治理能力为目标，以"治理精细化、服务人文化、运行社会化、手段信息化、工作规范化"为建设思路，以统筹各类服务资源为切入点，以满足社区居民、驻社区企事业单位的需求为落脚点，打造基础设施智能化服务、物业增值服务、社区智慧养老健康服务、社区智能教育服务、智慧政务、智能家居等系统的综合性智慧社区服务体系，实现居民生活、社区服务的网络化、智能化。

（二）实现社区治理精细化，提升治理效能

构建融社区治理创新和社区服务创新的社区治理和综合服务平台，以党建引领，细化完善社区网格化治理，细化责任措施，加强协调调度，从细微处着手，加强社区精细化治理、人性化治理服务和品质治理，促进社区和谐发展。

新颖的社区治理和综合服务平台，吸纳公共管理和经济学的新理念与前沿理论，以优化政府、市场和居民三者的关系，构建平台的技术框架。平台把成熟的万米级网格化治理向百米级发展完善，融入复杂经济社会系统的人流、资金流、物资流、能量流、信息流，处理社区治理的事务和社区运行中存在的问题。平台将社区治理工作的每个事项都纳入"信息收集—案卷建立—任务派遣—任务处置—结果反馈—核查结案—综合评价"七步闭环结构及流程，实现社区高效、公正的精细化治理。

新颖的社区治理和综合服务平台实现一门式社区治理。平台综合社区治理信息，政务服务便民、便捷、高效，实现社区治理及政务服务的一公里服务及一门式服务，切实推动社区治理运行质态的提升。推行"一口受理"模式，即承担行政审批职能的部门全面实行"一个窗口"对外统一受理。同时实施"限时办理""透明办理"和"网上办理"。

新颖的社区治理和综合服务平台是统一的网上行政服务中心的"窗口"，各部门的审批部门集中在此平台上，成为网上行政服务中心，在网上实施审批。比如审批一个项目，涉及环保、投资、消防、工商等，可以通过网上窗口受理后，转到其他的部门分别审批，网上通知经办者到相关部门领取盖章审批件。

新颖的社区治理和综合服务平台提供社区政务一门式服务，通过App或自助终端机，解决日常业务处理。政府各部门对每一个审批事项都要编制服务指南，列明申请条件、基本流程、示范文本等，不让地方、企业和群众摸不清门、跑累了腿。同时各部门要对承担的每项审批事项制定工作细则，明确审查内容、要点和标准等，严禁擅自抬高或降低审批门槛，避免随意裁量。除涉及国家秘密、商业秘密或个人隐私外，所有审批的受理、进展、结果等信息都要公开。同时各部门要积极推行网上预受理、预审查，加强社区和地方间信息资源共享，尽可能让居民减少为审批奔波，切实方便群众。

（三）平台与优质运营商结合提供社区综合服务，提升社区治理效能

新颖的社区治理和综合服务平台，必须与优质服务商结合才能有效地为社区居民提供综合服务（图8），提升社区治理效能。

优质服务商既要提供全方位的综合服务，也要配合社区居委会完成部分社区治理职能。城市社区入住率高，入住人群复杂，往往单靠简单一物业公司管理，很难实现居民的多元化需求。现有的物业公司服务单一，同时有些小区物业收费低，物业公司没有盈利和利润增长点，单靠收取物业管理费，服务质量几乎无法满足居民的需求，形成低收费低质量服务的恶性循环。新型优质服务商能提供全方位的社区综合服务，有效满足居民对美好生活、品质生活的多元化需求，同时，承担部分社区治理职能，以增加居民福祉提升社区治理效能。

优质服务商需要具备的基本条件为：一是掌握现代化技术，利用智能化技

图8 优质服务商提供综合服务

术协助社区开展治理工作，提供社区综合管理服务；二是承担社区治理精细化职能，保障社区平安，提升治理效能；三是负责整合小区资源，增加社区综合服务设施，提升服务效能；四是能够通过协助社区治理提供综合服务产生盈利，解决物业资金困难，降低物业费，增加居民福祉。

坚持每个小区一个优质服务商的原则。社区党委、居委会和居民，选择具备以上基本条件的一个优质服务商，明确这个优质服务商的权责和义务，减少社区治理和综合服务中的推诿、扯皮等交易成本，节约社区治理的经济成本和社会成本，便于政府相关部门和居民对优质服务商进行监督管理。

1.优质服务商整合小区资源，提升服务效能

社区内的服务需求多，为了进一步提升居民的获得感、幸福感，社区的物业服务、停车服务、居家日间照料、阳光老人家、社区便民服务、便民食堂、托幼四点半课堂等服务管理可由一家综合性服务企业承担，既能满足居民的实际需求，又能实现收入多元化，解决小区单纯物业管理和其他服务管理分开致使物业亏损不能正常运转的弊端。

2.优质服务商，解决资金困难

由于城市社区治理需要资金较大，很多地方的财政实力不能满足社区治理的需求，为了解决这样的矛盾，引进提供综合服务的优质服务商，寓社区治理于社区服务之中，既解决了资金不足问题，又解决了老旧小区改造后的长效管理问题。

3.优质服务商，利用智能化技术，开展综合管理服务

优质服务商，以物联网、云计算、移动互联网等新一代信息技术为手段，对信息进行全方位高效率采集，构建统一的数据采集标准，让社区数据在各种应用中充分共享，最大限度地避免"信息孤岛"。针对居民需求，建立广泛参与的社区网站和论坛，提升系统活力。随着新一代互联网技术的运用，社区智能化信息综合管理平台的开发利用也是解决长效管理的有效手段之一。通过社区智能化信息综合管理平台的运用，能够进一步提升居民的幸福感、获得感、安全感。有实力的城市运营商在老旧小区管理中建立智能化信息平台，将物业管理同居民的便利服务、日常用餐、日常出行、居家养老、社区日间照料、托幼四点半课堂等服务结合起来，形成一个平台全域服务的模式，既提高了管理效率，又提高了居民的满意度、认可度、亲切度。

优质服务商利用新颖的社区治理和综合服务平台，将基础设施智能化，强化社区安防、电梯安全、楼宇安全、食品安全、家居安全、饮水安全等技术防护体系，社区维稳、社区党建等机制人防体系，打造为服务结果负责的指标可量化的和谐社区。视频监控组件通过调用视频监控平台的视频资源，将管辖范围内的视频探头集成到系统平台中，在GIS地图上根据视频探头的分布位置，随时调阅现场视频画面，实现对视频监控区域内社会治理服务问题的实时监控。

优质服务商应用新颖的社区治理和综合服务平台，实现社区综合服务便捷化。优质服务商利用新颖的社区治理和综合服务平台，梳理和选择出便民服务和公共服务类的需求，以社区商务活动各环节的数字化、网络化，扩大社区电子商务服务范围、推进社区电子支付，简化社区商务服务流程。

优质服务商利用新颖的社区治理和综合服务平台的物联网、云服务、移动互联网、信息智能终端等新一代信息技术，能够自动感知、及时传送、及时发布各类与居民生活密切相关信息，实现对社区居民"吃、住、行、游、购、娱、健"生活七大要素的电子化、信息化和智能化。如LED电子公告栏、社区信息亭、社区智慧信息机、"三通"便民缴费终端、"健康小屋"工作站、家庭综合智能机顶盒等。

优质服务商与新颖的社区治理和综合服务平台结合，能高效率地提供救助、养老、就业、卫生、文化等综合服务，服务居民的衣、食、住、行，解决他们的后顾之忧，使社区居民基本达到步行5～15分钟就能享受到各项社

区服务,实现居民"小需求不出社区,大需求不远离社区"。该优质服务商提供服务资源注册、服务推送、服务资源向导与查询、便民服务导示图、服务预约、服务评价与投诉,以及社区新闻资讯、政务服务指南、跳蚤市场、社区微群等。

优质服务商提供快递到家服务。近年来,特别是新冠肺炎疫情后,许多快递都不送到指定的地点,绝大多数快递不送到家,快递往往会放在快递驿站或者投入丰巢,而不再送货上门。有的收件者再三提前告知快递员要求送件上门也无济于事,就是不给送到指定的地点,快递直接登门送到手的感觉消失了,令社区快递收件居民感到困惑与烦恼。建立社区治理和综合服务平台后,各快递公司的快递员将不再进入居民小区,而是将快递件送到服务平台,同时,将快递费的一部分付给平台,由平台派专人将快递件送到居民家门口,既便利了小区居民,又减少了外来人员带来的社会风险和疫情传播,有利于小区通过封闭管理提升小区治安水平和公共卫生安全。

优质服务商建立小区居家日间照料和阳光老人家等养老、适老设施,由企业统一运行,集合社区卫生服务中心,服务于居住在小区内的老年人,重点是失能失智(含不能完全自理)、高龄、空巢、独居、生活困难的老年人,为其提供康复医疗室、棋牌室、电子图书阅览室等场所,并建立家庭医生制度,为其有偿服务。

优质服务商建立社区"四点半课堂",解决孩子们放学后"管理真空"问题。提供综合服务的企业,在社区内开设未成年人活动室和电子阅览室,并组织在职教师和退休教师等志愿者对小学青少年儿童进行课业辅导,在课业辅导完成后开展各类学生兴趣活动,丰富社区青少年的课余活动,拓宽视野,发掘潜能。同时让孩子们"有人管""有人看",小区氛围更加和谐。

案例:大数据和互联网技术提升老旧小区改造的监管和社区治理水平 [①]

基于区块链的国家物联网标识管理公共服务平台,是利用大数据和互联网技术提升老旧小区改造的监督管理和社区治理水平的典型案例。

基于区块链的国家物联网标识管理公共服务平台,是在国家发展改革委

[①] 王健,孙光波.城镇老旧小区改造——扩大内需新动能[M].北京:中国建筑工业出版社,2020.

在2013年批复的"国家物联网标识管理公共服务平台"建设项目后，国家投资5个多亿委托中国科学院建设完成的。这个平台将区块链与物联网结合，具有分散性、开放性、可溯性、可信任性等特点，保障了平台的安全性和信用，能够提供物的标识编码、分配、解析、查询及发现服务，在数据共享、产品追溯、供应链管理及产品或项目的全生命周期管理等领域有着极具优势的应用价值，已经应用于汽车零部件、珠宝、农业投入品等产品的质量追溯，获得了社会的好评。

国欣深科技（北京）有限公司与国宏战略新兴产业发展服务有限公司联手，依托中国科学院计算机网络信息中心与中国战略性新兴产业联盟，正将基于区块链的国家物联网标识管理公共服务平台的分散性、开放性、可溯性、可信任性、安全性等特点，应用于城镇老旧小区改造。在创新社区治理体系中借助此平台的上述特点，实现被改造小区的政府、居民和社会力量等多元化主体切实地参与到小区改造中与改造后的监管与管理过程：实时监督改造工程施工、追溯改造工程使用的建筑材料质量和价格、落实社区治理体系对改造后小区的长期管理，实现改造工程高质量高效率、消除改造工程中的假冒伪劣产品、降低改造成本，提升小区治理水平，有效地保障小区改造工程成为居民的安全工程和放心工程，让改造后的小区重新焕发生机和活力。

第七章 新一代技术与城市治理

现代城市治理是治理制度与治理工具的有机统一。进入21世纪以来，全球科技创新进入空前密集活跃的时期，新一轮科技革命和产业变革正在重构全球创新版图、重塑全球经济结构。信息、生命、制造、能源、环境、空间、海洋等新一代前沿技术驱动着城市治理工具与治理制度的进步，推动着城市治理体系与能力的现代化进程。其中，对现代城市治理影响最为深刻的前沿技术主要有城市数字治理技术、城市绿色治理技术、城市健康治理技术三类技术，分别从"数""物"和"人"三个维度影响着现代城市治理形态与方式（表1）。

新一代城市治理技术 表1

	城市数字治理技术	城市绿色治理技术	城市健康治理技术
目标导向	实现城市的智慧治理（协同治理、韧性治理和整体治理）	实现城市的可持续治理（碳达峰、碳中和、资源节约、环境优化）	实现城市的人本治理（精神健康、身体健康、适老亲幼、安全）
主流技术	新一代信息技术（IT）	新一代绿色技术（GT）	新一代生命科学技术（BT）
关键技术领域	1）城市信息基础设施技术（ABCD）； 2）城市融合基础设施技术（云边端、VR/MR）； 3）城市信息物理系统技术（BIM/CIM/DWC）； 4）通信技术（5G）； 5）空间信息技术（3S）	1）绿色能源技术； 2）绿色生产技术； 3）绿色建造技术； 4）绿色材料技术； 5）环保节能技术	1）心理健康体检技术； 2）心理健康调控技术； 3）公共卫生健康技术； 4）健康环境技术
行动计划	网格化城市管理； 新基建计划； 新城建计划； 城市运行管理平台； BIM/CIM	海绵城市行动； 城市"双碳"行动计划	健康中国计划； 国家生物安全战略； 新冠肺炎疫情阻击战
典型场景	北京"五位一体"智慧城管； 上海城市运行"一网统管"	上海苏州河治理； 长三角生态绿色一体化发展示范区	世界卫生组织健康城市苏州案例； 深圳儿童友好型城市建设

第一节　新一代信息技术与城市数字治理

一、新一代信息技术及其对城市治理的影响

2020年4月20日，在国家发展改革委新闻发布会上，明确了"新基建"的定义，即"新基建"是以新发展理念为引领，以技术创新为驱动，以信息网络为基础，面向高质量发展需要，提供数字转型、智能升级、融合创新等服务的基础设施体系，主要包括三个方面内容：一是信息基础设施，主要指基于新一代信息技术演化生成的基础设施，比如以5G网络、物联网、工业互联网、卫星互联网为代表的通信网络基础设施；二是融合基础设施，主要指深度应用互联网、大数据、人工智能等新技术，支撑传统基础设施转型升级，进而形成的融合基础设施；三是创新基础设施，主要指支撑科学研究、技术开发、产品研制的具有公益属性的技术设施。

新一代信息技术将广泛而深入地渗透到住房和城乡建设各技术领域，与建筑信息模型（BIM）、智能建造、城市信息模型（CIM）等技术交叉融合，实现城乡管理向网络化、数字化、智能化、虚拟化、透明化、精准化的颠覆性变革，助力住房和城乡建设转型升级，实现现代城市智能化治理。

（1）新一代信息技术与以投资带动为典型特征的"传统基建"深度融合，可以促进住房和城乡建设行业人才、市场、资本等要素优化配置，重塑"新基建"背景下住房和城乡建设行业新增长点和竞争新优势。

（2）新一代信息技术与安全可靠、节能环保的高性能材料技术相结合，重构现代城市的公共服务和基本框架，打造安全、宜居、便捷和以人为本的城市环境，提升人民群众获得感和幸福感。

（3）新一代信息技术与城市信息模型等专用技术融合，将形成数字孪生城市运行和存储大平台，实现主动式、智能化、精准化的城市治理体系，使得

城市提质增效、韧性智慧[①]。

二、网格化城市管理

网格化城市管理综合应用计算机技术、互联网技术、无线通信技术、数据库、3S技术等现代数字信息技术，采用"万米单元网格管理法"和"城市部件管理法"，在数字地图和单元网格划分的基础上，集成了基础地理、地理编码、市政及社区服务部件事件的多种数据资源，通过城市监管员和市民服务热线收集信息，创建起城市管理和市民服务综合指挥系统，构建了沟通快捷、责任到位、处置及时、运转高效的城市管理、公共服务的监督和处置新机制，全面提高了城市管理和政府公共服务水平。

万米单元网格管理法就是在城市管理中运用网格地图的技术，以一万平方米为基本单位，将所辖区域划分成若干个网格状单元，由城市管理监督员对所分管的万米单元实施全时段监控。城市部件管理法就是把物化的城市管理对象作为城市部件进行管理，运用地理编码技术，将城市部件按照地理坐标定位到万米单元网格地图上，通过信息平台进行分类管理。

2004年，北京市东城区城市管理启动网格化新模式，是以根除城市管理难题根源为唯一检验标准的体制机制的重大改革，通过创建监督与管理分离的双轴化新型城市管理体制，将监督职能剥离出来，弥补了城市管理过程中缺失外部监督考核的制度缺陷。数字城管新模式的工作流程分为发现问题、任务派遣和处理问题三个阶段，包括信息收集、案卷建立、任务派遣、任务处理、处理反馈、核实结案和综合评价七个环节（图1）。

三、城市运行管理平台（城市综合管理服务平台）

城市运行管理平台是运用现代信息技术，集成城市管理相关基础数据、日常运行数据、相关行业数据等资源，实现国家、省、市联网互通、信息共享、数据交换和业务协同，对城市管理工作进行统筹协调、指挥调度、监督考核

[①] 住房和城乡建设部科学技术委员会，科技协同创新专业委员会，石永久.住房和城乡建设领域"十四五"科学技术应用预测[M].北京：中国建筑工业出版社，2021.

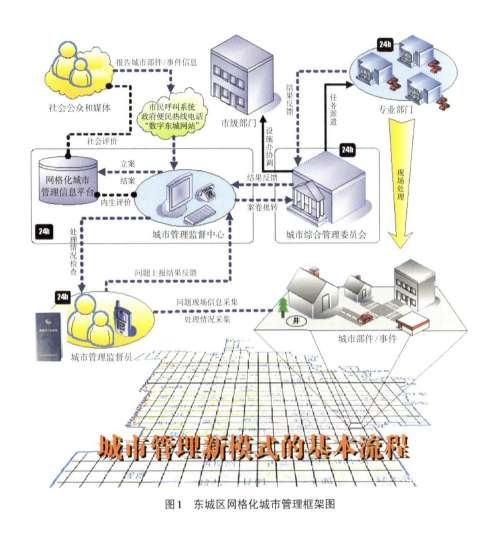

图1 东城区网格化城市管理框架图

和综合评价的信息平台。城市运行管理平台由国家平台、省级平台和市级平台三级组成,各级平台各自建设综合性城市管理数据库,通过电子政务外网等实现上下级平台之间联网互通、数据同步和业务协同。其中,市级城市综合管理服务平台是在数字化城市管理信息系统(即城市管理信息化平台)基础上规范形成,联通县(市、区),管理对象包括部件和事件。

国家平台和省级平台基本功能一致,包括5个系统,其中业务指导、监督检查和综合评价三个为应用系统,数据交换和应用维护两个为运维系统。其中业务指导系统为国家、省和市统一共享使用。国家平台提供全国统一的12319公众服务号,按照位置信息分发各处置城市,各城市已经建设12319公众服务号的,均需和国家平台的12319公众服务号进行数据对接。省级平台直接使用国家平台的业务指导系统,上报政策法规、行业动态、经验交流等内容[①]。

> **专栏1：**
>
> **构建宿迁城市综合管理服务平台，推进城市治理现代化**
>
> 宿迁市依托数字城管建立相对独立的监督指挥机构，制定有效的协调制度、处置制度和绩效考核制度。平台应用系统包括指挥协调、行业应用、公众服务、数据汇聚和数据交换等，并与国家平台实现联网。同时开发智慧环卫、阳光精准执法、智能AI视频监控识别、物联网井盖监管和智慧渣土监管等应用系统。接入市区智慧停车、垃圾分类、智慧水务、燃气监管、智慧路灯监控、公共自行车服务和沿街商铺信用监管等专业系统。汇聚8个城市管理行业应用数据，以及22个市直单位相关行业、公众诉求、舆情监测等数据。针对住房和城乡建设部"干净、整洁、有序、安全、群众满意"评价指标体系，建立数据模型，探索自评自测办法。

四、"一网统管"与"一网共治"智慧平台

城市运行"一网统管"建设旨在针对"人、地、物、事、情、组织"等城市治理要素，推动"物联、数联、智联"的信息技术支撑体系，形成"全域感知、全数融通、全时响应、全程协同、全息智研"的治理格局。围绕跨行业、跨部门、跨层级的协同业务创新应用场景，打通横向各部门、纵向各层级的业务壁垒，利用"孪生城市"信息模型，整合、融合城市要素数据资源，快速优化公共要素资源配置，实现城市运行体征全域感知、多元业务协同、重大事件预警、数据分析精准、指挥调度智能协同、全局决策科学有效[②]。

城市治理"一网共治"建设旨在聚焦城市治理体系条块分割、治理能力不足、公共服务短缺、服务供需匹配困难、居民主动性能动性缺乏、社区活力不够等痛点难点问题，充分利用新一代信息技术，搭建城市治理公共服务"淘宝类"平台，实现治理边界可明晰、公共服务可计量、治理责任可追溯、治理

[①] 中华人民共和国住房和城乡建设部.CJJ/T 312—2021城市运行管理服务平台技术标准[S].北京：中国建筑工业出版社，2021.

[②] 韩兆祥.上海"一网统管"建设探研与思考[J].上海信息化，2021（2）：11-14.

资源可赋能，有效激发社会治理活力，形成有为政府、有效市场、有信社会有机融合、多元共治的"新社区生态"，打造共建共治共享的城市治理共同体。

> **专栏2：**
>
> ### 上海"一网统管"模式
>
> 上海"一网统管"以城运系统为基本载体，以城运中心为具象实体，按照先进、科学、实用的要求，集成顶层设计、人才团队、运维管理、制度供给，打造"二级政府、三级管理、四级网格"的逻辑架构体系、"六个一"的技术支撑体系、"街镇（网格）管战、部门管援、就近响应、分类处置、自动绩效、智能评估"的精准治理体系、"1＋N"的智能化应用体系、"组织＋技术＋制度"的综合保障体系。努力做到实战中管用、基层干部爱用、群众感到受用，实现"一屏观天下、一网管全城"的生动愿景，让城市更有序、更安全、更干净，让群众更有获得感、幸福感、安全感，达到"大事不出、小事少出、有事妥处"的治理境界，彰显中国特色社会主义的制度优势和上海社会主义现代化国际大都市的靓丽风采。

五、数据驱动与人工智能城市治理

大数据是信息社会发展到一定阶段的产物。大数据具有数据容量"大"、数据种类"多"、传输速度"快"和开发利用价值"高"等作用特征。大数据对城市治理具有辅助性和支撑性特征。一方面，大数据平台能够精确刻画并界定其用户群体的各方面需求，有利于城市治理走向个体化和具体化；另一方面，通过利用大数据的数据集成模式，城市管理部门可以建立城市数据平台，在监测城市发展的同时实现城市治理的升级。

人工智能是在计算机科学、控制论、信息论、语言学等学科研究基础上发展起来的一门前沿学科，通过计算机模拟人的思维过程和智能行为，从而使得计算机能够实现更高层次的应用。人工智能技术可以有效揭示事件演变和发展的历史规律，从而使人们能够主动决策，提高社会治理的能力和水平。

数字孪生由密歇根大学的 Michael Grieves 首次提出，具体指物理产品或资产的虚拟复制。数字孪生的最大好处是无须花费太高成本就可以通过数字化技术对虚拟的物理资产进行相关操作,并且无须承担物理资产损害的后果。数字孪生城市是在城市累积数据从量变到质变,在感知建模、人工智能等信息技术取得重大突破的背景下,建设新型智慧城市的一条新兴技术路径,是城市智能化、运营可持续化的先进模式,也是一个吸引高端智力资源共同参与,从局部应用到全局优化,持续迭代更新的城市级创新平台。

元宇宙源于1992年尼尔·斯蒂芬森的《雪崩》中的Metaverse一词,指在一个脱离于物理世界却始终在线的平行数字世界中,人们能够在其中以虚拟人物角色(Avatar)自由生活。维基百科对元宇宙的描述是:通过虚拟增强的物理现实,呈现收敛性和物理持久性特征的,基于未来互联网,具有链接感知和共享特征的3D虚拟空间[1]。

> 专栏3:
>
> ## 重庆江北区共享单车治理
>
> 重庆市江北区积极探索智慧城管信息系统,用新设备、大数据、人工智能给城市管理装上"智慧大脑",使得各类问题发现更早、监管效率更高、居民享受服务更多。目前,全市首个共享单车智慧监管平台正式上线,平台主要功能包括:一是通过大数据分析对共享单车投放数量、运营情况、骑行轨迹等进行实时监控,及时发现停车场(点)车辆淤积情况,第一时间通知企业维管人员进行快速清理;二是整合各运营企业后台用户管理机制,统一对三次以上未在指定区域还车用户进行限制使用处理,倒逼用户规范用车;三是定期对各企业违停车辆扣分情况进行汇总,统计日均周转率、超额投放率、及时响应率等基础数据,对共享单车规范化管理提供依据,从根本上遏制共享单车企业超额投放,用户乱停乱放问题。目前,运营的近三万辆共享单车全部纳入平台监管范围,平台还搭建了完整的线下响应机制,方便城市管理执法人员核查车辆是否违规投放,及时上报违规情况,通知运维企业到场管理,实现了线上监管和线下核查的全面整合,大大提高了共享单车路面乱象等问题的解决效率。[2]

---

[1] 维克托·迈尔·舍恩伯格.大数据时代[M].周涛,等译.杭州:浙江人民出版社,2012.
[2] https://baijiahao.baidu.com/s?id=1710867010959795749&wfa=spider&for=pc.

第二节　新一代绿色技术与城市绿色治理

一、绿色技术革命与城市绿色治理

新一代绿色技术是指坚持绿色发展、循环发展、低碳发展原则，全面实行源头减量、过程控制、纵向延伸、横向耦合、末端再生的绿色生产方式。通过推动城市绿色转型，发展节能低碳建筑，优化建筑用能结构，推动清洁生产，实现"碳达峰""碳中和"目标，形成资源节约、环境友好、经济高效的城市可持续治理新模式。

建设绿色、可持续、智慧化的城镇已成为全球城镇化和城市发展的共识。绿色能源技术将使城市建设更加持续，绿色建造技术将使城乡建设更加智能，绿色建筑技术将使城乡建设更加和谐，生态环保技术将使城乡建设更加绿色。"十四五"期间，新一代绿色技术将围绕绿色能源技术、绿色建造技术、绿色建筑技术、生态环保技术不断创新突破。

通过创新和协同应用高性能材料、生态环保技术，优化城乡设计和布局，提升区域、城市、社区和建筑的功能和宜居品质。通过增加城市绿地和水面，修复城市生态，大幅度减少城乡建筑垃圾和废弃物，实现垃圾分类全覆盖，资源循环再生利用比例显著提升，建设"生态城市""绿色城市"，共同推动建设"美丽乡村""美丽城市""美丽中国"。通过创新和协同应用绿色建造、材料、信息技术，依托"智慧建设"，持续提升建筑工业化和智能化建造水平，推动智能建造与建筑工业化协同发展，提高工程质量和效率，破解未来劳动力短缺的难题。[①]

二、绿色能源技术与城市"双碳"治理

广义的绿色能源包括在能源的生产及其消费过程中，选用对生态环境低污

---

① 住房和城乡建设部科学技术委员会，科技协同创新专业委员会，石永久.住房和城乡建设领域"十四五"科学技术应用预测[M].北京：中国建筑工业出版社，2021.

染或无污染的能源。绿色能源技术是指在可再生能源及新能源、煤的清洁高效利用等领域开发的有效控制温室气体排放的新技术，诸如太阳能技术、风力发电技术、水力发电技术、生物质能技术、核能发电技术、地热能技术、海洋能技术、洁净煤技术等。

我国城镇化建设全过程中造成的资源能源消耗和环境影响居各行业之首，是落实2030年"碳达峰"和2060年"碳中和"目标的关键行业之一。加快研究建筑节能、城市天然能源、城市再生能源、城市能源综合利用等技术，将是住房和城乡建设领域绿色能源技术发展方向和必然趋势。

（1）建筑节能技术主要包括既有建筑节能改造技术、围护结构材料功能提升技术、近零能耗建筑技术。

（2）城市天然能源技术主要包括城市风电能技术、太阳能技术和海洋能技术。

（3）城市再生能源技术主要包括生物质能源技术、深层地热能技术、氢能技术。

（4）城市能源综合利用技术主要包括区域建筑能源互联技术、建筑与设备综合调适技术、可再生能源多能互补技术、低压直流建筑技术、智能微电网技术、多能源耦合供热技术。

加快推进城乡建设绿色低碳发展，城市更新和乡村振兴都要落实绿色低碳要求。城市"双碳"治理的重点领域与重点场景包括三个方面：一是推进城乡建设和管理模式低碳转型，在城乡规划建设管理各环节全面落实绿色低碳要求。二是大力发展节能低碳建筑，持续提高新建建筑节能标准，加快推进超低能耗、近零能耗、低碳建筑规模化发展。三是加快优化建筑用能结构，深化可再生能源建筑应用，加快推动建筑用能电气化和低碳化。

专栏4：

中国"双碳"路线图与城市"双碳"计划

中国已经制定"碳达峰""碳中和"路线图城市"双碳"计划。

到2025年，城乡建设绿色发展体制机制和政策体系基本建立，建设方式绿色转型成效显著，碳减排扎实推进，城市整体性、系统性、生长性增强，"城市病"问题缓解，城乡生态环境质量整体改善，城乡发展质量和资源环境承载能力明显提升，综合治理能力显著提高，绿色生活方式普遍推广，为实现"碳达峰"奠定了坚实基础。

到2030年，实现"碳达峰"。城乡建设全面实现绿色发展，碳减排水平快速提升，城市和乡村品质全面提升，人居环境更加美好，城乡建设领域治理体系和治理能力基本实现现代化，美丽中国建设目标基本实现。

到2060年，实现"碳中和"。绿色低碳循环发展的经济体系和清洁低碳安全高效的能源体系全面建立，能源利用效率达到国际先进水平，非化石能源消费比重达到80%以上，碳中和目标顺利实现，生态文明建设取得丰硕成果，开创人与自然和谐共生新境界。[1][2]

三、绿色建造技术与新城建计划

绿色建造技术是促进建筑业转型升级的基础，也是实现建筑工业的重要途径之一，其包含了高度融合人工智能及物理信息技术的智能改造技术，融合标准化、工业化、智能化工业制造技术和绿色管理理念的装配式建造技术等。绿色建造技术不仅是对建筑业现有技术的创新，也是对建筑业相关联的信息技术、工业制造技术、绿色管理理念的综合应用。

关联技术的迅速发展，为建造技术的发展提供了基础，促进了新型建造技术的不断创新。智能化生产技术和装配式建造技术将是绿色建造技术未来发展趋势。

1. 智能化生产技术

智能制造是信息化技术、智能化技术与工程建造过程高度融合的创新建造方式，包括了预制部品部件信息化、智能建造定位、3D打印建筑、建筑施工机器人等技术，在工程建设全生命周期起着至关重要的作用。智能建造的本质是通过人工智能及物理信息技术实现建设过程的信息化管理和智能化应用，并通过人机互动、智能学习等不断完善和改进。同时，通过借助智能建造技术，打造协同管理平台和信息共享平台，实现数据的集成化、过程的可视化、

---

[1] 住房和城乡建设部科学技术委员会，科技协同创新专业委员会，石永久. 住房和城乡建设领域"十四五"科学技术应用预测[M]. 北京：中国建筑工业出版社，2021.
[2] 中共中央办公厅，国务院办公厅.《关于推动城乡建设绿色发展的意见》[Z]. 2021-10-21.

管理的精细化目标。

2. 装配式建造技术

装配式建造技术是指建筑在建造过程中将部品部件在工地进行组装，并在实施过程中运用现代工业手段和现代工业组织，对建造过程的各个生产要素进行工业化集成，从而实现标准化建造。装配式建造技术的关键技术主要包括装配式混凝土建筑、钢结构装配式建筑、装配式木结构建筑、装配式钢—混凝土结构建造、基础设施装配式建造五个方面。

> **专栏5：**
>
> **中国装配式建筑发展路线图**
>
> 2016年2月，国务院发布《关于进一步加强城市规划建设管理工作的若干意见》，明确提出大力推广装配式建筑，力争用10年左右时间，使装配式建筑占新建建筑的比例达到30%。2016年3月，装配式建筑首次出现在《政府工作报告》中，各地政策陆续出台，装配式建造迅速发展。2017年2月，国务院办公厅发布《关于促进建筑业持续健康发展的意见》，再次重申推进建筑产业现代化，推动建造方式创新，大力发展装配式混凝土和钢结构建筑。2017年4月，住房和城乡建设部印发《"十三五"装配式建筑行动方案》，明确装配式建筑是实现建筑工业转型升级必由之路。2021年1月，住房和城乡建设部印发《推进装配式建筑行动方案》，该方案对装配式建筑发展过程中的规划任务、技术标准、产业配套、产业队伍、工程管理、绿色发展、质量安全、考核监督等做了明确的规定。2021年3月，住房和城乡建设部印发《关于2020年度全国装配式建筑发展情况的通报》，全国31个省、自治区、直辖市和新疆生产建设兵团新开工装配式建筑共计6.3亿m²，较2019年增长50%，占新建建筑面积的比例约为20.5%，完成了《"十三五"装配式建筑行动方案》确定的到2020年达到15%以上的工作目标。未来，在政策的推动下，装配式建造技术在住房和城乡建设领域中的应用将会进一步增强。[1]

---

[1] 住房和城乡建设部科学技术委员会，科技协同创新专业委员会，石永久.住房和城乡建设领域"十四五"科学技术应用预测[M].北京：中国建筑工业出版社，2021.

四、绿色建筑技术与绿色建筑行动

绿色建筑技术是以环保、健康的眼光重新去思考传统建筑技术中存在的问题,并提出节约资源、保护环境、减少污染的建议,为人们创造一个健康舒适、环保节能的人居环境,使其更好地与自然环境协调发展,实现建筑、人类、自然环境的可持续发展。

绿色建筑技术发展趋势主要包括四个方面:一是绿色街区规划设计评价技术。该技术是面向城市街区"能源–环境–规划"关联的快速模拟、设计和评价技术。二是生态环境监测与治理技术。该技术是综合考虑城市内部各环境要素间的相互影响与关联,建立统一的生态环境监测、预警和治理技术。三是绿色建筑评估技术。该技术是对绿色建筑投入使用后的效果评价,包括建筑运行中的能耗、水耗、材料消耗水平评价,建筑提供的室内外声环境、光环境、热环境、空气品质、交通组织、功能配套、场地生态的评价,以及建筑使用者干扰与反馈的评价。四是植物与建筑融合技术。该技术是一系列相关技术的集成,包括屋顶绿化、垂直种植、城市农场等方面。

2005年,我国首次正式提出开始发展绿色建筑,随后国家相继出台《绿色建筑评价标准》GB/T S0378—2019和《绿色建筑评价标识管理办法》《绿色建筑行动方案》《国家新型城镇化规划(2014～2020年)》等标准与政策文件,特别是2015年,中央城市工作会议明确提出了新时期我国建筑方针为"适用、经济、绿色、美观",将绿色纳入其中,发展绿色建筑成为国家战略。绿色建筑在中国经过10余年的发展,充分吸纳了节能、生态、低碳、可持续发展、以人为本等理念,内涵日趋丰富成熟。

为全面贯彻党的十九大和十九届二中、三中、四中全会精神,深入贯彻习近平生态文明思想,按照《国家发展改革委关于印发〈绿色生活创建行动总体方案〉的通知》(发改环资〔2019〕1696号)要求,推动绿色建筑高质量发展。到2022年,当年城镇新建建筑中绿色建筑面积占比达到70%,星级绿色建筑持续增加,既有建筑能效水平不断提高,住宅健康性能不断完善,装配化建造方式占比稳步提升,绿色建材应用进一步扩大,绿色住宅使用者监督全面推广,人民群众积极参与绿色建筑创建活动,形成崇尚绿色生活的社会氛围[1]。

五、生态环保技术与城市绿色生命线

生态环保技术是指既可满足人们的需要，节约资源和能源，又能保护环境的一切手段和方法。国内近几年陆续开展了"生态修复、城市修补"的城市双修行动、海绵城市建设试点、生态城市、韧性城市理论研究等，"绿水青山就是金山银山"的理念逐渐深入人心，住房和城乡建设领域正努力构建公园城市和建设美丽中国。

习近平总书记指出："要突破自身发展瓶颈、解决深层次矛盾和问题，根本出路就在于创新，关键要靠科技力量"。针对城乡水污染、垃圾处理、休闲环境等关键目标要素，开展城乡水系统循环利用、大气污染防治技术、城乡固体废弃物综合处理、资源综合利用等技术研发具有重大意义。

1. 城乡水系统循环利用技术

按照"控源减排""减负修复""综合调控"三步走战略，构建适合我国污染特点和社会经济发展的水污染治理、水环境管理和饮用水安全保障三大技术体系，重点在水系统规划与节水用水、雨水径流污染控制、城市污水处理提质增效、城镇污水资源化利用、排水管综合检测、城市智慧水务、寒区微生物污水处理等一批关键技术攻关突破。

2. 大气污染防治技术

针对城市二氧化碳排放、空气污染、热环境等关键目标要素，开展"天空站物网"（卫星遥感、无人机、地面观测台站、物联网、互联网）协同的城市多尺度环境动态监测、预警和分析评估。

3. 城乡固体废弃物综合处理技术

城乡固体废弃物综合处理技术主要包括环卫作业装备智能化技术、环卫设施运营控制技术、固体废弃物一体化处置技术、污水污泥处理技术等方面。

4. 资源综合利用技术

资源综合利用技术旨在为进一步推动资源综合利用，提高资源利用效率，

---

[1] 住房和城乡建设部科学技术委员会，科技协同创新专业委员会，石永久.住房和城乡建设领域"十四五"科学技术应用预测[M].北京：中国建筑工业出版社，2021.

发展循环经济，主要涉及污水处理厂污泥利用技术、沥青路面再生技术、废旧轮胎声屏障开发利用技术等。

> **专栏6：**
>
> **绿色金融及其工具**
>
> 绿色金融是指为支持环境改善、应对气候变化和资源节约且高效利用的经济活动，即对环保、节能、清洁能源、绿色交通、绿色建筑等领域的项目投融资、项目运营、风险管理等所提供的金融服务。
>
> 项目类别方面，住房和城乡建设领域主要围绕城乡基础设施绿色升级等方面设置相应支持项目，包括绿色建筑、超低能耗建筑、建筑可再生能源应用、既有建筑节能及绿化改造、海绵城市建设等。
>
> 支持工具方面，在住房和城乡建设与基础设施绿色升级领域中，常用的绿色金融支持工具主要包括绿色信贷、绿色债券、绿色基金、绿色保险、碳金融、基础设施领域不动产投资信托基金等。

> **专栏7：**
>
> **绿色发展评估方法工具箱**
>
> 现阶段，我国住房和城乡建设领域的相关指数主要有绿色发展指数、建筑工程造价指数、住宅产业化指数、建筑可持续发展指数、ESG绿色指数、城市体检指标体系六类。
>
> （1）绿色发展指数：包括地区资源利用、环境治理、环境质量、生态保护、增长质量、绿色生活、公众满意程度7个方面的变化趋势和动态进展，共56项评价指标。
>
> （2）建筑工程造价指数：反映一定时期中，工程造价相对于某一固定时期的工程造价变化程度的比值或比率，包括按单位或单项工程划分的造价指数，按工程造价构成要素划分的人工、材料、机械价格指数等。
>
> （3）住宅产业化指数：包括住宅产品中具有的合乎建筑工业化和模式产业化的主要指标，对住宅工程项目的设计、建造、管理阶段，以及部品

构配件研发生产的工业化水平等进行的综合评估。

（4）建筑可持续发展指数：包括建筑基础指标、建筑服务质量、建筑绿色生态、建筑智慧化以及建筑经济价值。

（5）ESG绿色指数：ESG是指环境表现（E）、社会责任（S）和公司治理（G），作为传统信用评级的有效补充，为银行识别、选择客户提供了重要工具。

（6）城市体检指标体系：主要涉及生态宜居、健康舒适、安全韧性、交通便捷、风貌特色、整洁有序、多元包容、创新活力8个方面，共50项基本指标①。

第三节　新一代生命科学技术与城市健康治理

一、生命科学技术进步驱动城市健康治理

生命科学是研究生命现象的科学，既研究各种生命活动的现象和本质，又研究生物之间、生物与环境之间的相互关系，以及生命科学原理和技术在人类经济和社会活动中的应用。近年来，5G、人工智能、物联网、云计算等新信息技术蓬勃发展，极大提升了人类感知、认知、连接、执行的能力，有利推动了信息世界、生命世界和物理世界的交叉融合，衍生出系统与合成生物学、网络药理学、健康信息学、精准医学、生物计算等新学科、新方向，加快推动生命科学与智能科技融合创新和产业发展，对于保障人民生命健康具有非常重要的意义，助力大健康技术创新与产业升级，驱动城市健康治理不断向前迈进。

2021年7月28日，第二十三届中国科协年会生命科学与智慧医疗高峰论坛召开，会上从多学科、多领域交叉融合视角，探讨如何更好地推动生命科学、医药学相关科学研究迈上新台阶，提升智慧医疗发展水平，为驱动城市

---

① 中共中央办公厅，国务院办公厅.《关于推动城乡建设绿色发展的意见》[Z]. 2021-10-21.

健康治理、构建人类卫生健康共同体做出积极贡献。

在社区网络中，搭建区域数字健康医疗平台，汇集数据形成区域健康大数据中心，通过区域健康云平台为整个区域的健康医疗服务提供信息化、智能化的支撑，最终实现整合式的社区医疗服务、智能辅助家庭医生服务、5G智能应急救治及传染病与突发卫生事件监测等，同时面向整个社区人群提供健康管理，提供防大病、管慢病的服务[①]。

二、宜居康养智能建筑技术与"健康建筑"

健康建筑是在满足建筑功能的基础上，为人们提供更加健康的环境、设施和服务，促进人们身心健康、实现健康性能提升的建筑。健康建筑可以营造健康和舒适的建筑环境，有益人类身心健康。

康养建筑又称为医养结合建筑，在技术上可理解为，以适老健康技术体系为基础，增加了适应各年龄段人群的养生和康复治理功能，服务人群主要为老年人和亚健康人群的多功能建筑。我国亚健康人群数量庞大，医学专家指出，我国符合世界卫生组织关于健康定义的人群只占人口总数的15%，70%的人处于亚健康状态。亚健康人群调养需求和部分疾病人群的康复需求构成了康养建筑的主体。康养建筑同时也可以满足健康人群的体检和休闲养生需求。

随着IoT、5G、边缘计算、图像识别、AI、新风净化、智能空调等技术广泛普及采用，低成本健康建筑技术将逐渐进入千家万户，为更多的普通公众提供高品质的健康建筑环境。与此同时，随着大数据、云计算基础设施的不断完善，人工智能、物联网技术的不断进步，深度学习算法体系和通用算法包的逐步成熟，健康建筑深度融合智慧建筑技术与智慧建筑的技术边界逐渐模糊。未来的智慧建筑是会自学习、会思考，可以与人自然地沟通和交互，具有对各种场景的自适应能力，并且作为智慧城市的一部分，可以在更高的层次上高度互联。

"健康中国"战略已上升为国家战略，《健康中国"2023"规划纲要》《健康中国行动（2019～2030年）》等规划也为智能住宅提供了技术革新的政策条

---

① 董家鸿，张学工，贺福初，等.加速生命科学与智能科技融合，助力大健康技术创新与产业升级[J].科技导报，2021，39(16).

件。大数据和人工智能为智能住宅的发展提供了技术基础。智能住宅技术对于当前的老旧社区更新具有跨时代的示范意义，并能够推动家居柔性制造融合健康管理需求，创造出全新的发展方向和市场空间。

三、社区卫生健康技术与"健康社区"

在疾病防治体系中，社区的卫生健康服务能力和技术不容忽视。2016年10月，中共中央、国务院印发了《健康中国"2030"规划纲要》，提出要"把健康城市和健康村镇建设作为推进健康中国建设的重要抓手""广泛开展健康社区、健康村镇、健康单位、健康家庭等建设"。

随着信息技术的发展，"健康社区"也在向全生命周期、向"预防为主"、向"走进家庭"的方向发展迈进。借助5G通信技术在医疗服务中的应用场景，以及AI技术在疾病诊断领域的广泛使用，城市"健康社区"远程医疗服务正在变得更加便捷和富有质量，更好地满足人们对健康、便捷、智能、舒适的生活品质要求。

互联网医疗主要是以互联网平台和可穿戴设备为载体，以信息技术为手段，提供互联网健康咨询、互联网辅助诊疗、互联网诊疗服务。

移动医疗是电子医疗的一种，通过使用信息和通信技术，例如移动电话、平板电脑等提供电子病历和处方、远程医疗、在线问诊等方面医疗相关服务内容。

智慧健康则是通过物联网的环境感知网络和传感基础设施，实时、智能、无处不在地收集诸如血压、体温、心率等人体关键生理指标，开展健康监测与疾病预防。

社区卫生服务机构利用互联网平台创造了"在线诊室"，实现优质医疗资源的跨区域流动，在疫情期间发挥了重要作用。在健康教育、健康管理和安宁疗护等服务提供方面，"AI数字医生"可以每天围绕一个互动问答主题，推广大众必备的防疫抗疫卫生健康知识，包括如何正确佩戴口罩、洗手、保持健康心态等。

此外，国内多地社区还开展了"互联网+家庭医生"服务模式，通过建设区域人口健康信息平台、区域健康大数据中心、家庭医生签约服务系统，开发家庭医生签约服务App，配备平板电脑、智能血压计、血糖监测、血氧、尿常规等智能化随访设备等，实现签约服务在线化、数据采集移动化。

四、公共空间健康安全技术与"城市公共空间健康化"

城市公共空间是指城市或城市群中，在建筑实体之间存在着开放空间体和可自由进出的封闭空间体，是市民社会生活和工作的主要空间，也是疫情防控的重要战场。城市公共空间健康化程度一方面取决于自然环境是否可持续，环境、建筑是否绿色卫生、安全健康；另一方面还取决于城市"反疾病"系统要完备、有序、灵敏、高效。

在环境、建筑方面，新一代空间规划技术和绿色建筑技术给城市公共空间健康化发展带来新的机遇。规划空间技术主要包括：

（1）地理信息系统（GIS）——可处理和分析空间信息，如食品店、药房与人的距离，街区健康状况，高级建模分析环境对健康行为的影响等。

（2）全球定位系统（GPS）——可应用于实时追踪个体的空间位置和行为，促进步行环境和健康城市的研究。

（3）遥感（RS）和高分辨率图像可以提供自然和建成环境数据，并应用到如谷歌地球等网站，可以研究街道的自行车设施、公共交通、快餐店等城市设计对步行的影响。

绿色建筑技术主要通过应用环保节能材料、智能化控制设施以及设计建设技术在建筑物的温度、光照、声音、通风、给水排水、空气质量、建筑结构和应急功能等方面服务公众健康和疫情防控。2003年，SARS时期发现病毒能够通过给水排水和空调系统传播，因此对城市建筑发展来说，疫情是危机也是契机。在疫情常态化下，需要把建筑应急和安全健康功能放在首位。如提高大型体育场馆、会展中心等公共设施建设标准，考虑城市应急需求，使其具备快速转化为救治和隔离场所（方舱医院）的基本条件。

在城市"反疾病"系统方面，疫情反促治理技术的提升，如利用区块链技术为公共场所绘制健康码；建立防疫指挥大数据系统；科技化的硬件设备可用于对隔离人员进行实时监控、自动检测口罩佩戴及预警、自动测温及预警、防疫智能机器人减少人员接触等；公共空间空气质量解决技术及环境空间消毒防护规范不断提升，促进城市公共空间健康化。

专栏8：

健康中国行动计划

随着工业化、城镇化、人口老龄化进程加快，中国居民生产生活方式和疾病普查不断发生变化。慢性非传染性疾病导致的死亡人数和疾病负担比例逐年上升，居民健康知识知晓率偏低，吸烟、过量饮酒等不健康生活方式比较普遍，由此引起的疾病问题日益突出。

2017年10月18日，习近平总书记在十九大报告中提出实施健康中国发展战略，指出人民健康是民族昌盛和国家富强的重要标志，要完善国民健康政策，为人民群众提供全方位全周期健康服务。

2019年6月，国家卫生健康委负责制定了《健康中国行动（2019—2030年）》，围绕疾病预防和健康促进两大核心，提出将开展15个重大专项行动，促进以治病为中心向以人民健康为中心转变，努力使群众不生病、少生病。

2019年7月，国务院正式公布了《关于实施健康中国行动的意见》，一个以"健康中国战略"为顶层设计，以《"健康中国2030"规划纲要》为行动纲领，以"健康中国行动"为推进抓手的国民健康保护体系全面形成。

专栏9：

新冠肺炎疫情与中国城市治理创新案例——区块链与健康码

疫情之下，各省健康码被广泛运用和被广大居民所熟知，可以说这是使用范围最广、使用日活跃度最高、注册人数最多、"吸粉"速度最快的政府治理小程序，这体现了创新技术在基层治理中的应用，也体现了中国模式的"社会治理"优势。

2020年3月，一种用于疫情防控的"身份健康码"在济南上线了。相对于其他地区推出的"健康码"，"身份健康码"在绑定"密切接触、发热门诊"等个人疫情健康信息的基础上，更突出市民的身份信息，是全国首个具有身份信息认证及疫情健康信息的认证码。

在"身份健康码"的背后，是以一个以强大的服务平台为支撑的研发团队。这个平台基于浪潮区块链（IBS）技术，通过数字身份合约和数据存证服务，有效保障"身份健康码"及人员数据安全和授权使用，支撑应用端在社区、办公大楼、交通卡口、商场等不同场景的非接触式安全授码、手机亮码通行服务。在数据应用过程中，以区块链存证溯源确保数据不被篡改和伪造，利用数据网关对数据访问进行认证、授权和审计，利用虚拟化技术实现数据处理过程封闭隔离，使数据在使用过程中安全、可靠。

区块链等信息技术的应用极大地提升了城市疫情防控治理效率，并通过建立完善的风险评估模型和数据处理能力，保障数据使用安全，优化疫情防控决策。

第八章 城市综合防灾和应急管理

城市综合防灾和应急管理是城市治理能力的试金石。古今中外的城市都是在一次次的灾害中一步一步成长起来的。在技术进步的推动下，城市不仅在基础设施和公共服务设施平台的支撑下正常运行，也在各种自然和人为灾害的历炼中，凭借各种设施的韧性和冗余快速恢复到正常状态。当前百年未有之大变局和世纪新冠肺炎疫情正在检验着我们城市的治理能力，完善安全与发展正成为中国城市治理的主题。

第一节 科学认识城市综合防灾和应急管理

《中共中央 国务院关于进一步加强城市规划建设管理工作的若干意见》（中发〔2016〕6号）中明确提出了"实现城市有序建设、适度开发、高效运行，努力打造和谐宜居、富有活力、各具特色的现代化城市，让人民生活更美好"总目标，进一步提出"通过智慧城市建设和其他一系列城市规划建设管理措施，不断提高城市运行效率"的具体要求。对城市的运行管理水平直接体现出政府将城市建设成果转化成为城市居民提供优质服务的能力，不仅考验政府的服务能力、执政水平，也直接影响广大居民工作、学习、生活的切身利益。如何保障城市安全运行，实现城市各项基础和衍生功能，确保市民工作有效、生活便利、安全感充盈是城市管理工作的核心。

城市综合防灾和应急管理作为城市及城市管理运行体系里的重要有机组成部分，也应该遵循对城市认知的科学思维方法。

跳出城市看城市防灾与应急。城市的建设发展就是人类将自然环境变为人工环境的过程，随着城市现代化和科技化步伐加快，城市逐渐成为一片片钢筋水泥森林，大规模的城市使人们离真正的自然越来越远。但无数的现实经验和惨痛教训已经告诉我们，人类必须遵循与自然和谐相处的科学规律，因此城市防灾不仅仅是城市建筑群急需完备的体系，更应从城市和自然有机融合、相辅相成的角度去完善建设。

深入城市内部看城市防灾与应急。城市由道路交通运输、供水排水污水处理、垃圾收运处置、电力能源供应、邮电通信和园林绿化六大基础设施系统提供运行支撑，地上建筑、地下管廊构建出各类活动空间，同时人们在其间自由流通活动，进行复杂的生产生活活动，推动人和城市的共同发展。由此可见，城市的防灾与应急从本质上讲，就是要对城市硬件、基础设施及功能运行和公共空间秩序进行保障维护，进一步优化防灾和应急管理体系的服务水平和运转效率，最终实现对城市民众的生产生活保障，有效提升人们在城市的"幸福感""获得感"和"安全感"，长远实现城市和人类活动和谐运转、持续发展。

沿着时间轴看城市防灾与应急。城市凝聚了人类发展历程的文明成就，也承载了人类在不同时期对城市发展和城市生活的要求。纵观城市发展史，人们对城市的要求从城市聚落形成城镇文明开始，逐步要求扩大体量容纳更多人口、完善建设和基础设施，进一步追求功能分区、城市美化、便利宜居、绿色和谐和城市名片。面对新时代的城市发展形势，人们与时俱进地对健全城市安全防灾和应急管理、打造更"安全"的城市、迈向完善的现代化城市治理体系提出更高要求。

从系统的角度看城市防灾与应急。安全防灾、应急管理和城市运行、日常管理是一个系统整体，相互影响牵制、牵一发动全身。同时应急防灾管理体系是一个多层级、多因素、多元主体的复杂系统构成，既有国家和省级的宏观层面，也有地市和街巷社区的微观单元；既有防灾响应的硬件设备如防灾应急设施、指挥平台、物资保障和专业响应队伍，也有不可或缺的软实力储备，如防灾响应制度、防灾科研水平、民众防灾自救的意识和技能；既由政府主导保障，也依靠广大民众和社会力量。

第二节　城市防灾与应急管理概念

一、城市灾害与防灾应急

灾害是造成人员伤亡和财产损失的自然现象或人为事件，从这个意义上说,防灾的目的就是避免灾害,保证安全。城市灾害源主要分为自然灾害和人为灾害。

自然灾害是指纯粹由自然原因破坏系统正常循环过程、空间秩序、稳定结构而引起的祸害。我国是世界上自然灾害最为严重的国家之一,重大突发性灾害频发。大多数城市面临着洪水、地震及地质、气象、海洋灾害等一项或数项自然灾害的威胁。23个省会城市和2/3的百万人口以上的城市位于地震烈度Ⅶ度以上的高危险区;70%以上的大城市分布在气象灾害、海洋灾害、洪水和地质灾害十分严重的沿海及平原丘陵地带。

人为灾害主要指由于人类行为打破人与自然的动态和生态平衡,违反系统运作规律,导致科技、经济、社会系统的动荡不协调,而引起的人员伤亡和财产损失,如空难、海难、车祸、噪声、核泄漏、污染、火灾等。

随着城市人口和活动越来越密集,城市用地不断扩大,一些地区盲目追求经济发展,对资源和环境"掠夺式开发",严重忽视了防灾减灾的战略任务,人为地加重了自然灾害,使社会承受灾害的能力愈加脆弱,资源和环境破坏造成的损失呈上升趋势,威胁国民经济与城市的可持续发展。与此同时,城市的复杂性和系统间的依赖性越来越强,自然灾害和人为灾害对城市运行的负面影响和破坏力更加显著,特别是通过破坏城市局部或整体的基础功能运转、扰乱城市公共空间秩序时,城市就不能正常进行政治、经济、社会和文化体育活动,当危险因素影响到城市基础功能、公共空间和生产生活秩序,使得城市进入应急状态,政府要采取应急措施帮助城市尽快恢复城市常态的管理就是城市进入应急管理状态。由此可见,防灾和应急管理是相互衔接、相辅相成的工作体系。

二、六大基础设施与城市防灾

支持城市基础设施正常运转、为人们进行各项活动提供基础支撑的六大城市基础设施体系是防灾减灾和应急管理的重点。

城市道路交通运输系统安全防灾的难点在于人员疏散和救援相对困难,处置不当将产生巨大的人身和财产损失,对社会经济和生活造成重大影响。如伦敦地铁爆炸案至少造成49人死亡、700多人受伤;同年上海轨道交通一号线10分钟以上严重晚点,造成了高达20起突发事件。因此,制定应急预案是减小此类突发事件不良影响的重要防灾与应急手段，但从当前类似事件的应急处置情况来看，应急处置存在方法相对单一、作业流程较为松散、作业事件缺乏科学标准等有待完善的问题。

城市水安全问题主要是指城市水资源短缺、水污染、水环境破坏，以及洪涝、干旱等灾害对城市经济、社会、生态、人民生命和财产造成威胁。保障城市用水安全要从城市供水排水污水处理系统入手，达到持续的供给、通畅的排水和有效的治污等安全标准，同时还要具备完善的预警机制和较强的应急能力。

城市垃圾灾害的危害不容小觑，缺乏妥善处置的垃圾成为污染源参与自然机制循环，通过各种途径进入土壤、水体、大气，对农作物、航运、水上养殖、动植物生长及人类造成直接威胁，甚至殃及宇宙太空。垃圾灾害发生的多类复杂性、潜伏持续性和强危害性等属性决定了防治垃圾灾害的紧迫性和重要性，它要求人们在治理垃圾灾害时必须妥善控制从产生到运输、预处理、储存、最终处理的每一环节，加大投入科技手段进行无公害处理和再利用开发，实现"变废为宝""变祸为福"。

在城市电力能源供应系统中，城市电力系统是城市最基本的市政公用设施之一，是保证城市社会经济正常秩序的生命线，除了提供市政用水、生产生活用电以外，还要向其他公用设施及系统提供保障正常运转的用电，一旦供电系统受到灾害等突发事件影响，造成城市电网大面积停电时，将对城市正常生产生活带来巨大负面影响，甚至引发事故、骚乱等灾难性后果，因此保障电力系统安全的重要性不言而喻。电力系统故障除了运行设备故障、人为操作失误以外，很大一部分源于风灾、地震、冰灾、雪灾、沙尘暴等自然灾害。

城市邮电通信是社会的重要基础结构和传递信息的网络，是现代生活和经济的重要组成部分，通信中断将对社会造成难以想象的损失。"5·12"汶川大地震使四川省公众通信网络遭受了重大损失。截至2008年6月底，四川电信（不含C网）经济损失共计约61.74亿元，其中直接经济损失36.74亿元，间接经济损失25亿元；四川移动经济损失共计约35亿元，其中直接经济损失为15.1亿元，间接经济损失大约为19.7亿元；四川联通和网通全网共计资产净值损失6.14亿元。地震发生后，震中区域对外的通信全部中断，直到147小时后，7个重灾县的对外移动通信才逐渐恢复。通信应急能力脆弱成为防灾和应急管理中一大软肋。应急通信保障应主要做好发生自然灾害、公共卫生突发事件、社会安全突发事件、重大节日及活动、运营事故等应急突发事件中的通信畅通保障。

城市广场、公园及绿地空间是城市中重要的开放空间,不仅是美化城市、休闲娱乐的公共区域,对城市防灾也有重要意义,尤其在防止火灾发生、延缓火灾蔓延、临时避难救济、多功能分洪蓄洪、作为城市重建据点等方面拥有无可比拟的优势。2001年10月16日颁布的《北京市实施〈中华人民共和国防灾减灾法〉办法》中明确"本市在城市规划与建设中,应当考虑地震发生时人员紧急疏散和避险的需要,预留通道和必要的绿地、广场和空地。地震行政主管部门应当会同规划、实证、园林、文物等部门划定地震避难场所"。由于防灾绿地有多功能性、无明确分类与标准,导致实践中防灾绿地多为分散布置,无系统化构架,缺乏对于各类防灾类型绿地空间的布局与设施规划。防灾绿地建设有待进一步确立概念框架、完善基础与功能分层的系统化认识、接轨城市防灾体系规划。

第三节 建设综合防灾和应急管理体系的指导思想

构建综合防灾体系。钱学森教授在1989年致函《灾害学》杂志编委时指出"以前参加灾害研究的人多为地学领域,扩大化也只是天、地、生,有局限性,应全面看待灾害学,尤其不要忽视火灾、核工厂事故、化工厂泄毒等人为灾害"。如今,现代化城市更是一个综合复杂的运行体系,面对城市灾害,按照个别部门、分门别类进行探索已经不适应现实需求和科技发展,必须建立综合防灾工作体系,立足于全面完善城市灾害综合防御体系,推动城市综合防灾能力均衡提高,保障城市的可持续发展和居民防灾安全,坚持"预防为主,综合防御;平灾结合,突出重点;全面设防,依法监管;防、抗、避、救相结合"的指导思想,突破单灾种防御格局,向多灾种防御和系统防灾的综合防灾大安全格局转变。

抓好应急管理的全时段建设。突出应对"急"这个时间概念的核心,一方面要做好应急管理事件的事前预防、事发响应、事后完善；另一方面加强应急管理机制的常态化统筹，将城市常态管理和部分应急管理融为一体，将应急管理工作需要应急响应的人、财、物纳入城市常态管理，节约城市综合管理成本，提高综合管理效能；同时将突发事件的处理经验提供给常态管理部门作为提升日常工作和防患于未然的参考，双向促进城市常态和应急管理完善。

第四节　城市综合防灾和应急管理工作现状

一、我国防灾体系发展历程

（一）传统单险种防灾体系

随着社会及不同灾害预报、防治、减灾的需要，水利部、农业部、林业部、地震局、海洋局、气象局等陆续建立并形成了各自一套与国际接轨的、较为先进的防止或减轻相应灾害的系统，每个系统都在各自相关灾种防灾减灾工作方面取得了重大成就。但这种单灾种、分部门、分地区的单一城市灾害管理模式，由于割裂灾害管理的系统性和整体性，在面临群灾和复杂局面时，既不能迅速形成应对极端事件的统一力量，也不能及时有效的配置分散在各部门的救灾资源。

（二）逐步建成现代化综合防灾减灾体系

随着国家防灾安全形势发展和国际防灾理念影响，建设综合的、高科技的、现代化的防灾减灾体系成为我国防灾工作的主要目标和任务。我国在一系列抗灾防灾的实践中，在不断地发挥已有系统与部门的作用基础上，逐步发展形成综合高科技的现代化防灾减灾体系。

这个体系包含：①国家减灾委建设的国家减灾中心及其现代化高科技系统；②国家减灾委、生态环境部及航天总公司建设的国家减灾环境小卫星星座（即"八星计划"）；③国家人防办推进的防灾、防空一体化建设；④水利部建设的国家防洪抗旱系统；⑤地震局建设的国家地震减灾中心；⑥中国气象局建设的中国多普勒气象雷达站网（103个站）；⑦国家海洋局建设的国家海洋监测系统；⑧工业和信息化部建设的中国应急通讯网；⑨自然资源部建设的中国地质灾害监测系统；⑩民政部建设的国家救灾物资储备系统等。

二、我国综合防灾和应急管理政策法规

（一）城市防救灾制度和政策

1. 救灾政策

1993年1月，全国救灾救济会议上提出实行中央和地方分级负责的救灾工作管理新体制。1994年，第十次全国民政会议提出进一步深化救灾体制改革，明确各级政府的救灾责任，逐步建立起救灾工作分级负责、救灾款分级负担的救灾体制；各级政府每年从本级财政预算中拨出一定的比例，以作为救灾预备金。目前，救灾预备金制度已在部分省区试行。

2. 物资储备制度

1998年7月31号，民政部、财政部颁布了《关于建立中央级救灾物资储备制度的通知》，提出了构建救灾储备仓储网络的设想。全国目前已经设立了天津、沈阳、哈尔滨、合肥、郑州、武汉、长沙、南宁、成都和西安10个中央级救灾储备物质代储单位，我国救灾物资储备网络已经基本形成，储备了一定数量一定品种的救灾物资，为灾害救助提供了物质保障。

3. 防灾应急制度

防灾应急制度是由公共卫生事件引发的。2003年《突发公共卫生事件应急条例》标志着我国进一步将突发公共卫生事件应急处理工作纳入到了法制化的轨道，为及时有效处理突发事件建立起"信息畅通、反应快捷、指挥有力、责任明确"的法律制度，这在2020年的新冠肺炎疫情期间得到了印证。

4. 防灾规划政策

2003年11月1日起施行的《城市抗震防灾规划管理规定》(中华人民共和国建设部第117号)，对防灾规划管理机构、防灾规划编制内容和实施要求作了明确的规定。2006年4月1日起施行的《城市规划编制办法》(中华人民共和国建设部令146号)，要求"建立综合防灾体系的原则和建设方针""确定综合防灾与公共安全保障体系""完善城市防灾工程"。《城市综合防灾规划标准》GB/T 51327—2018，于2019年3月1日正式实施。迄今为止，全国抗震设防

区80%的城市都编制了抗震防灾规划。

5. 自然灾害预警政策

全国形成了由251个地面气象站、124个高空探测站和80多个新一代天气雷达组成的气象监测预报网。已建成国家和省级专业地震台站400多个、区域遥测台网30个，地方台、企业台1400多个，群测点8000多个。有基本水文站3130个，水位站1073个，雨量站14454个，试验站74个，地下水规测井11620万个，组成了水文监测网。

（二）城市防灾与应急管理法规

1. 防灾法规

我国与防灾减灾工作有关的立法工作是从1980年开始逐步开展起来的，现有主要的防灾法律体系涉及地震减灾、防洪、环境保护、事故防治、地质灾害、气象灾害等。但单灾种法律覆盖面单一，没有综合的减灾思路。

2. 应急管理法规

我国没有在宪法中规定统一的紧急状态法律制度，也没有一部统一的紧急状态法，却制定了包括戒严法、国防法、防洪法、防震减灾法和传染病防治法等法律在内的紧急状态法律，这些法律都明确规定了政府在不同的紧急状态时期可以采取的紧急措施以及公民在紧急状态时期应当受到限制的权利和必须履行的法律义务。例如防洪应急在《中华人民共和国防洪法》和《中华人民共和国防汛条例》中得到了体现，《中华人民共和国森林法》和《森林防火条例》是森林防火应急工作的主要法律依据。地质灾害应急，如滑坡、火山爆发等地质灾害没有出台有关应急法律。环境灾害应急主要集中在《中华人民共和国环境保护法》《中华人民共和国海洋环境保护法》《中华人民共和国大气污染防治法》等法律中。

3. 灾后重建法规

目前，我国在救灾领域还没有一般指导意义的法律。当前，民政部唯一一部与救灾相关的法规是以部长令形式出台的《救灾捐赠管理办法》，属于部门规章。不过，民政部都先后就救灾工作所遇到的各项问题发布过相应的行政规章。

三、我国综合防灾和应急反应现有体系

(一)综合防灾体系的责任体系和分工协调

从国家机构层面的宏观分工来看,民政部是救灾工作的主管部门,国家减灾委员会为国家自然灾害救助应急综合协调机构。每遇大灾,国务院各有关部门密切配合,形成了良好的救灾合力;国家发展改革委、民政部、财政部、水利部、农业部、交通运输部、卫生部、教育部、中国人民银行等部门积极安排支援灾区的救灾资金和物资;气象部门全力以赴做好灾区天气预报;地震部门认真做好灾区地震监测工作;交通、铁路、民航等部门优先安排抢运救灾物资;海关、商检、卫检等部门优先安排救灾物资的检验、进关;中国人民解放军指战员、武警官兵、公安干警和民兵预备役部队在各地的抗灾救灾中发挥了中流砥柱的作用。

进入新时代中国特色社会主义建设时期,面对城市管理的新时代要求,国家着力破除国家应急管理体制深层次难题,把多个部门、机构的应急管理职能整合到一起,2018年3月组建应急管理部,开启了中国特色应急管理体制新时代。

应急管理部整合了分散在国家安全生产监督管理总局、国务院办公厅、公安部、民政部、原国土资源部、水利部、原农业部、原国家林业局、中国地震局、国家防汛抗旱总指挥部、国家减灾委员会、国务院抗震救灾指挥部、国家森林防火指挥部13个部门的全部或部分职责。主要职责包含应急预案体系建设;灾情报告发布,统筹应急力量建设和物资调度;指导安全生产类、自然灾害类应急救援,承担国家应对特别重大灾害指挥部工作;指导火灾、水旱灾害、地质灾害等防治;管理公安消防、武警森林部队等应急救援队伍。

这次应急管理体制改革体现了系统性、整体性、协同性的改革思维,使国家应急管理机构朝着职责明确、集中统一的方向迈进。

(二)应急反应体系构成

应急反应体系包括应急预案体系和应急管理体系两部分,前者是以文字形式表现的规划部署和程序安排,后者是根据规划和程序做出的人员责任分工。

1. 应急反应体系

我国的应急预案体系由国家突发公共事件总体应急预案、105个专项和部门预案以及绝大部分省级应急预案组成，全国应急预案体系初步建立。

（1）应急预案对应的突发公共事件分类及分工

①自然灾害：包括洪涝、干旱、地震、气象等诸多灾害。包括国家减灾委（30多个部委组成）、国家防汛抗旱总指挥部、水利部、民政部、农业部、自然资源部、地震局、气象局、林业和草原局等从事减轻自然灾害工作。

②事故灾难：包括航空、铁路、公路、水运等重大事故，工矿企业、建设工程、公共场所及各机关企事业单位的重大安全事故，水、电、气、热等生命线工程、通信、网络及特种装备等安全事故，核事故、重大环境污染及生态破坏事故等。由国家安全生产委员会及安全生产监督管理总局牵头，涉及住房和城乡建设部、铁路局、交通部、民航总局、工业和信息化部、商务部以及各大工矿企业、各大城市市政管理部门等。

③公共卫生事件：包括突发重大传染病（如鼠疫、霍乱、肺炭疽、SARS等），群体性不明原因疾病，重大食物及职业中毒，重大动植物疫情等危害公共健康事件。涉及卫生健康委员会、食品药品监督局、红十字会、爱国卫生委员会、艾滋病委员会、血吸虫病委员会以及各级医院、卫生院等。

④社会安全事件：包括恐怖袭击事件、重大刑事案件、涉外突发事件、重大火灾、群体性暴力事件、政治性骚乱、经济危机及风暴、粮食安全、金融安全及水安全等。

（2）预警分级

根据预测分析结果，对可能发生的可以预警的突发公共事件进行预警。预警级别依据突发公共事件可能造成的危害程度、紧急程度和发展态势，一般划分为四级：Ⅰ级（特别严重）、Ⅱ级（严重）、Ⅲ级（较重）和Ⅳ级（一般），依次用红色、橙色、黄色和蓝色表示。

（3）中央应急预案体系

2005年1月26日，国务院常务会议通过了《国家突发公共事件总体应急预案》。根据中共中央、国务院的部署，各地区、各部门围绕编制突发公共事件应急预案，建立健全突发公共事件的应急机制、体制和法制，形成了国家突发公共事件总体应急预案、105个专项和部门预案，标志着中央应急预案框架体系已经建成。

（4）地方应急预案体系

地方应急预案包括：省级人民政府的突发公共事件总体应急预案；专项应急预案和部门应急预案；各市（地）、县（市）人民政府及其基层政权组织的突发公共事件应急预案。

2. 应急管理体系

应急管理体系是指在坚持中央和国务院统一领导下，整合中央国家机关、各地单位和驻地部队单位的应急资源，在与国家减灾中心互通互联的大前提下，构建的综合应急管理体系。

（1）应急管理体系构成

应急指挥系统。包括省、市和区县三级政府的综合应急指挥系统及若干个单种灾害或职能部门的应急指挥系统。

①省、市综合应急指挥系统是各地区公共危机应急管理的最高权威机构。其领导决策层由各省、市主要领导，中央和国务院机关事务管理局或派出机构、驻地部队和各省、市有关职能局、委的领导组成，一般为应急减灾委员会或领导小组，下设综合应急指挥中心和应急专家组。

②市应急指挥系统作为二级综合应急指挥系统，区县应急指挥系统作为三级综合应急指挥系统，各自负责本级公共危机事件的综合应急管理。

③专业应急指挥系统是指由市政府职能部门组建的针对单种灾害的专业性应急指挥系统。包括消防、交通、公共卫生、公用设施、安全生产、抗震、人防、反恐、动植物疫情、防汛等方面。

④社会应急救助组织。各企事业单位、群众团体以及社区等基层组织在专业防灾部门或区县政府指导和支持下组建义务防灾减灾志愿者组织。他们接受一定的安全减灾科普教育或减灾技术培训，在发生突发事件和灾害时，他们作为灾害事件的第一目击者，在第一时间组织最初的自救互救，为后来的专业救援队伍提供准确的灾害事件初始信息、协助专业救助行动，这对了解灾害发生的初始信息、灾害源判断、准确实施应急救援措施、最大限度减轻灾害损失是十分重要的。

（2）应急技术支撑系统

包括网络通信子系统、信息数据库子系统、数据分析评估模型子系统、对策预案子系统和专业救援子系统。

（3）应急管理法律和规范系统

建立各地区相应的应急管理法律体系。编制各地减灾规划及相应的实施计划纲要。在"市民道德行为规范"中加入防灾、救灾内容。

（4）资金物质保障系统

①将应急指挥系统建设资金列入每年财政预算或建立专项基金，专款专用。

②加快应急救援装备、器材现代化、高科技化的步伐，如超高楼层救火救生设备等。

③通过政策引导和扶持，发展民营减灾用品产业，如家庭、个人备灾应急包和小型救灾器材等。

④做好应急物资储备，建立市财政支持的应急物资生产基地。

3. 地方主要应急管理体系类型

（1）以分类子系统为基础的综合型应急管理系统。应急系统除了包括反恐与重大刑事案件处置子系统外，还涵盖重大交通事故、消防安全、重大动物疫情、公共卫生突发事件、城市基础设施安全、人防指挥、安全生产、防震减灾、防汛抗旱等多个应急子系统。除市级系统外，18区县建立二级系统，并延伸至基层社区。

（2）以公共服务号码为纽带的联动型应急管理系统。联动型将110（刑警）、119（火警）、120（急救）、122（交警）及市长电话等集中组成联动中心，克服不同警种与不同的防灾部门之间无法进行很好的配合与协调的问题，对统一处置各类灾害及应急工作，具有很大的优越性。

（3）以部门为依托的应急系统

①办公厅型：部分省市以办公厅为依托，处理各类应急事务。政府重大事件信息均由办公厅统一处理并直通主要负责人。

②公安型：该类型主要以公安部门（刑警、消警及交警）为一线，以公安部门代行省市应急工作。重大事件由省市负责人出面管理。

四、我国综合防灾和应急管理队伍

（一）专业防救灾队伍

我国城市水利、气象、农业、地质、地震、林业、海洋、民政、工矿、交通、建筑、市政、信息等行业拥有各自专业的防灾队伍和准专业的救援队伍，并有医疗、公安、消防等相关专业系统队伍作为防灾后盾。

(二)非专业防救灾队伍

非专业队伍建设是指社区在有关部门的指导下自动组成的防灾救援队伍,包括长期和临时救灾队伍。如志愿者组织、社区救灾组织、村民自救组织等。

2005年4月,北京成立了第一支社区防灾减灾志愿者队伍。志愿者平时的任务就是负责防灾减灾知识宣传;组织进行自救互救专业技能的训练、演练;协助社区组织灾民自救互救、应急避险、疏散安置;配合专业救援队抢险、救护以及负责灾后社区居民心理咨询。

2020年,为了帮助受新冠肺炎疫情影响,遭遇出行受限、生活不便、经济受损等情况而产生精神压力的民众排解心理和情绪不适,多地市在市民求助热线中开通了心理咨询服务,为这次全国性的重大卫生安全应急事件提供公众应急救助。

五、城市防灾和应急反应体系现存问题

(一)城市安全隐患问题日趋加重

我国大中城市已经进入一个典型的危机高发期,传统与非传统的城市安全事故的出现日益频繁。呈现出以下特点:①危机事件呈现高频次、多领域发生的态势;②非传统安全问题,尤其是人为危机和人为制造的危机成为现代城市安全的主要威胁;由于这些非传统危机比自然危机(如洪水、地震等)更具有隐蔽性、不确定性、偶发性和突发性,政府对人为危机缺乏相应的、完善的预警和救治,从而加重了危机发生后的破坏性;③突发性灾害事件极易被放大为社会危机;④危机事件国际化程度加大。特别是大城市、特大城市和超大城市,从整体上已经进入一个典型的危机高发期,传统与非传统的城市安全事故的出现日益频繁。

(二)防灾制度和法规落后

在防灾工作方面,我国虽然研究灾害、认识灾害、防灾救灾抗灾减灾早已引起国内外专家的支持与关注,城市规划、建筑设计的决策管理也从一定程度上纳入了诸如抗震、防洪、消防等项目工程规范及标程,但如今最大缺陷

在于仅仅注意单项防灾，未重视灾害间的关联性，更未总结归纳出必要的方法论，使灾害研究无标准、无规范可依。到2007年，我国编制的城市建设规范总表中建筑安全尚无规范，城市防灾法规也寥寥无几。

（三）应急反应体系不够成熟

1.法制建设不到位

中国70多年的减灾立法虽开始步入法制轨道，但差距颇大。如缺乏国家防灾减灾的根本大法《国家防灾减灾基本法》；现在及未来防灾总体部署中需要法律调整的关系尚未进行；现行多数单灾种（防震减灾法、防洪法、消防法、安全生产法等）法律覆盖面单一；尚未全面开展城市防灾立法研究，不少大中城市总体规划中的防灾减灾内容无法落实等。

2.缺乏高效、统一的应急协调机制

世界各国（如美、俄、日、法等）之所以专门成立部级单位以应对国家安全减灾及应急工作，就是其原有机构的体制、机制已不适应众多民事安全减灾及应急的需求。我国各部委、各省市也难以统一步调，快速行动。安全减灾及应急是一个涉及国家和亿万人民切身利益的大事，必须从战略高度出发，从体制上全面部署这一领域任务。

3.应急反应机制不够灵活

就安全减灾及应急的规律而言，防灾手段具有很多共性，如在应急预案及处置中，安全减灾工作都将动用公安布防、交通指挥、消防灭火、医生急救等。这些共性为节省资源的统一管理打下了基础。但目前的分散管理效率低，反应慢。重复建设多，在机制方面存在诸多弊端。

4.缺乏现代高新技术支撑

现代安全减灾及应急体系应当是快速、高效和科学的体系。只有充分应用现代计算机、通信、网络、卫星、遥感、地理信息、生物技术等高新技术组建各类现代系统，构架中国安全减灾及应急体系，才能更好面对这项任务。目前，我国在这一领域的科学技术及其应用差距还相当大。

第五节　进一步完善科学高效的综合防灾与应急管理体系

一、健全城市综合防灾体系

（1）在指导思想和体系建设方面。要改变传统防灾"各自为政，单搞一套"的体系，着重促进城市防灾能力建设中的两个转变：单灾种防御向多灾种综合防御的转变，单体工程防灾向系统防灾的转变。

（2）确立与城市可持续发展相适应的综合防灾大安全观。将城市、社区、企业的综合防灾建设加入工作绩效的衡量尺度。

（3）在科学研究方面。予以"天、地、生、人"系统的大交叉、大渗透的科学评价与论证，从总体上避免重复投资，克服总体效益差的问题，并有机会攻克防灾措施中关键且共性的技术难点。

（4）在机制协调方面。构建全社会统一的综合性灾害管理指挥协调机制，形成城市灾害应急管理合力。

（5）建立法制、体制、机制相结合的城市综合防灾常态建设理念。灾害防御要强调法制、体制和管理机制的有机结合。

（6）城市综合防灾应贯穿规划、设计、建设、使用的全过程。一是强化城市防灾规划在城市综合防灾中的龙头地位，逐步建立和完善城市城区防灾设计与社区综合防灾规划，推动社区防灾为基础的全社会综合防灾体系。二是提高城市重大工程、城市轨道交通、燃气等重要生命线系统和工程设施的抗灾能力。

二、建设全时段、强联动的应急管理体系

（一）重视应急管理体系的全时段建设

"全时段"，一方面是针对应急管理工作，强调要建立每日24小时、无时间死角的应急监控与响应机制，保障昼夜不歇、飞速发展的现代城市保持在

稳定顺畅的运行状态；另一方面是从城市管理的角度，应该融合城市常态管理和应急管理。良好的常态管理能夯实城市运行的安全基础，降低突发事件概率，防患于未然；同时将部分应急管理的人、岗、责、物纳入常态管理工作，能有效减少行政运行成本、提高应急响应工作流畅度和工作效率。

（二）强化应急管理联动体系建设

一是充分发挥各级党委政府部门的职能作用，建设好应急管理部门为核心的应急队伍和其他相关部门的联动机制，形成立体综合的应急反应体系。如整合消防、医疗急救、交通、地震、防控、水文、气象、公安、武警、军队等形成专业高效的一线抢险救灾队伍，同时需要宣传、市政服务等部门在更广大范围内充分发挥新闻宣传、舆论引导、民生服务等正面引导、整合力量、保障稳定的作用，为应急管理的即时响应和后续局面控制提供助力。

二是加强公众防灾意识和急救技能宣传与普及，重视建设社区应急管理体系，充分发挥社区为单元的自治共享、自救共建作用，夯实城市应急管理联动体系的微观基础。

（三）完善"事前预防—事发响应—事后完善"的应急管理体系

事前预防：科学应急预案；在城市工程、建筑物、基础设施等硬件的建设阶段，加强安全防灾的规划、检验标准和监督检测；用好城市综合管理大数据平台的联动信息数据进行智慧化监测；政府加强应急管理常态化建设、相关部门加强应急联动响应体系建设和演练；加强社区应急管理体系建设；强化应急救险专业队伍力量、发展社会联动力量；普及全民应急知识和急救技能，加强民众应急响应演练。

事发响应：应急管理部门及队伍立即响应；相关部门联动响应。事发时的联动响应原则是科学救灾、快速救灾；降低突发事件及灾害的直接伤害、减少次生灾害及联动危害的负面损失，如及时公开的新闻报道、正面的舆论引导能够有效消除恐慌、赢得公众信任、整合社会力量，有效加强应急控制能力。

事后完善：及时开展重建工程；关注受灾民众的人身、财产和精神恢复；鼓励社会互助重建；再完善常态化城市管理和应急管理机制；完善灾难保险制度，对弱势群体给予特殊保险和基金关注；加强募捐机制的规范化建设，保障赈灾资源出入登记信息公开、运转高效、接受多渠道监督。

(四)健全现代高新技术为基础的支撑体系

(1)建立灵敏的监督信息平台。构建一个贯通国家、省、市(地)、县(区)、乡(镇)、街道社区的监督信息平台,能够及时预报、预测、预警突发灾难。

(2)加强并完善防灾减灾应急反应的技术支持体系,全面提升城市应对突发事件的快速反应和应急处置能力。

(3)加大物资和科学研究的投入。

第六节　我国综合防灾和应急管理典型案例

一、抗击"新冠肺炎"疫情①

2020年初,席卷全国的"新冠肺炎"疫情是在2003年"非典"战役后,对中国公共卫生应急能力的又一次考验,这一次考验范围更广、难度更大。面对突发疫情侵袭,中国把人民生命安全和身体健康放在第一位,统筹疫情防控和医疗救治,采取最全面最严格最彻底的防控措施,前所未有地采取大规模隔离措施,前所未有地调集全国资源开展大规模医疗救治,实现"应收尽收、应治尽治、应检尽检、应隔尽隔",遏制了疫情大面积蔓延,改变了病毒传播的危险进程。

(一)建立统一高效的指挥体系

在以习近平同志为核心的党中央坚强领导下,建立中央统一指挥、统一协调、统一调度,各地方各方面各负其责、协调配合,集中统一、上下协同、运行高效的指挥体系,为打赢疫情防控的人民战争、总体战、阻击战提供了有力保证。中央指导组指导湖北省、武汉市加强防控工作,以争分夺秒的战

---

① 国务院新闻办公室:《抗击新冠肺炎疫情的中国行动》白皮书,新华社,http://www.gov.cn/zhengce/2020-06/07/content_5517737.htm。

时状态开展工作，有力控制了疫情流行，守住了第一道防线。国务院联防联控机制发挥协调作用，持续召开例会跟踪分析研判疫情形势，加强医务人员和医疗物资调度，根据疫情发展变化相应调整防控策略和重点工作。国务院复工复产推进工作机制，加强复工复产统筹指导和协调服务，打通产业链、供应链堵点，增强协同复工复产动能。

各地方各方面守土有责、守土尽责。全国各省、市、县成立由党政主要负责人挂帅的应急指挥机制，自上而下构建统一指挥、一线指导、统筹协调的应急决策指挥体系。在中共中央统一领导下，各地方各方面坚决贯彻中央决策部署，有令必行、有禁必止，严格高效落实各项防控措施，全国形成了全面动员、全面部署、全面加强，横向到边、纵向到底的疫情防控局面。

（二）构建全民参与严密防控体系

针对春节期间人员密集、流动性大的特点，中国迅速开展社会动员、发动全民参与，坚持依法、科学、精准防控，在全国范围内实施史无前例的大规模公共卫生应对举措，通过超常规的社会隔离和灵活、人性化的社会管控措施，构建联防联控、群防群控防控体系，打响抗击疫情人民战争，通过非药物手段有效阻断了病毒传播链条。

第一时间切断病毒传播链，牢牢守住社区基础防线，实施分级、分类、动态精准防控。充分发挥基层主体作用，加强群众自治，实施社区封闭式、网格化管理，把防控力量、资源、措施向社区下沉，组建专兼结合工作队伍，充分发挥街道（乡镇）和社区（村）干部、基层医疗卫生机构医务人员、家庭医生团队作用，将一个个社区、村庄打造成为严密安全的"抗疫堡垒"，把防控有效落实到终端和末梢。同时结合分级分类的动态疫情研判，在疫情防控常态化条件下加快恢复生产生活秩序。

（三）依法及时公开透明发布疫情信息

在全力做好疫情防控的同时，中国建立最严格且专业高效的信息发布制度，第一时间发布权威信息，速度、密度、力度前所未有。持续、权威、清晰的疫情信息，有效回应了公众关切的问题，并凝聚了社会共识。

建立严格的疫情发布机制、建立分级分层新闻发布制度、依法适时订正病例数据、多渠道多平台传播信息，多手段加强社会舆论正向引导，通过各类媒体充分传递抗击疫情正能量,同时发挥舆论监督作用,推动解决疫情防控中出现的问题。

(四)充分发挥科技支撑作用

我国坚持以科学为先导,充分运用近年来科技创新成果,组织协调全国优势科研力量,以武汉市为主战场,统筹全国和疫情重灾区,根据疫情发展不同阶段确定科研攻关重点,坚持科研、临床、防控一线相互协同和产学研各方紧密配合,为疫情防控提供了有力科技支撑。

二、天津港"8·12"瑞海公司危险化学品仓库特别重大火灾爆炸事故[①]

2015年8月12日,位于天津市滨海新区天津港的瑞海国际物流有限公司危险品仓库发生火灾爆炸事故,造成165人遇难(其中参与救援处置的公安消防人员110人,事故企业、周边企业员工和周边居民55人)、8人失踪(其中天津港消防人员5人,周边企业员工、天津港消防人员家属3人)、798人受伤(伤情重及较重的伤员58人、轻伤员740人)。

经调查,事故直接原因是瑞海公司危险品仓库运抵区南侧集装箱内硝化棉由于湿润剂散失出现局部干燥,在高温(天气)等因素的作用下加速分解放热,积热自燃;引起相邻集装箱内的硝化棉和其他危险化学品长时间大面积燃烧,导致堆放于运抵区的硝酸铵等危险化学品发生爆炸。

同时调查组还认定,瑞海公司严重违法违规经营,严重违反天津市城市总体规划和滨海新区控制性详细规划,无视安全生产主体责任,非法建设危险货物堆场,在现代物流和普通仓储区域违法违规,从2012年11月至2015年6月多次变更资质经营和储存危险货物,安全管理极其混乱,致使大量安全隐患长期存在。另外,事故还暴露出有关地方政府和部门存在有法不依、执法不严、监管不力等问题。天津市交通、港口、海关、安监、规划和国土、市场和质检、海事、公安等部门以及滨海新区环保、行政审批等单位,未认真

[①] 天津港"8·12"瑞海公司危险品仓库特别重大火灾爆炸事故调查报告公布,新华网,http://www.xinhuanet.com/politics/2016-02/05/c_1118005206.htm。

贯彻落实有关法律法规，未认真履行职责，违法违规进行行政许可和项目审查，日常监管严重缺失；有些负责人和工作人员贪赃枉法、滥用职权。

根据事故原因调查和事故责任认定结果，相关企业人员、行政监察对象和相关行政部门责任人被依法处分。但这场大型安全生产事故也暴露了地方应急管理体系的诸多不足，说明应急管理中做好事前预防和紧急响应中专业救灾降损的重要性。

（1）事故发生前：违法违规经营导致仓库有长期安全隐患，管理混乱导致现场管理人员不清楚储存危险品的种类、数量，不能协助救灾队伍做出正确的抢救预判。贪腐和相关部门监管不力、违规审批、规划不当、放任安全隐患长期存在、间接扩大事故危害，并且造成人民群众严重的生命财产损失和恶劣的社会影响。

（2）事故发生时：应急救灾队伍对危险化学品事故的专业救灾处置能力不足。高危场所的应急管理信息不对称，导致消防部门掌握信息不全面，不能第一时间掌控救灾局面，损失重大。

（3）事故后的启示和改进：加强城市智慧化管理，用好科技手段实现数据联动备案，特别要对高危场所保持高频安全监测。提高对特殊险情的专业救灾能力。规范行业监督、执法监督和审批监督，同时刀刃向内，加强部门纪律督查。

第九章 城市治理体系和治理能力现代化

习近平总书记强调，推进国家治理体系和治理能力现代化，必须抓好城市治理体系和治理能力现代化。推进城市治理现代化，要从应对社会矛盾、问题和风险等现实需要出发，坚持党建引领、重心下移、科技赋能，使社会治理体系和治理能力同时代要求、经济发展水平和人民期待相适应。本章首先梳理了城市治理现代化相关理论源流，在此基础上进一步阐述城市治理体系现代化和能力现代化的内涵和要求。

第一节　城市治理现代化理论

现代化是从传统农业社会向现代工业社会深刻变革的过程，是人类文明发展与进步的重要标志和现代民族国家的共同追求。现代化可以分为两大阶段：第一次现代化是农业经济向工业经济、农业社会向工业社会的转变；第二次现代化是工业经济向知识经济、工业社会向知识社会的转变（周文彰，2020）。作为人类生产生活的重要场所和人类文明的坐标，城市自始至终是现代化的重要阵地，城市现代化是现代化水平的直观和集中体现。城市现代化是在工业化、城镇化、信息化的历史进程中，经济、政治、文化、社会结构的优化在城市发展建设领域的客观呈现（任致远，2014），表现为城市生产条件逐步提高、生活质量逐步改善。

城市是一个复杂的巨系统，城市的现代化包括城市经济、文化、社会、政治、行政、基础设施、生态等各子系统的现代化，同时涉及诸多主体、关系、事务和机制的博弈，应对这一挑战的关键因素是实现良好的城市治理。城市层面从管理向治理的转变本身即是一个具有现代性的概念，城市治理是各种公共的或私有的个人和机构管理城市公共事务的诸多方式的总和（Commission on Global Governance，1995），其作为一种本身具有现代性的理论直到20世纪后期才引起学者的广泛关注，相关研究从城市治理的理念、结构、方法、路径转型等方面对治理主体间的权责配置及关系互动进行了分析探讨（计永超、焦德武，2015），是从制度层面对城市现代化过程中参与、包容、创新式发展的直接回应。

城市治理现代化是当前我国国家治理现代化语境下的一个新命题，目前尚无准确的定义。党的十八届三中全会提出"推进国家治理体系和治理能力现代化"这一深化改革的总目标，被认为是农业现代化、工业现代化、科技现代化、国防现代化之后针对上层建筑的"第五个现代化"（李景鹏，2014）。国家治理体系和治理能力是一个国家制度和制度执行能力的集中体现。国家治理体系是在党领导下管理国家的制度体系，包括经济、政治、文化、社会、生态文明和党的建设等各领域体制机制、法律法规安排，也就是一整套紧密相连、相互协调的国家制度；国家治理能力则是运用国家制度管理社会各方面事务的能力，包括改革发展稳定、内政外交国防、治党治国治军等各个方面。国家治理体系和治理能力是一个有机整体，相辅相成，有了好的国家治理体系才能提高治理能力，提高国家治理能力才能充分发挥国家治理体系的效能。国家治理体系和治理能力现代化，即国家治理体系要随社会的发展进步而不断改革调整，国家治理能力要随日益复杂的发展状况而不断优化提升（郑言、李猛，2014，田芝健，2014，俞可平，2014）。

城市治理体系和能力是国家治理体系和能力在城市尺度的映射，城市治理现代化是国家治理现代化的重要载体。国家治理现代化，从纵向看，要实现国家治理政治、经济、文化、社会、生态文明的不同领域的现代化；从横向看，要实现全国整体和不同区域的全域治理现代化（华小鹏，2020）。城市是区域的政治、经济、文化中心，城市治理现代化深刻影响着其所在及相关区域的治理现代化水平，进而影响国家治理现代化整体水平。城市治理现代化过程中创设的典范和标杆，将带动其他区域借鉴经验、查漏补缺，从而在国家尺度推动所有区域实现治理现代化，并为探索国家治理现代化的方法模式开拓思路。同时，城市治理现代化也具有特殊性。城市发展现状千差万别、资源优势不尽相同，具有不同的比较优势和功能定位。与国家元治理相比，城市治理体系和能力一方面需要与国家大政方针和整体战略保持一致；另一方面则需要结合城市的资源禀赋、区位优势、发展特色、战略方位等要素，发挥积极性、主动性，实现具有针对性和创造性的治理体系和能力现代化。

总体而言，城市治理现代化是在国家元治理的基本框架下，结合城市的基本市情和发展需求,将以人为核心、全周期理念、系统集成、生命体有机体的治理理论作为指导,依靠行政、社会、市场力量,运用法律法规、制度规则、自治章程、城市公约、乡规民约、道德规范等方式和手段,对城市基础设施、公共服务、治理制度更加充分更加精准更高质量地供给,从而有效改善城市面貌、提升城市服务、优化城市治理制度,激发城市发展活力,全面实现体现以人为核心的经济、政治、文化、社会、生态文明现代化,体现时代特征、中国特色、城市特点的共治共管、共建共享的持续治理行动及其社会化、法治化、智能化、专业化的实施过程(徐汉明,2020,夏志强、谭毅,2017)。

党的十八大以来,习近平总书记围绕新时代推进城市尤其是超大城市治理现代化的城市工作主题,提出了一系列新命题新战略,这些论述共同构成了具有实践性和指导性的城市治理现代化理论体系,成为破解新时代我国社会主要矛盾发生变化后、传统城市管理理念和方法严重滞后难题的基本思路。

> **专栏10:**
>
> ### 习近平总书记关于城市治理的重要论述
>
> 城市发展要善于调动各方面的积极性、主动性、创造性,集聚促进城市发展正能量。要坚持协调协同,尽最大可能推动政府、社会、市民同心同向行动,使政府有形之手、市场无形之手、市民勤劳之手同向发力。政府要创新城市治理方式,特别是要注意加强城市精细化管理。要提高市民文明素质,尊重市民对城市发展决策的知情权、参与权、监督权,鼓励企业和市民通过各种方式参与城市建设、管理,真正实现城市共治共管、共建共享。
>
> ——2015年12月20日至21日,习近平在中央城市工作会议上发表重要讲话
>
> 走出一条符合超大城市特点和规律的社会治理新路子,是关系上海发展的大问题。要持续用力、不断深化,提升社会治理能力,增强社会发展活力。要强化依法治理,善于运用法治思维和法治方式解决城市治理顽症难题,努力形成城市综合管理法治化新格局。要强化智能化管理,提高城

市管理标准，更多运用互联网、大数据等信息技术手段，提高城市科学化、精细化、智能化管理水平。要加快补好短板，聚焦影响城市安全、制约发展、群众反映强烈的突出问题，加强综合整治，形成常态长效管理机制，努力让城市更有序、更安全、更干净。要发挥社会各方面作用，激发全社会活力，群众的事同群众多商量，大家的事人人参与。

——2017年3月5日，习近平在参加上海代表团审议时强调

城市治理是国家治理体系和治理能力现代化的重要内容。一流城市要有一流治理，要注重在科学化、精细化、智能化上下功夫。既要善于运用现代科技手段实现智能化，又要通过绣花般的细心、耐心、巧心提高精细化水平，绣出城市的品质品牌。

——2018年11月6日至7日，习近平在上海考察时强调

要深入学习贯彻党的十九届四中全会精神，提高城市治理现代化水平。要统筹规划、建设、管理和生产、生活、生态等各方面，发挥好政府、社会、市民等各方力量。要抓一些"牛鼻子"工作，抓好"政务服务一网通办""城市运行一网统管"，坚持从群众需求和城市治理突出问题出发，把分散式信息系统整合起来，做到实战中管用、基层干部爱用、群众感到受用。要抓住人民最关心最直接最现实的利益问题，扭住突出民生难题，一件事情接着一件事情办，一年接着一年干，争取早见成效，让人民群众有更多获得感、幸福感、安全感。

——2019年11月2日至3日，习近平在上海考察时强调

要着力完善城乡基层治理体系，树立"全周期管理"意识，努力探索超大城市现代化治理新路子。

——2020年3月，习近平在湖北武汉考察时强调

推进国家治理体系和治理能力现代化，必须抓好城市治理体系和治理能力现代化。运用大数据、云计算、区块链、人工智能等前沿技术推动城市管理手段、管理模式、管理理念创新，从数字化到智能化再到智慧化，让城市更聪明一些、更智慧一些，是推动城市治理体系和治理能力现代化的必由之路，前景广阔。

——2020年3月29日至4月1日，习近平在浙江杭州考察时强调

创新思路推动城市治理体系和治理能力现代化。经过40年高速发展，深圳经济特区城市空间结构、生产方式、组织形态和运行机制发生深刻变革，面临城市治理承压明显、发展空间不足等诸多挑战。要树立全周期管理意识，加快推动城市治理体系和治理能力现代化，努力走出一条符合超大型城市特点和规律的治理新路子。要强化依法治理，善于运用法治思维和法治方式解决城市治理顽症难题，让法治成为社会共识和基本准则。要注重在科学化、精细化、智能化上下功夫，发挥深圳信息产业发展优势，推动城市管理手段、管理模式、管理理念创新，让城市运转更聪明、更智慧。

——2020年10月14日，习近平在深圳经济特区建立40周年庆祝大会上的讲话

要完善城市治理体系和城乡基层治理体系，树立全周期的城市健康管理理念，增强社会治理总体效能。要重视生物安全风险，提升国家生物安全防御能力。

——2020年9月8日，习近平在全国抗击新冠肺炎疫情表彰大会上的讲话

要提高城市治理水平，推动治理手段、治理模式、治理理念创新，加快建设智慧城市，率先构建经济治理、社会治理、城市治理统筹推进和有机衔接的治理体系。

——2020年11月12日，习近平在浦东开发开放30周年庆祝大会上的讲话

第二节　城市治理体系现代化

城市治理体系是在党领导下管理的城市制度体系，包括经济、政治、文化、社会、生态文明和党的建设等各领域体制机制、法律法规安排，也就是一整套紧密相连、相互协调的城市制度。城市治理体系是实现城市治理现代化、促进城市有序运行的基础和保障。城市治理体系现代化，就是要适应时

代特点，通过改革和完善体制机制、法律法规、推动各项制度日益科学完善，推进城市治理系统化、协同化、科学化、精细化和长效化发展。

一、加强制度法治建设，构建系统规范的城市治理体系

城市治理体系的核心是制度安排，城市治理体系现代化首先是优化城市治理的体制机制，形成完善的制度和规范的程序。构建完备有序的城市治理体系，一靠统筹机制，二靠法治建设。

城市治理是一项系统工程，现代化的城市治理体系是经济治理、社会治理、文化治理、生态文明治理统筹推进和有机衔接的治理体系，需要整体谋划、通盘考虑、统筹兼顾，坚持系统观念，通过顶层制度设计和宏观指导加强对治理体制改革的引导，加强对城市治理现代化制度安排的战略研究，调整与城市治理现代化不相适应的机制设计和权责关系，形成全方位的治理机制。

有序规范的制度体系是良好城市的生成机制路径，法治是实现城市治理程序规范的基本手段和要素。一方面，要在宪法和国家法的基础上，建立健全城市法律法规，通过法治体系明确界定权责、合理分配资源；另一方面，将法无授权不可为、法定职责必须为、法无禁止即可为的法治精神贯穿城市治理各个领域和各个阶段，注重法治政府、法治社会、法治公民的建设，构建现代化的法治城市，运用法治思维和法治方式解决城市治理顽症难题。

二、加强市场社会参与，构建多元协同的城市治理体系

现代城市中社会主体的动态交互及社会关系的复杂多样对城市治理体系的多元性、参与性和包容性提出了现实需求，相对于国家元治理体系而言，城市治理体系扎根于城市政府、市场和公民社会所形成的水平化、网络化和动态化制度安排之中，治理结构和参与主体更加灵活，需要多方力量、多元主体形成合力。

构建多元协同的城市治理体系，需要形成党总揽全局、协调各方的治理格局，充分考虑城市经济社会发展水平，统筹政府、社会、市民三大主体，提高各方推动城市发展的积极性，探索创新政社、政企、政民合作模式，使政府有形之手、市场无形之手、市民勤劳之手同向发力，形成多方力量共同参

与城市治理的格局(邢娜,2021),构建良性互动、开放包容的城市治理共同体,打造共建共治共享的城市治理体系和格局。

> **专栏11:**
>
> ## 珠海横琴"物业城市"模式
>
> 作为国务院批复的粤港澳合作重大平台和中国(广东)自由贸易试验区的重要组成部分,横琴新区"物业城市"在探索中国特色城市经理制治理模式的道路上,发挥着探路者作用,取得了良好的治理效果。横琴新区对"物业城市"的探索从2016年起开始酝酿筹备,经历了探索、试运行、定型和推广四个阶段(图1)。2018年4月,珠海横琴新区正式宣布实施"物业城市"治理新模式,将城市公共空间与公共资源、公共项目整体整合成为"大物业",交由市场化的第三方整体管理、服务、运营(图2),围绕公众和市场的服务需求,不断完善城市运营的体系,并在辅助城市秩序维护、市民生活服务等多个领域,实现新的突破,以达到降低政府人员资源投入、提升政务服务水平、强化城市管理质量、精准化专业化治理城市的理想效果。在经过充分调研评估后,珠海大横琴集团有限公司与万科物业发展股份有限公司正式签署战略合作框架协议,携手推动"物业城市"管理理念的落地。同年9月,由横琴新区管委会间接控股60%、万科物业发展股份有限公司参股40%的混合所有制企业珠海大横琴城市公共资源经营
>
>
>
> **图1 横琴新区物业城市探索历程**

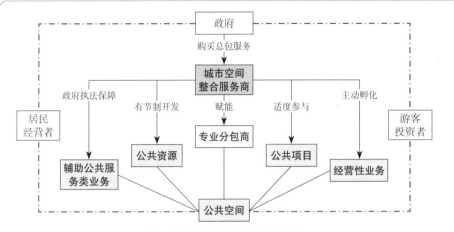

图 2 横琴新区物业城市治理模式

管理有限公司(以下简称"大横琴城资公司")完成混改,成为"物业城市"治理模式的合作平台,标志着全国首个"物业城市"平台企业正式诞生。

"物业城市"模式以社区管理为起点,以商业楼宇服务作为延伸领域,实现对城市的整体运营和服务,其范围大致包括城市公共事务、公共服务、公共资产运营以及公共秩序维护等几个方面。围绕城市重点公共空间点,城市公共空间和服务领域被划分为若干个模块,并将各类专项服务嵌入其中(图3)。在"物业城市"模式中,政府退居于"城市治理运营商"的幕后,通过城市基层治理模式的创新,推动城市社区公共产品和服务供给走向纺锤形结构,政府核心抓住综合决策和执法监督,而把服务让出来交给市场,并由一个统一的市场主体去对接政府的多个部门,降低政府对接市场的交易和沟通成本,构建一个"更有事业心和预见性的政府"。

	模块一	模块二	模块三	模块四	模块N
	市政公用	市容环卫	园林绿化	城管执行	……
公众服务	户外照明	生活垃圾	公园景区	人行道	……
企业发展	地下管网	工地施工	绿植养护	共享单车	……
社会治理和组织动员体系	安全讲堂	监督举报	爱树教育	宠物协会	……
政府管理	资产管理	环境监控	园林管理	案件管理	……
城市运营	设备监测	应急管理	指标监测	执法培训	……

图 3 "物业城市"模式下的城市治理模块化设计

三、加强技术方法创新，构建智慧科学的城市治理体系

科学技术是现代化的关键。现代城市是以科学技术为核心的先进生产力的聚集地，城市治理体系现代化必须高度重视科学技术的巨大推进作用，提升科技赋能水平，运用科学手段实施治理，将科学技术作为城市治理创新的基础动力和生命力，以治理方式的信息化和网络化推动城市治理的主要机制和方式创新。构建智慧科学的城市治理体系，既要推动城市治理技术手段创新应用，也要构建城市治理现代理论方法体系。

通过应用互联网、大数据等现代科技、创新方法工具提升城市治理的智慧化、科学化水平，是城市治理体系现代化的必由之路。充分运用前沿技术推动城市治理手段、治理模式、治理理念创新，建设"城市大脑"，走"智慧城市"发展之路。围绕城市治理需求，加强基础设施建设，增强信息采集、交流、发布、共享等功能，加快实现城市治理精准施策、靶向发力，助推城市治理决策科学化、服务便捷化。

随着现代社会科学的不断发展，城市治理逐渐成为一门规范性和实证性相结合的科学。在现代科技的基础上构建城市治理现代理论方法体系，将为城市治理体系现代化提供可持续的动力。首先，建立一套城市治理的一般理论，为研究和认识城市治理结构模式、主体关系、交互方式提供一般性的分析框架；其次，将计量方法、城市模拟、系统工程、市场设计、循证治理等现代社会科学分析方法应用于城市治理领域，建立城市治理工具箱，为城市治理体系现代化提供强大的工具方法支撑。

四、加强细节精准把控，构建精细高效的城市治理体系

城市治理体系现代化要求形成精细周密的治理生态，做到对治理对象的精准把控。构建精细高效的城市治理体系，是对城市居民诉求的一种积极回应，更是实现城市治理体系和能力现代化的效率基础，需要理念精细化和工具高效化相结合。

一方面，城市治理要向微观治理单元拓展延伸，关注不同群体的利益和需求，关注人们个性化、差异化的需求，把城市治理的工作做细做实，深入到

城市的每一个角落和不同的人群，追求城市每个角落的安全、秩序、整洁和美观，以及功能公正、包容、和谐的环境；另一方面，将现代工业化时代的精细化管理理念融入现代城市治理之中，基于数据共享，驱动系统协同，充分挖掘核心管理资源，以拓展治理资源的深度与广度，完善城市治理指标体系、信用体系、评估体系建设，打通城市治理的"神经末梢"，解决条块分割、"最后一公里"等问题，形成畅通高效的治理系统，提高城市治理的效能。

> **专栏12：**
>
> ### 重庆"大城三管"山地城市治理模式
>
> 重庆处于西部大开发的重要战略支点、"一带一路"和长江经济带的连接点上，习近平总书记要求重庆打造成为内陆开放高地、山清水秀美丽之地，实现推动高质量发展、创造高品质生活的目标。"两高"目标的实现离不开城市整体品质的提升，而城市整体生活品质的提升必须要以城市管理水平的进步为基础，这在山地城市绝非易事。重庆特殊的自然环境在为重庆塑造了"立体城市"标签和各种"网红打卡地""8D魔幻现象"等令人惊奇的景观同时，受山区地形、环境条件的影响和制约给重庆城市管理工作在城市空间管控、生态改善、共管共治等方面的城市品质提升带来困难。山地城市各构成要素借助山水地形的坡度、坡向、山体位置和形态的变化而生，山中有城，城中有山，地形复杂，即使是城区也多为"坡坎崖"等崎岖地貌，加大了城市升级改造的难度，加之气候多变，年平均雾日达到104天，这对以照明为代表的市政设施带来严峻考验。山地不宜发展城市，这在21世纪的今天似乎早已成了共识，但重庆作为山地城市典型代表则打破了这一论断。
>
> 重庆市在城市管理的探索中，积极践行"以绣花般的功夫开展城市管理"的新理念，创新"大城三管"实践模式，大力推进大城细管、大城众管、大城智管。"大城细管"将城市管理的触角延伸到社区和网格，让城市管理再无小事和死角；"大城众管"吸引各方建立起由不同社会主体构成的"五长+网格+志愿者"架构，让城市管理不再是政府"一家之事"，真正实现人民城市人民建；"大城智管"为先进技术在城市管理中的运用奠定了基

础,让城市管理向高效、智能的方式转变。通过协同不同部门,调动市场主体和公众参与城市建设的积极性,建立大数据平台,重庆市不断创新举措,促进城市管理更加科学化、精细化、人性化和智能化,按照"高质量发展、高品质生活"目标要求,深入推进城市人居环境提升,切实增强了群众的获得感、幸福感和安全感。以"七大工程"为着力点,以"两江四岸"核心区整体提升为突破口,重庆花大力气破解了城市管理难题,打造出干净整洁有序、山清水秀城美、宜业宜居宜游的城市环境,成为全国人民心中的"网红"城市。"大城三管"为山地城市管理树立了新标杆,为"推动高质量发展、创造高品质生活"的"两高"城市提供了新案例。

五、加强生命周期管理,构建长效韧性的城市治理体系

城市治理是一项长期工程,城市治理体系现代化要眼光长远,不能就事论事、片面思考,要把全生命周期管理理念贯穿城市规划、建设、管理全过程各环节,从问题研判、资源动员、行动处置、监督反馈、应激处置、总结提升的全链条出发,注重战略研判、前后衔接、部门对接、区域协同,提前进行情景预判和多元政策储备(韩亚栋,2020),增强城市治理韧性,推进可持续的经济发展和社会治理。

城市治理长效韧性体系的构建需要紧密结合实际,建立健全一系列体制机制。一是要完善网格化治理机制,以技术创新为驱动,以信息网络为基础,面向高质量发展需要提供智能升级、融合创新、精细响应的城市治理格局;二是要加强城市的风险防控机制建设,积极建立社会保险和救助机制,完善平战结合治理机制,提高城市应急救助能力;三是要着重在教育、就业、居民收入、社会保障等领域进行制度创新探索,以科学有效的制度,保障人民权益,做到"人民城市人民建、人民城市为人民";四是着力创新基层治理机制,学习"街巷吹哨部门报道"等基层治理实践经验,优化条块体系,做到条专块统,优化城市治理长效化机制。

第三节　城市治理能力现代化

城市治理能力是运用城市治理体系处理社会各方面事务的能力，包括体系制度形成、动员实施、学习创新、调试应急四个方面的能力（魏治勋，2014）。城市治理能力现代化即通过城市体系的构建、完善和运作，使制度理性、多元共治、公平正义、协商民主等理念渗透到经济、政治、文化、社会、生态等领域，并引起城市思想观念、组织方式、行为方式等的深刻变化，进而实现由传统城市管理向现代城市治理转变的过程。

一、提高城市治理制度形成能力

城市体系制度形成能力是城市治理能力的基础部分，也是城市其他方面治理能力的重要规范。现代城市治理体系制度的形成，一方面取决于城市发展现状、目标偏好及制度需求；另一方面也受到治理主体自身素质及动员社会知识的能力影响。

城市治理制度形成能力的现代化，首先要基于城市发展的时期阶段、所处的地理区位、制定的战略目标，有选择、有倾向地将治理资源集中于特定的目标方向，运用现代数据技术采集、分析、研判数据，建立较为精准的决策机制，提高决策的精准性、科学性和预见性；与此同时，培育社会和市场主体的责任感，并为其意见表达提供多元化、正当化的渠道，进而将制度需求上升为城市的法律制度规范，推动城市治理体系的健全和完善。

其次，城市治理主体特别是政府官员构成了城市治理体系运作的基础，城市治理能力的现代化很大程度上是人的现代化，其关键在于治理者能力水平的提升，提高政治能力、调查研究能力、科学决策能力、改革攻坚能力、应急处理能力、群众工作能力、抓落实能力，勇于直面问题，想干事、能干事、干成事，不断解决问题、破解难题。治理者能力水平的提升，将提高城市智慧的提取能力，进而提高城市治理体系形成和制度发展的效率。

二、提高城市治理动员实施能力

城市治理体系及各项制度的实施能力是城市治理能力的中心环节和客观表达。传统的城市管理体系中,政府在推行和实施相关法律制度的过程中处于核心地位,与社会、市场的协调互动相对薄弱。随着现代城市治理日益成为一个开放式的过程,城市治理动员实施能力的提高对多方主体的积极参与提出了更高的要求。

一方面,培养具有优秀协调统筹能力的城市管理力量是城市治理动员实施的基本保障;另一方面,在将城市政府的管理力量作为城市治理主要力量的同时,将具有强烈社会责任感和政治参与意识的社会力量纳入城市治理队伍,推动多元主体主动参与、协调配合,克服集体行动的难点,发挥整体治理的优势,发挥城市治理共同体的最大功效,构建"共建共治共享"的城市治理新格局。

在这个过程中,需要加强这些企业、公民、社会组织等主体的法治意识、规则意识和格局意识,通过宣传培训等方式,提升相关主体的政治参与能力,实现社会治理的协调高效。

三、提高城市治理学习创新能力

学习创新能力是城市治理的核心能力,在城市治理能力体系中处于枢纽地位。学习,是指学习国内外城市治理成功经验和有效制度;创新,则是在学习的基础上结合城市自身的实际情况,建立具有独特性和适应性的体系制度,学习和创新同步进行、互相促进。

城市治理学习能力的提高,并非模范和照搬先进的城市治理制度体系和模式方法,而是通过学习获得自主建构符合自身实际情况的先进体系制度的能力,其关键是打造学习型社会,形成完善先进的学习网络和学习机制。在此基础上,城市治理体系制度学习能力需要转化为创新能力,才能为城市治理提供有效的制度体系、理念思路、工具方法供给。城市治理创新能力的提升既要依靠自上而下的引导,通过城市政府的学习创新为城市治理现代化提供源源不断的制度资源,并引导其他治理主体的创新;同时也要依靠自下而上的主动变革,通过社会、市场、个人的自发倡导和组织实施,形成具有示范性和可推广性的治理经验与实践。

> **专栏 13：**
>
> ### 北京吹哨报到模式的创新与推广
>
> "街乡吹哨、部门报到"这项改革创新起源于北京市平谷区的实践。长久以来，非法盗采金矿活动在平谷区金海湖镇屡禁不止，平谷区从综合执法体制改革入手，建立问题清单、权责清单、绩效清单"三张清单"，创新优化执法机制，通过赋予街乡召集权、吹哨权，打破了条块间的机制壁垒，实现了各街乡政府属地职能与各执法部门执法职能的有机、有效融合，并在实践过程中逐步总结出"街乡吹哨、部门报到""一门主责、其他配合"部门布置，以及乡镇落实的"三协同"综合执法模式。平谷区在治理金矿盗采过程中，逐步摸索出的这套部门联合执法的"街乡吹哨、部门报到"工作机制，为全市破解基层治理"最后一公里"难题探索了新路径。
>
> 在进一步的推广中，有海淀区委认真贯彻落实市委"街乡吹哨、部门报到"决策部署，坚持党建引领，大力弘扬改革精神，结合海淀区实际，增加了"地区鸣笛、家家出力"相关内容，出台了《关于推进党建引领街镇管理体制机制创新，实现"街镇吹哨、部门报到，地区鸣笛、家家出力"的工作方案》，一体化推进街镇管理体制机制创新，强化优化从区到基层、从街镇到驻区单位服务联系机制。"吹哨报到"工作的开展，为海淀区完善党建引领下的基层治理模式提供了新路径。要想"吹好哨""报好到"，关键要坚持党建引领，将以往的"单兵突进"，通过党建引领变为"协同作战"，构建"党委统一领导、条块齐抓共管"的工作格局。在具体实践中，海淀区创造性地推出"大城管"体系建设、"小巷管家"和街巷长负责制、街区责任规划师、区域化党建等各项改革。经过一年的努力，这一模式取得了明显的效果，也得到了群众的认可（向春玲，2019）。

四、提高城市治理调试应急能力

城市治理的调试和应急能力是城市在面临内部需求和外部环境变化形成的

压力条件乃至风险危机时,通过制度的温和调整推进治理体系的变迁,以适应社会经济发展形势和应对外部挑战的能力。

在信息化、全球化时代,城市发展不仅受到自身政治、经济、社会环境的影响,同时与其他城市、国家乃至国际环境息息相关,面临着更加显著的关联性和不确定性,在这一背景下,城市治理的调试能力对于城市的可持续发展而言至关重要。城市治理体系制度调适能力的提高,要求城市治理的体系制度可以通过法定、民主、公开的程序予以合理修改,不断实现温和良性的变迁,及时主动、顺应时势地推动治理体系和制度适应新的内外部环境。在此基础上,注重城市治理评估框架的构建,确立一套包含参与、法治、民主、公开、稳定等多个维度的科学评估体系。

在以温和调试应对不确定性的同时,现代城市也面临着贫困、气候变化、环境污染等一系列风险和挑战,对城市治理风险应急能力提出了更高的要求。在2020年以来的全球新冠肺炎疫情大考中,这一点显得尤为突出。城市应急能力的提高要求城市风险管理模式由被动抢险转向主动预防。首先,要提升城市规划建设的科学性,构建全面系统的城市安全防御体系,建设韧性城市,提升城市自身抵御各类突发灾害风险的能力。其次,要在实践中总结反思,建立城市防灾减灾动态数据库,构建科学合理的灾害监测预警机制和信息联动、联防联控机制和灾后恢复与补贴机制,提升城市风险应对和修复保护能力。再次,要加强城市应急管理专业队伍建设,积极开展应急救援培训,强化城市对突发事件的应急处置能力。

专栏14:

新冠肺炎疫情防控对我国城市治理应急能力建设的启示

2003年,肆虐中国多个城市的非典疫情触动并印发了中国公共应急治理体系的改革。2019年新冠肺炎疫情暴发,冲击检验了我国城市治理现代化的水平,也暴露出城市治理应急能力的不足之处。各城市在新冠疫情防控过程中的经验教训,为我国曾是智力应急能力建设带来了启示(广东省社会科学界联合会中国综合开发研究院联合课题组,2020)。

(1)健全公卫应急指挥顶层设计,制度化应急指挥架构。吸取新冠肺炎疫情防控经验，将此次应急指挥顶层设计常态化制度化，明确一级二级响应下的指挥架构，完善融入城市突发公共卫生事件应急预案中。

（2）健全公卫法治保障体系，明确应急处置相关规定。制定城市突发公共卫生事件应急条例并推动相关条例落地。界定公共卫生突发事件中隔离对象、实施主体、执行程序、隔离方式和隔离期限，完善集中隔离场所设置标准、征用程序、管理规范和工作流程，制定居家隔离工作规范和指引。

（3）明晰突发公卫事件应急响应的边界和各部门职责，提高应急预案的社会参与度。总结疫情防控经验，把指挥架构、疫情预警、综合救治、疫情防控、复工复产等内容补充到预案中。细化应急预案分级机制和不同响应级别下的操作指引，明确各级响应级别下各单位各部门的具体职责和工作任务、防控措施。

（4）推进分层级、分区域应急医疗救治体系建设，建立公共卫生与医疗机构分工协作机制。构建多层次传染病救治体系，完善"四集中"传染病收治模式，构建"传染病区域医疗中心+传染病战略后备医院+发热门诊网络医院"为主体的传染病医疗救治体系，建立分级分层应急医疗救治机构信息库，加大医疗救治基础设施投入和资源准备，增强应急医疗救治能力。

（5）优化应急物资储备顶层设计，打造全功能的应急物资信息平台。平战结合，发挥国资国企功能保障作用，形成储备单位常态化、储备物资清单化、储备方式多元化的物资保障体系，明确应急物资储备清单目录。采用实物储备和合同储备相结合，集中储备和分散储备相结合，医疗卫生单位储备和制造企业储备相结合等方式，保障应急物资高效调配。

（6）加强公卫人才队伍建设，完善公卫人才激励政策。多手段多方式增加全科医生、公卫人员数量，加强社会资源整合，健全相关管理制度。推行公卫及临床医务人员双向培训，公共卫生机构安排业务技术骨干到医院相关科室学习交流；医疗机构从事公共卫生的医务人员定期接受公共卫生业务和理论知识培训。

参考文献：

[1] 习近平系列重要讲话整理所得.

[2] 广东省社会科学界联合会中国综合开发研究院联合课题组.从新冠肺炎疫情防控看我国超大城市治理现代化的"三个能力"建设：深圳的视角[J].新经济，2020：23.

[3] 韩亚栋.城市治理能从抗击疫情中学到什么——专访北京大学中国城市管理研究中心副主任张波[EB/OL].（2020-03-17）. https://www.ccdi.gov.cn/toutiao/202003/t20200316_213637.html.

[4] 华小鹏.辩证认识国家治理现代化与区域治理现代化的关系[N].光明日报，2020-10-09.

[5] 计永超，焦德武.城市治理现代化：理念，价值与路径构想[J].江淮论坛，2015：11.

[6] 李景鹏.关于推进国家治理体系和治理能力现代化——"四个现代化"之后的第五个"现代化"[J].天津社会科学，2014：57-62.

[7] 任致远.关于我国城市现代化发展建设问题的思考[J].城市发展研究，2014：211-5.

[8] 田芝健.国家治理体系和治理能力现代化的价值及其实现[J].毛泽东邓小平理论研究，2014：20-24.

[9] 魏治勋."善治"视野中的国家治理能力及其现代化[J].法学论坛，2014：32-45.

[10] 夏志强，谭毅.城市治理体系和治理能力建设的基本逻辑[J].上海行政学院学报，2017：11-20.

[11] 向春玲，吴闫，王拓涵."街乡吹哨，部门报到"：突破中国城市治理瓶颈——以北京市海淀区为例[J].治理现代化研究，2019：66-72.

[12] 邢娜.提高城市治理现代化水平（新知新觉）[N].人民网—人民日报，2021.

[13] 徐汉明.市域社会治理现代化：内在逻辑与推进路径[J].理论探索，2020：13-22.

[14] 俞可平.推进国家治理体系和治理能力现代化[J].理论参考，2014：5-8.

[15] 郑言，李猛.推进国家治理体系与国家治理能力现代化[J].吉林大学社会科学学报，2014：5-12.

[16] 周文彰.数字政府和国家治理现代化[EB/OL].（2020-04-02）. http://theory.people.com.cn/n1/2020/0402/c40531-31658992.html?ivk_sa=1024320u.